VIDA E ÉPOCA DE KID TROVÃO

BILL BRYSON

Vida e época de Kid Trovão

Memórias

Tradução
Bruno Gomide

Copyright © 2006 by Bill Bryson

Título original
The life and times of the Thunderbolt Kid

Capa
Kiko Farkas/ Máquina Estúdio
Elisa Cardoso/ Máquina Estúdio

Foto de capa
Bloomimage/ Corbis/ LatinStock

Preparação
Mirtes Leal

Revisão
Isabel Jorge Cury
Ana Maria Barbosa

Dados Internacionais de Catalogação na Publicação (CIP)
Câmara Brasileira do Livro, SP, Brasil

Bryson, Bill
    Vida e época de Kid Trovão : memórias / Bill Bryson ; tradução Bruno Gomide. — São Paulo : Companhia das Letras, 2007.

    Título original: The life and times of the Thunderbolt Kid : a memoir
    Bibliografia
    ISBN 978-85-359-1051-3

    1. Bryson, Bill 2. Escritores viajantes – Estados Unidos – Autobiografia I. Título.

07-4406   CDD-910.4092

Índice para catálogo sistemático:
1. Estados Unidos : Escritores viajantes : Autobiografia
    910.4092

[2007]
Todos os direitos desta edição reservados à
EDITORA SCHWARCZ LTDA.
Rua Bandeira Paulista 702 cj. 32
04532-002 — São Paulo — SP
Telefone (11) 3707-3500
Fax (11) 3707-3501
www.companhiadasletras.com.br

Sumário

Prefácio e agradecimentos... 7
1. Cidade natal... 9
2. Bem-vindo ao Mundo Infantil............................... 39
3. Nascimento de um super-herói............................. 61
4. A era da empolgação... 83
5. A busca do prazer... 107
6. Sexo e outras distrações...................................... 129
7. Bum!.. 145
8. Dias escolares... 163
9. Homem trabalhando.. 183
10. Caminho da roça.. 201
11. Preocupado, eu?... 223
12. Batendo perna.. 243
13. Os anos pubianos... 273
14. Despedida... 303
Bibliografia... 315
Créditos das imagens... 317

Prefácio e agradecimentos

Meus dias de garoto foram em média bem bons. Meus pais eram pacientes, gentis e próximo de normais. Não me acorrentaram no porão. Não me chamaram de "isso". Nasci menino e me deixaram continuar assim. Minha mãe, como se verá, me mandou de calças cápri à escola uma vez, mas, fora isso, minha criação teve poucos traumas.

Crescer foi fácil. Não foi preciso raciocínio nem esforço de minha parte. Ia acontecer de qualquer jeito. Então, temo que o que vem a seguir não seja muito agitado. No entanto, foi, em enorme medida, a época mais assustadora, emocionante, interessante, instrutiva, estupefaciente, luxuriosa, ávida, perturbada, tranqüila, confusa, serena e aflitiva da minha vida. Por coincidência, foi tudo isso para a América também.

Tudo aqui registrado é verdadeiro e aconteceu de fato, mais ou menos, mas quase todos os nomes e alguns detalhes foram mudados na esperança de poupar embaraços. Uma pequena parte da história apareceu originalmente na *New Yorker*, de forma um tanto modificada.

Como sempre, recebi ajuda generosa de muitos cantos, e gostaria de agradecer aqui, sincera e alfabeticamente, a Deborah Adams, Aosaf Afzal, Matthew Angerer, Charles Elliott, Larry Finlay, Will Francis, Carol Heaton, Jay Horning, Patrick Janson-Smith, Tom e Nancy Jones, Sheila Lee, Fred Morris, Steve Rubin, Marianne Velmans, Daniel Wiles e à equipe da Universidade Drake e da Biblioteca Pública de Des Moines, em Iowa, e da Biblioteca da Universidade de Durham, na Inglaterra.

Fico grato em especial a Gerry Howard, meu astuto e sempre zeloso editor americano, por uma pilha de revistas *Boy's Life*, um dos melhores presentes, e dos mais úteis, que recebi em anos, e a Jack Peverill, de Sarasota, Flórida, pelo abastecimento de quantidades copiosas de material proveitoso. E, é claro, fico para sempre grato a minha família, com destaque para minha querida esposa, Cynthia, pela ajuda maior do que eu poderia começar a registrar, para meu irmão Michael e para Mary Mc Guire Bryson, minha mãe incomparavelmente maravilhosa e boa-praça ao infinito, sem a qual nem preciso dizer que nada a seguir teria sido possível.

1. Cidade natal

Springfield, Ill. (AP) — *O Senado do estado de Illinois dissolveu ontem seu Comitê de Eficiência e Economia "por razões de eficiência e economia".*

Des Moines Tribune, 6 de fevereiro de 1955

Em fins dos anos 1950, a Força Aérea Real Canadense lançou um livreto sobre isometria, uma forma de exercício que gozou da breve mas dedicada preferência de meu pai. A idéia da isometria era usar qualquer objeto firme, como uma árvore ou uma parede, e se pressionar contra ele com toda a força, em várias posições, para tonificar e fortalecer diferentes grupos de músculos. Como o acesso a árvores e paredes era amplo, não era necessário investir em um monte de equipamento dispendioso, o que, imagino, tenha sido o que atraiu meu pai.

O que foi desastroso no caso do meu pai é que ele fazia a sua isometria em aeronaves. Em determinado momento de cada vôo, vagava até a cozinha ou até o espaço na saída de emergência e, assumindo a postura de alguém tentando movimentar um maquinário pesado, começava a empurrar com as costas ou o ombro a parede do avião, parando vez ou outra para respirar fundo antes de voltar à tarefa, com grunhidos surdos e determinados.

Visto que isso parecia esquisito — ainda que insondável —, como se ele estivesse tentando abrir um buraco na lateral do avião, é claro que chamava atenção. Executivos nas cadeiras próximas olhavam por cima da armação dos óculos. Uma aeromoça esticava a cabeça para fora da cozinha e também olhava, mas com toda a cautela, como se tentando lembrar-se de algum aspecto do seu treinamento que não tivesse tido a oportunidade de pôr em prática.

Ao perceber observadores, meu pai se endireitava, sorria afável e começava a delinear os atraentes princípios por trás da isometria. Então, dava uma demonstração para um público que de imediato consistia em ninguém. Parecia curiosamente incapaz de sentir embaraço em tais situações, mas tudo bem, porque eu sentia bastante pelos dois — na verdade, bastante por nós e por todos os outros passageiros, pela companhia aérea e seus funcionários, e pelo estado inteiro, não importava qual fosse, sobre o qual estivéssemos voando.

Duas coisas tornavam essas empreitadas toleráveis. A primeira era que, em solo firme, e na maior parte do tempo, meu pai não fazia metade dessas bobagens. A segunda era que o propósito dessas viagens era sempre ir para uma cidade grande, como Detroit ou St. Louis, ficar num hotelzão e comparecer a jogos de beisebol, e isso compensava um tanto — ora, tudo, na verdade. Meu pai era colunista esportivo do *Des Moines Register*, que naqueles dias era um dos melhores jornais do país, e com freqüência me carregava para viagens pelo Meio-Oeste. Às vezes eram viagens de carro para lugares menores como Sioux City ou Burlington, mas ao menos uma vez por verão embarcávamos num avião prateado — grande acontecimento naqueles dias — e nos arrastávamos pelos céus veranis, por entre as nuvens rugosas, até uma metrópole propriamente dita, para ver beisebol de primeira divisão, supra-sumo do esporte.

Como tudo o mais naqueles dias, o beisebol fazia parte de um mundo mais simples, e me deixavam ir com ele aos vestiários, ao abrigo dos jogadores e ao campo antes dos jogos. Tive o cabelo desgrenhado por Stan Musial. Entreguei a Willie Mays uma bola que lhe escapara enquanto treinava a recepção. Emprestei meus binóculos a Harvey Kuenn (ou possivelmente Billy Hoeft) para que ele pudesse enquadrar uma loura peituda na arquibancada superior. Certa vez, numa tarde quente de julho, me sentei num vestiário quase irrespirável sob a tribuna do jardim externo esquerdo do Wrigley Field em Chicago, ao lado de Ernie Banks, o grande interbases dos Cubs, enquanto ele autografava caixas de bolas de beisebol novas (que são, aliás, as coisas mais cheirosas na Terra, e ótimas para se passar o tempo. Por conta própria, me encarreguei de sentar ao seu lado e lhe passar cada bola nova. Isso retardava o processo consideravelmente, mas ele dava um sorrisinho a cada vez e agradecia como se eu lhe tivesse feito um favor. Era o ser humano mais encantador que conheci. Era como ser amigo de Deus.

Não consigo imaginar época ou lugar mais gratificante para se estar vivo do que a América nos anos 1950. Nenhum país jamais conhecera tamanha prosperidade. Quando a guerra terminou, os Estados Unidos tinham 26 bilhões de dólares em fábricas inexistentes antes da guerra, 140 bilhões em poupanças e bônus de guerra só esperando para serem gastos, nenhum estrago de bomba e praticamente nenhuma concorrência. Tudo o que as companhias americanas tinham de fazer era parar de construir tanques e encouraçados e começar a construir Buicks e Frigidaires — e, rapaz, construíram pra valer. Por volta de 1951, ano em que pintei no pedaço, quase 90% das famílias americanas possuíam geladeira, e quase três quartos tinham máquina de lavar, telefone, aspirador de pó e forno elétrico ou a gás — coisas sobre as quais a maior parte do resto do mundo só podia fantasiar. Americanos detinham 80% dos eletrodomésticos do mundo, controlavam dois terços da capacidade produtiva mundial, produziam mais de 40% de sua energia elétrica, 60% do petróleo e 66% do aço. Os 5% de pessoas na Terra que eram americanos tinham mais riqueza que os outros 95% juntos.

Não conheço nada que transmita melhor a fartura feliz da época do que a fotografia abaixo, divulgada na revista *Life* duas semanas antes do meu nascimento. Mostra a família Czekalinski, de Cleveland, Ohio — Steve, Stephanie e dois filhos, Stephen e Henry —, cercada por duas toneladas e meia da comida que uma típica família trabalhadora consumia em um ano. Entre os itens no meio dos quais eram mostrados, havia 200 quilos de farinha, 30 quilos de banha, 25 quilos de manteiga, 31 galinhas, 140 quilos de carne de boi, 11 quilos de peixe, 65 quilos de presunto, 18 quilos de café, 313 quilos de batata, 660 litros de leite, 131 dúzias de ovos, 180 bisnagas de pão e 32 litros de sorvete, tudo comprado com um orçamento de 25 dólares semanais (o sr. Czekalinski tirava 1,96 dólar por hora como funcionário do setor de expedição numa fábrica da Du Pont). Em 1951, o americano médio comia 50% a mais que o europeu médio.

Não é de espantar que as pessoas fossem felizes. De repente, eram capazes de ter coisas com que nunca haviam sonhado, não conseguiam crer naquela sorte. Havia também uma maravilhosa simplicidade no desejar. Era a última vez que as pessoas ficariam arrepiadas por possuir uma torradeira ou uma máquina de waffle. Se você comprasse um utensílio de respeito, convidava os vizinhos da área para dar uma olhadinha. Quando eu tinha uns quatro anos, meus pais compraram uma geladeira Amana Cabemais e, por uns seis meses, pelo menos, ela era que nem um convidado de honra na nossa cozinha. Tenho certeza de que a puxariam para a mesa no jantar, não fosse tão pesada. Quando visitantes apareciam de surpresa, meu pai dizia: "Oh, Mary, tem algum chá gelado na Amana?". Então, para as visitas, ele acrescentava com importância: "Em geral tem. É uma Cabemais".

"Oh, uma Cabemais", o visitante dizia e erguia as sobrancelhas como alguém que aprecia um resfriamento de qualidade. "Pensamos em arrumar uma Cabemais, mas no fim optamos por uma Philco Esfriabem. Alice adorou a gaveta E-Z Desliza para vegetais, e dá para botar um litrão de sorvete no congelador. *Esse* foi um tremendo atrativo para o Wendellzinho, como se pode imaginar!"

Davam uma boa risada, e daí sentavam para beber chá gelado e falar de eletrodomésticos por mais ou menos uma hora. Nunca houve seres humanos felizes assim antes.

As pessoas também olhavam para o futuro de maneira que nunca olhariam de novo. Em breve, segundo todas as revistas, teríamos cidades submarinas em cada costa, colônias espaciais dentro de esferas gigantes de vidro, trens e aviões atômicos, mochilas a jato pessoais, um girocóptero em cada garagem, carros que virariam barcos, ou até submarinos, calçadas móveis que nos levariam chispando sem esforço até escolas e escritórios, automóveis com capotas em cúpula que se dirigiam sozinhos por superestradas macias, deixando a Mãe, o Pai e os dois meninos (Chip e Bud ou Skip e Scooter) jogar um jogo de tabuleiro ou acenar para um vizinho num girocóptero passante, ou apenas reclinar e curtir, dizendo algumas daquelas palavras deliciosas que existiam nos anos 1950 e que não se ouvem mais: *mimeógrafo, rotisserie, estenógrafo, isopor de gelo, couve rutabaga, ataque às calcinhas,* brotinho, sputnik, beatnik, canastra, Cinerama, refúgio montanhês, pinocle, benzinho.*

Para aqueles que não podiam esperar cidades submarinas e carros autoguiados, milhares de benfeitorias menores estavam disponíveis de pronto. Se você fosse se valer de tudo que estava em oferta por anunciantes de um único número da revista, digamos, *Ciência Popular* de, digamos, dezembro de 1956, poderia, entre muitas outras coisas, ensinar ventriloquia a si mesmo, aprender a cortar carne (por correspondência ou em pessoa, na Escola Nacional de Corte de Carne em Toledo, Ohio), embarcar numa lucrativa carreira afiando patins de gelo de porta em porta, esquematizar uma venda caseira de extintores de incêndio, acabar de uma vez por todas com problemas de disjunção, construir rádios, consertar rádios, se apresentar no rádio, falar no rádio a pessoas em países diferentes, e, é possível, em planetas diferentes, melhorar sua personalidade, arrumar uma personalidade, adquirir físico viril, aprender a dançar, criar papel personalizado para ganhar algum, ou "conseguir $$$$" no tempo livre em casa construindo figuras para decoração de jardim e outros ornamentos inovadores.

Meu irmão, normalmente um humano bem inteligente, uma vez investiu num livrinho que prometia ensiná-lo a projetar a voz. Dizia algo ininteligível através dos lábios rígidos, então saía rapi-

---

* "Panty raid": tradição das universidades americanas, em que um grupo de rapazes invadia o dormitório feminino para roubar calcinhas. (N. T.)

dinho de lado e dizia: "Soou como se viesse de lá, não foi?". Ele também viu um anúncio na *Mecânica Ilustrada* que o convidava a desfrutar de televisão colorida em casa por 65 centavos mais postagem, fez o pedido, e, quatro semanas depois, recebeu pelo correio uma folha multicolorida de plástico transparente, a qual diziam para grudar na tela da televisão e ver a imagem através dela.

Dinheiro gasto, meu irmão recusou-se a reconhecer que era um tanto decepcionante. Quando um rosto humano se movia para a parte rosada da tela ou um pedaço de grama coincidia por instantes com a porção verde, ele saltava, triunfal. "Olha! Olha! É *assim* que a televisão em cores vai ficar", dizia. "Isso tudo é apenas experimental, veja bem."

Na verdade, a televisão em cores não chegou a nosso bairro até quase o fim da década, quando o sr. Kiessler, da St. John's Road, comprou uma enorme RCA Victor Consolette, o top de linha da frota RCA, por um bocado de dinheiro. Por no mínimo dois anos, a dele foi a única televisão em cores conhecida em propriedade privada, o que a tornava uma novidade fantástica. Nas noites de sábado, a criançada do bairro entrava furtivamente no quintal e ficava nos canteiros para assistir a um programa chamado *My living doll* pela janela dupla atrás do sofá dele. Estou seguríssimo de que o sr. Kiessler não percebia que duas dúzias de crianças de idades e tamanhos variados estavam em silêncio observando a tevê com ele, ou não teria se apalpado de um jeito tão entusiástico toda vez que Julie Newmar assomava na tela. Presumi que era algum tipo de isometria.

Todo ano, por quase quatro décadas, de 1945 até a aposentadoria, meu pai cobria o Campeonato Mundial de beisebol para o *Register*. Era, bem de longe, o ponto alto de seu ano funcional. Não apenas ficava duas semanas com tudo pago em algumas das cidades mais cosmopolitas e animadas do país — e, vistas de Des Moines, todas as cidades são cosmopolitas e animadas —, mas também conseguia testemunhar muitos dos momentos mais memoráveis da história do beisebol. A miraculosa recepção de Al Gionfriddo, com uma mão só, de uma bola em linha reta de Joe DiMaggio, o jogo perfeito de Don Larsen em 1956, o *home run* de Bill Mazeroski acabando com o campeonato de 1960. Isso não diz nada para vocês, eu sei — não dizia nada para a maioria naqueles dias —, mas eram momentos vizinhos ao êxtase, compartilhados por uma nação.

Naqueles dias, os jogos do campeonato mundial eram disputados durante o dia, então você tinha de fugir da escola ou desenvolver uma conveniente dor no peito ("Xi, mãe, o professor disse que a tuberculose está à solta") se quisesse assistir a uma partida. Multidões se juntavam demoradamente onde quer que houvesse um rádio funcionando ou uma tevê ligada. Conseguir assistir ou ouvir qualquer parte de um jogo do campeonato mundial, mesmo meio *inning* no almoço, tornou-se uma espécie de emoção ilícita. E, se acontecesse de estar lá quando algo monumental ocorresse, você se lembraria pelo resto da vida. Meu pai tinha uma aptidão espantosa para estar presente em tais momentos — mais do que nunca na temporada seminal (e que palavra adequada às vezes essa é) de 1951, quando começa a nossa história.

Na Liga Nacional (uma das duas divisões principais no beisebol da Liga Principal, a outra sendo a Liga Americana), os Brooklyn Dodgers navegavam rumo a um título fácil quando, em meados de agosto, os New York Giants, seus rivais no outro extremo da cidade, começaram uma reação altamente improvável. De repente, os Giants estavam impossíveis. Venceram 37 em 44 jogos na reta de chegada, limpando terreno até a outrora inexpugnável liderança dos Dodgers, de uma maneira que começava a parecer inapelável. Em meados de setembro, pouca conversa havia, fora se os Dodgers poderiam agüentar. Muitos caíam mortos de calor e excitação. Os dois times terminaram a temporada num perfeito empate, então uma decisão em três jogos foi arrumada às pressas para determinar quem enfrentaria os campeões da Liga Americana no Campeonato Mundial. O *Register*, como quase todos os jornais distantes, não mandou um repórter para essas decisões improvisadas; escolheu confiar nos serviços de telégrafo para cobri-las até que o campeonato para valer retomasse o rumo.

As decisões adicionaram três dias ao intenso tormento da nação. Os dois times levaram os dois primeiros jogos, então se partiu para um terceiro e decisivo. Os Dodgers pareciam por fim recuperar seu antigo equilíbrio e invencibilidade. Lideravam por um confortável 4 a 1 até o *inning* final, e precisavam de apenas três jogadores eliminados para vencer. Mas os Giants contra-atacaram, conseguindo uma corrida e colocando mais dois corredores na base, quando Bobby Thomson (nascido em Glasgow, pode ser que você se orgulhe em saber) se apresentou para rebater. Aquilo que Thomson fez naquela tarde, num crepúsculo de outono, foi eleito muitas vezes o maior momento na história do beisebol.

"Ralph Branca, arremessador dos Dodgers, fez ontem um lançamento que marcou época", escreveu um dos presentes. "Infelizmente, fez história para outra pessoa. Bobby Thomson, o 'Escocês Voador', porretou o segundo lançamento de Branca por cima do muro esquerdo do campo, em um *home run* vencedor tão momentoso, tão acachapante, que foi acolhido com um momento de silêncio estupefato.

"Então, quando veio a compreensão do milagre, os dois andares das tribunas do campo Pólo sacudiram nas suas bases quarentonas. Os Giants haviam vencido o galhardete, completando uma das viradas mais improváveis que o beisebol já vira."

O autor dessas palavras era o meu pai — que estava repentina e inesperadamente presente no momento majestoso de Thomson. Só Deus sabe como convencera a direção do *Register*, conhecida por sua frugalidade, a enviá-lo 1800 quilômetros, de Des Moines a Nova York, para o crucial jogo decisivo — um ato de gastança desenfreada e radicalmente fora do esquema de décadas de precedentes cuidadosos — ou como conseguira credenciais e lugar na tribuna de imprensa assim de última hora.

Ele tinha de estar lá. Também era parte do seu destino. Não sugiro *exatamente* que Bobby Thomson rebateu aquele *home run* porque meu pai estava lá, ou que ele não teria rebatido se meu pai não estivesse. Só digo que meu pai estava lá, e Bobby Thomson estava lá, e o *home run* foi rebatido, e essas coisas não poderiam se dar de outro modo.

Meu pai seguiu no Campeonato Mundial, no qual os Yankees bateram os Giants fácil em seis jogos — havia limite para a excitação que o mundo podia arregimentar ou agüentar, suponho — e então voltou para a sua pacata vida costumeira em Des Moines. Pouco mais de um mês depois, num dia de neve e frio no início de dezembro, sua esposa foi para o Mercy Hospital e, com pouquíssimo estardalhaço, deu à luz um menino: terceira criança deles, segundo filho, primeiro super-herói. Deram-lhe o nome de William, como o pai. Seria chamado de Billy até que fosse velho o bastante para pedir que não.

Fora o maior *home run* do beisebol e o nascimento do Kid Trovão, 1951 não foi um ano muito agitado na América. Harry Truman era presidente, mas logo cederia lugar a Dwight D. Eisenhower. A guerra na Coréia comia solta e não ia bem. Julius e Ethel Rosenberg tinham acabado de ser publicamente condenados por espionagem para a União Soviética, mas ficariam na prisão por mais dois anos até serem levados à cadeira elétrica. Em Topeka, Kansas, um negro tímido chamado Oliver Brown processou a junta escolar local por exigir que sua filha viajasse 21 quarteirões até uma escola só para negros, quando uma escola branca perfeitamente adequada ficava a apenas sete. O caso, imortalizado como *Brown contra a Junta de Educação*, seria dos que tiveram alcance mais amplo na história americana moderna, mas só se tornaria conhecido além dos círculos jurídicos três anos depois, quando alcançou a Suprema Corte.

A América, em 1951, tinha uma população de 150 milhões, pouco mais da metade da que tem hoje, e a quarta parte dos carros. Os homens usavam chapéu e gravata em quase todo lugar aonde fossem. As mulheres preparavam as refeições mais ou menos a partir do zero. O leite vinha em garrafa. O carteiro andava a pé. O gasto total do governo era de 50 bilhões por ano, comparados aos 2,5 trilhões de hoje.

I love Lucy fez sua estréia televisiva em 15 de outubro, e Roy Rogers, o caubói cantor, veio a seguir, em dezembro. Em Oak Ridge, Tennessee, a polícia prendeu no outono um jovem suspeito de posse de narcóticos ao encontrá-lo com certo pó marrom peculiar, mas foi solto quando se viu que era um produto novo chamado café solúvel. Novos também, ou ainda não bem inventados, eram as canetas esferográficas, fast-foods, TV Dinner, abridores de lata elétricos, shopping centers, auto-estradas, supermercados, suburbanização, ar-condicionado doméstico, direção hidráulica, câmbio automático, lentes de contato, cartões de crédito, gravadores de fita, trituradores de lixo, lava-louças, discos LP, vitrolas portáteis, times de beisebol da Liga Principal a oeste de St. Louis e a bomba de hidrogênio. Fornos de microondas estavam disponíveis, mas pesavam 320 quilos. Viagens a jato, velcro, rádios transistores e computadores menores do que um pequeno edifício estavam a alguns anos de distância.

A guerra nuclear estava direto na cabeça das pessoas. Em Nova York, no dia 5 de dezembro, uma quarta-feira, as ruas ficaram de um vazio sinistro durante sete minutos enquanto a cidade passou "pelo maior treinamento de ataque aéreo da era atômica", de acordo com a revista *Life*, quando mil sirenes bramiam e pessoas se atropelavam (bem, na verdade caminhavam jovialmente, parando a pedidos para posar para fotógrafos) até abrigos designados, o que significava, no fundo, o interior de qualquer prédio sólido o bastante. As fotos da *Life* mostravam o Papai Noel, jubiloso, liderando um grupo de crianças para fora da Macy's, homens semi-espumados e seus barbeiros batendo em retirada de barbearias, modelos carnudinhas de maiô, saídas duma sessão de fotos, tiritando e, benevolentes, fingindo assombro ao emergirem do estúdio, firmes na certeza de que uma foto na *Life* não faria mal algum a suas carreiras. Só fregueses de restaurantes foram isentados do exercício, com o argumento de que nova-iorquinos liberados de um restaurante sem pagar dificilmente seriam vistos outra vez.

Mais perto de casa, no maior ataque desse tipo já empreendido em Des Moines, a polícia prendeu nove mulheres por prostituição no velho Hotel Cargill, no centro, Sétima com Grand. Foi uma baita operação. Oitenta policiais irromperam no prédio logo após a meia-noite, mas as damas residentes do hotel não se encontravam em lugar nenhum. Só tomando medidas rígidas é que a polícia foi capaz de descobrir, após seis horas de escavação, um espaço oco atrás de uma parede no andar de cima. Ali encontraram nove mulheres de pêlos eriçados, na maioria nuas. Foram todas presas por prostituição e multadas em 5 mil dólares cada. Só imagino se a polícia teria perseverado com tanto empenho se fossem homens nus que estivessem sendo procurados.

O dia 8 de dezembro de 1951 marcou o décimo aniversário da entrada da América na Segunda Guerra Mundial, e o décimo aniversário mais um dia do ataque japonês a Pearl Harbor. Na parte central de Iowa fazia um dia frio, com neve discreta e máxima de dois graus negativos, com nuvens carregadas de tempestade se aproximando pelo oeste. Des Moines, uma cidade de 200 mil habitantes, ganhou dez novos cidadãos naquele dia — sete meninos e três meninas — e só perdeu dois para a morte.

O Natal estava no ar. A prosperidade era evidente em todo canto nos anúncios natalinos daquele ano. Desenhos de cigarros ostentando ramos de azevinho e outras decorações festivas eram muito populares, assim como itens elétricos de todo tipo. Utensílios estavam na moda. Meu pai comprou para minha mãe um quebrador de gelo manual que criava gelo moído para coquetéis. Convertia cubos de gelo ótimos em uma pequena quantidade de água fria depois de vinte minutos de vigorosas estocadas. Nunca foi usado depois do Ano-Novo de 1951, mas enfeitou um canto da pia da cozinha até perto dos anos 1970.

Enfiadas, contudo, nos anúncios sorridentes e nas feições felizes havia sugestões de ansiedades mais profundas. A *Seleções* daquele outono perguntava: "Quem possui a mente do seu filho?" (aparentemente, professores com simpatias comunistas). A pólio estava tão disseminada que até a *House Beautiful* divulgou um artigo sobre como reduzir os riscos para os filhos. Entre as dicas (quase todas ineficazes), manter a comida coberta, evitar sentar em água fria ou usar trajes de banho molhados, descansar bastante e, acima de tudo, tomar cuidado ao "admitir gente nova no círculo familiar".

A revista *Harper's* de dezembro emitiu uma nota econômica sombria com um artigo de Nancy B. Mavity sobre um fenômeno novo e inquietante: a família com renda dupla, na qual marido e mulher iam para o trabalho para custear um estilo de vida mais sofisticado. A preocupação de Mavity não era como as mulheres lidariam com as demandas do emprego, acumuladas com a criação dos filhos e os afazeres domésticos, mas sim o que isso faria com a tradicional posição de provedor do homem. "Eu ficaria envergonhado de deixar minha mulher trabalhar", disse asperamente um deles para Mavity, e o tom dela deixava claro que ela antecipava a concordância da maioria dos leitores. Curiosamente, até a guerra, muitas mulheres na América tinham sido impedidas de trabalhar, quisessem ou não. Até Pearl Harbor, metade dos 48 estados tinha leis que declaravam ilegal dar emprego a uma mulher casada.

Nesse aspecto, meu pai era louvavelmente — diria até entusiasticamente — liberal, pois não havia nada na rentabilidade da minha mãe que não alegrasse seu coração. Também ela trabalhava para o *Des Moines Register*, como editora de decoração cuja competência forneceu plácida confiança a duas gerações de donas de casa ansiosas por saber se já era hora de decorar com motivos indianos o quarto de dormir, se deviam ter almofadas de sofá quadradas ou redondas, ou mesmo se as casas em si estavam à altura. "A casa de campo de um andar veio para ficar", ela assegurou aos leitores, provocando, supõe-se, gritos de alívio nos subúrbios a oeste, na sua última contribuição antes de sumir para dar à luz a mim.

Como ambos trabalhavam, estávamos melhor de vida que a maioria das pessoas de nosso perfil socioeconômico (o que em Des Moines nos anos 1950 era a maioria). Nós — ou seja, meus pais, meu irmão Michael, minha irmã Mary Elizabeth (ou Betty) e eu — tínhamos uma casa maior em um terreno mais amplo do que a maioria dos pais dos meus colegas. Era uma casa branca de tábuas, com venezianas pretas e uma grande varanda fechada, no alto de uma colina sombreada, no melhor lado da cidade.

Meus irmãos eram bem mais velhos que eu — seis anos a minha irmã; nove, o meu irmão — e, portanto, de minha perspectiva, adultos de verdade. Eram grandes o bastante para raramente estarem por perto na maior parte da minha infância. Nos primeiros anos de minha vida, dividi um quartinho com meu irmão. Nos dávamos bem. Meu irmão tinha resfriados e alergias constantes, e possuía pelo menos quatrocentos lenços de algodão, que ele zelosamente enchia com assoadonas e então empurrava para qualquer cantinho conveniente — embaixo do colchão, entre almofadas do sofá, atrás das cortinas. Quando eu tinha nove anos, ele foi para a faculdade e para uma vida de jornalista em Nova York, nunca voltou em definitivo, e fiquei com o quarto depois disso. Mas continuei achando seus lenços quando estava no colegial.

O único senão do trabalho da minha mãe é que a pressionava um pouco quanto aos cuidados com a casa e, em particular, quanto ao jantar, que, para ser franco, não era mesmo o ponto forte dela. Minha mãe sempre estava atrasada e, de quebra, era perigosamente esquecida. Logo se aprendia a sair de perto, toda tarde, lá pelas 5h50, pois era aí que ela voava pela porta dos fundos, jogava um troço no forno e desaparecia em algum outro canto da casa para enfurnar-se nas milhares de outras tarefas caseiras que a encaravam toda tarde. Em conseqüência, quase sempre esquecia do jantar até um ponto ligeiramente além do tardíssimo demais. Como regra, sabia-se que era hora de comer quando se ouviam batatas explodindo no forno.

Não a chamávamos de cozinha em casa. Chamávamos de Unidade de Queimados.

"Queimou um pouco", dizia em tom defensivo minha mãe em todas as refeições, apresentando um pedaço de carne que parecia algo — um bicho de estimação muito amado, talvez — salvo de um trágico incêndio doméstico. "Mas acho que raspei a maior parte do queimado", acrescentava, deixando de lado que isso incluía bons bocados da carne de outrora.

Felizmente, tudo isso convinha a meu pai. Seu paladar só respondia a dois gostos — queimado e sorvete —, então tudo lhe caía bem, desde que fosse escuro o suficiente e o sabor não chegasse a assustar. O casamento deles era verdadeiramente feito no céu, pois ninguém queimava comida feito minha mãe ou a jantava feito meu pai.

Como parte do trabalho, minha mãe comprava pilhas de revistas domésticas — *House Beautiful*, *House and Garden*, *Better Homes and Gardens*, *Good Housekeeping* — e eu as lia com certa avidez, em parte porque sempre estavam por lá, e em nossa casa todos os momentos ociosos eram passados lendo-se alguma coisa, em parte porque descreviam vidas cativantes muito diferentes da nossa. As donas de casa nas revistas da minha mãe eram tão centradas, tão organizadas, tão senhoras das coisas, e suas comidas eram perfeitas — suas *vidas* eram perfeitas. Elas se arrumavam para tirar a comida do forno! Não havia círculos negros no teto sobre o fogão, gosma mutante descendo pelas laterais de panelas esquecidas. Não era preciso ordenar às crianças que chegassem para trás a cada vez que *elas* abriam os fornos. E os pratos delas — Alasca assado, lagosta à Newburg, frango à caçadora —, puxa, eram pratos com que nem sequer sonhávamos, muito menos encontrávamos, em Iowa.

Como a maioria em Iowa nos anos 1950, éramos garfos muito mais cautelosos em casa.* Nas raras ocasiões em que nos ofereciam comida com a qual não estivéssemos confortáveis ou familiarizados — em aviões ou trens, ou quando convidados para uma refeição feita por alguém que não fosse de Iowa —, tendíamos a suspendê-la cuidadosamente com uma faca e a exami-

---

* Na verdade, como a maioria na América. O principal escritor gastronômico da época, Duncan Hines, autor do altamente bem-sucedido *Aventuras no comer*, era ele mesmo um garfo cauteloso, e declarou com orgulho que nunca comia pratos com nomes franceses se pudesse evitar. A outra jactância orgulhosa de Hines era nunca ter saído da América até os setenta anos, quando fez uma viagem à Europa. Ele desgostou de muito do que viu, especialmente da comida.

ná-la de todos os ângulos, como se avaliando se precisaria ser desarmada. Durante certa viagem a São Francisco, uns amigos levaram meu pai a um restaurante chinês, e ele o descreveu para nós depois nos tons sombrios de alguém que relata uma experiência de quase-morte.

"E comem com pauzinhos, sabe?", acrescentou, com ar de entendido.

"Deus meu!", disse minha mãe.

"Eu preferia ter gangrena gasosa a passar por aquilo de novo", meu pai acrescentou de modo severo.

Em casa não comíamos:

- Massas, arroz, requeijão, creme de leite, alho, maionese, cebolas, carne em conserva, pastrame, salame ou comida estrangeira de qualquer tipo, exceto torradas francesas.
- Pão que não fosse branco e que não tivesse pelo menos 65% de ar.
- Temperos outros que não sal, pimenta e xarope de bordo.
- Peixe de qualquer formato além do retangular que não fosse revestido de farinha de pão cor de laranja-brilhante, e, mesmo assim, só nas sextas-feiras, e apenas quando minha mãe se lembrava de que era sexta, o que, na verdade, não era comum.
- Sopas não abençoadas pela Campbell's, e só pouquíssimas delas.
- Qualquer coisa com nomes regionais dúbios, como "gumbo" ou pão de milho, ou alimentos que em qualquer época tivessem sido consideradas víveres de escravo ou de camponês.

Todos os demais alimentos — curries, enchiladas, tofu, bagels, sushi, cuscuz, iogurte, couve-galega, rúcula, presunto de

Parma, qualquer queijo que não fosse de um vívido amarelo brilhante ou lustroso o bastante para se ver o reflexo nele — ou não tinham sido inventados ou ainda não conhecíamos. Éramos de fato de uma falta de sofisticação radiante. Lembro-me de ficar surpreso em saber, já em idade bem avançada, que um coquetel de camarão não era, como eu sempre imaginara, um drinque alcoólico pré-jantar com um camarão dentro.

Todas as nossas refeições consistiam em sobras. Minha mãe tinha um suprimento aparentemente inesgotável de alimentos que já haviam estado na mesa, quase sempre mais de uma vez. Exceto uns poucos laticínios perecíveis, tudo na geladeira era mais velho que eu, às vezes de muitos anos (o mais antigo de seus suprimentos alimentares, desnecessário dizer, era um bolo com passas mantido em uma lata de metal e datado do período colonial). Só posso supor que minha mãe fez toda a culinária dela nos anos 1940 para que pudesse passar o resto da vida se surpreendendo com o que poderia descobrir nos fundos da geladeira. Nunca a vi rejeitando comida. O princípio básico parecia ser o de que, aberta a tampa e o negócio dentro não nos fazendo realmente recuar e dar pelo menos um passo cambaleante para trás, era julgado comível.

Meus pais cresceram na Grande Depressão, e nenhum dos dois jamais jogava algo fora se pudesse evitá-lo. Minha mãe volta e meia lavava e enxugava pratos de papel e alisava papel-alumínio para reutilização. Ervilha deixada no prato se tornava parte de uma futura refeição. Todo o nosso açúcar vinha em pacotinhos tungados de restaurantes em bolsões de casaco, assim como nossas compotas, geléias, biscoitos (doces e salgados), molhos tártaros, um pouco do nosso ketchup e da manteiga, todos os nossos guardanapos e um ou outro cinzeiro esporádico. Enfim, tudo o que viesse numa mesa de restaurante. Um dos momentos mais felizes da vida dos meus pais foi quando xarope de bordo começou a ser servido em pacotinhos descartáveis, e eles puderam adicioná-los ao sortimento doméstico.

Embaixo da pia, minha mãe mantinha uma coleção enorme de potes, incluindo um conhecido como o pote peniquinho. "Peniquinho" era o termo lá de casa para um xixi, e durante meus primeiros anos o pote peniquinho era convocado toda vez que a hora de sair de casa coincidia de forma inconveniente com a necessidade súbita de alguém — e quando digo "alguém", refiro-me, é claro, à criança menor: eu — de fazer xixi.

"Oh, você terá que ir no pote peniquinho, então", diria a minha mãe com um tracinho de exasperação e um olhar preocupado para o relógio da cozinha. Levei muito tempo para perceber que o pote peniquinho não era sempre — ou com freqüência — o mesmo pote. Nas poucas vezes em que pensei nisso, creio ter imaginado que o pote peniquinho era em geral descartado e substituído por um pote novo — tínhamos centenas deles, no fim das contas.

Então pode-se imaginar minha consternação, sucedida por vários graus de espanto, quando, uma noite, fui à geladeira pegar uma porção renovada de pedaços de pêssego e notei que estávamos todos comendo de um pote que, apenas dias antes, contivera minha urina. Reconheci o pote de cara porque estava grudado nele um pedaço de etiqueta em forma de Z, que lembrava de maneira incrível a marca do Zorro — fato que eu com alegria constatara enquanto enchia o pote com meus preciosos néctares corporais, não que alguém tivesse escutado, claro. Agora lá estava ele contendo nossos pêssegos de sobremesa. Impossível surpresa maior, nem se tivessem me dado um pacote de fotos mostrando minha mãe no flagra com, digamos, a rapaziada do posto de gasolina.

"Mãe", eu disse, chegando até a porta da sala de jantar e segurando meu achado, "este é o pote *peniquinho*."

"Não, fofo", ela disse suavemente, sem olhar. "O pote peniquinho é um pote *especial*."

"O que é o pote peniquinho?", perguntou o meu pai com ar divertido, botando um pêssego boca adentro.

"É o pote em que eu faço peniquinho", expliquei. "E é este aqui."

"Billy faz o pote de peniquinho?", meu pai disse, com um pouquinho de dificuldade, já que não estava mais mastigando o pedaço de pêssego que acabara de pegar, e sim o mantinha na língua, aguardando informações subseqüentes relativas à sua história recente.

"Só de vez em quando", minha mãe disse.

O abestalhamento do meu pai era agora quase total, mas sua boca estava tão cheia de pêssego não engolido que ele não conseguia dar sentido às palavras. Perguntou, acho, por que eu simplesmente não subia para o banheiro como uma pessoa normal. Uma pergunta justa, naquelas circunstâncias.

"Ora, às vezes estamos com pressa", continuou minha mãe, meio incomodada. "Então deixo um pote embaixo da pia — um pote especial."

Voltei da geladeira aninhando mais potes — o tanto que eu podia carregar. "Tenho certeza absoluta de que já usei estes também", anunciei.

"Não pode ter certeza", minha mãe disse, mas havia uma dúvida pairando no ar. Então acrescentou, atitude talvez um tanto autodestrutiva: "De qualquer forma, sempre lavo todos os potes completamente antes de reutilizar".

Meu pai se levantou e foi até a cozinha, inclinou-se sobre a lata de lixo e deixou o meio pêssego cair nela, junto com cerca de meio litro de gosma. "Talvez um pote peniquinho não seja idéia muito boa", ele sugeriu.

E esse foi o fim do pote peniquinho, embora tudo tenha acabado bem, como costuma acontecer com essas coisas. Depois disso, tudo o que minha mãe tinha a fazer era mencionar que havia uma coisa boa num pote na geladeira para meu pai ter uma súbita ânsia de nos levar ao Bishop's, uma cafeteria no centro, a melhor solução possível, visto que o Bishop's era o melhor restaurante que já existiu.

Tudo nele era divino — a comida, a decoração discreta, as garçonetes maternais em uniformes cinza, que carregavam para você a bandeja até a mesa e pegavam com prazer um garfo novo se você não gostasse da cara do fornecido. Cada mesa tinha uma luzinha que você podia acender se precisasse de atendimento, então nunca era preciso se torcer e acenar para as garçonetes circulantes. Era só ligar o farol particular e um instante depois uma garçonete vinha ver no que podia ajudar. Não é uma idéia maravilhosa?

Os banheiros do Bishop's tinham as únicas privadas atômicas do mundo — ao menos as únicas que encontrei. Quando se dava a descarga, o assento levantava automaticamente e entrava numa reentrância na parede com a mesma forma do assento, onde era banhado numa luz púrpura que vibrava dum jeito tépido, higiênico, de avançada tecnologia, então descia de volta com suavidade, impecavelmente desinfetado, agradavelmente aquecido e praticamente pulsando com termoluminescência atômica. Só Deus sabe quantos iowanos morreram de casos inexplicáveis de câncer na bunda durante os anos 1950 e 1960, mas valeu cada nádega ressequida. Costumávamos levar visitantes de fora da cidade aos banheiros do Bishop's para lhes mostrar as privadas atômicas, e todos concordavam que eram as melhores que já tinham visto.

É que as coisas em Des Moines nos anos 1950 eram, em sua maioria, as melhores que havia. Tínhamos a torta cremosa de banana mais fofinha, a mais saborosa, na Toddle House, e me disseram que o mesmo valia para o cheesecake do Johnny and Kay's, embora meu pai fosse demasiado displicente com qualidade e cuidadosíssimo com seu dinheiro para nos levar àquele entreposto de ótimas refeições na Fleur Drive. Tínhamos os sorvetes fosforescentes de sabor mais vívido no Reed's, um salão de opulência refrigerada perto da Piscina Ashworth (ela mesma a piscina pública mais charmosa e mais elegante do mundo, com as salva-vidas mais longilíneas e bronzeadas), no Parque Greenwood (melhores quadras de tênis, lagoa mais asseada, passeios mais agradáveis). Voltar pra casa de carro da piscina Ashworth, passando pelo parque Greenwood, sob um pavilhão esvoaçante de folhas verdes, belamente besuntado de cloro e sabendo que, dentro em pouco, estaria mergulhando a cara em três colheronas açucaradas de sorvete Reed's, é o maior sentimento de bem-estar que uma pessoa pode ter.

Tínhamos os melhores artigos de padaria na Barbara's Bake Shoppe, as costeletas mais carnudas e mais gordurentas, e o frango frito mais crocante no restaurante Country Gentleman, as melhores porcarias no drive-in George the Chilli King (e os melhores peidos depois; um hambúrguer com chili do George era comido em minutos, mas os peidos, dizia-se, duravam para sempre). Tínhamos nossas próprias lojas de departamentos, restaurantes, lojas de roupas, supermercados, drogarias, floristas, lojas de ferramentas, cinemas, sanduicherias, o que fosse — cada um, o melhor do mundo.

Bem, na verdade, quem poderia dizer se eram os melhores? Para saber, seria preciso visitar milhares de outras cidades e cidadezinhas país afora e provar todos os respectivos sorvetes, tortas de chocolate etcetera, porque cada lugar naquele tempo era diferente. Essa era a glória de viver num mundo que ainda era, em grande medida, livre de cadeias globais. Cada comunidade era especial e nenhum lugar era como todo o resto. Se nossas empresas comerciais em Des Moines não fossem as melhores, pelo menos eram nossas. No mínimo, todas tinham algo que as tornava interessantes e diferentes (e eram as melhores).

Dahl's, nosso supermercado de bairro, tinha uma atração de inspirado esplendor chamada Curral da Meninada. Era um cercadinho compacto construído no estilo de um curral de caubói e cheio de revistinhas, onde as mães podiam deixar os filhos enquanto faziam compras. Gibis eram produzidos em números bojudos na América dos anos 1950 — 1 bilhão só em 1953 —, e a maioria acabava no Curral da Meninada. Era *entupido* de gibis. Para entrar no Curral da Meninada você subia na grade e se jogava, depois deslizava até o meio. Não importava o tempo que sua mãe levava nas compras, porque você tinha um suprimento infinito de gibis para se ocupar. Acho que havia meninos que moravam no Curral da Meninada. Às vezes, procurando o último número de *Homem de borracha*, você podia encontrar uma criança soterrada por meio metro de gibis, ferrada no sono ou talvez apenas curtindo o adorável cheiro de papel. Nunca uma instituição fez coisa mais atenciosa com as crianças. Quem quer que tenha bolado o Curral da Meninada sem dúvida hoje está no céu; deveria ter ganhado um prêmio Nobel.

O Dahl's tinha outra atração muito admirada. Quando suas mercadorias eram embrulhadas (ou "ensacadas", em Iowa) e pagas, você não as levava até o carro, como em supermercados mais chãos, e sim as entregava a um homem amigável de avental branco, que dava um cartão de plástico com um número e colocava as mercadorias em uma esteira inclinada especial que as carregava até as entranhas da terra e, através de uma portinhola, para um misterioso túnel negro. Pegava-se então o carro e dirigia-se até um prediozinho de tijolos na ponta do estacionamento, a uns trinta metros, onde as mercadorias, sacudidinhas e parecendo decididamente renovadas pela aventura subterrânea, reapareciam um minuto ou dois depois e eram postas no carro por outro homem solícito de avental branco, que recolhia o cartão de plástico e dava bom-dia. Não era um sistema particularmente eficiente — havia com freqüência uma fila de carros no prediozinho de tijolos, para falar a verdade, e o sacolejante passeio de túnel não fazia muito, exceto superexcitar de forma perigosa todas as bebidas gasosas por, no mínimo, as duas horas seguintes — mas todo mundo o amava e admirava, de qualquer forma.

Era assim aonde quer que se fosse em Des Moines naqueles dias. Toda empresa tinha algo característico para recomendá-la. No centro, a loja de departamentos New Utica tinha tubos pneumáticos saindo de cada máquina registradora. O dinheiro da compra era colocado num cilindro, depois inserido nos tubos e ruidosamente disparado — como um torpedo — para um ponto de coleta central, tal era a urgência de contar o dinheiro e devolvê-lo à economia. Uma visita à New Utica era como uma viagem para um século futuro. Frankel's, uma loja de roupas masculinas na rua Locust, no centro, tinha uma escadaria bem grandona conduzindo a um mezanino. Uma volta pelo mezanino era uma experiência peculiarmente satisfatória, como uma volta no convés de um navio, só que mais interessante, porque, em vez de você olhar para uma água chocha, via o agitado mundo do varejo masculino. Dava para escutar conversas e ver o topo de cabeças. O mezanino proporcionava todas as satisfações da espionagem, sem nenhum dos riscos. Se seu pai estivesse demorando muito experimentando um paletó, ou estivesse ocupado demonstrando a isometria para os vendedores, não importava.

"Sem problemas", você respondia com generosidade lá de sua posição elevada. "Darei mais uma volta."

Melhor ainda, em termos de altos prazeres, era o Centro Comercial na rua Walnut. Um velho e adorável prédio de escritórios, de uns sete ou oito andares, construído em estilo mourisco tardio, abrigava uma cafeteria popular no saguão, no andar térreo, sobre o qual se erguia, até um teto longínquo, um átrio central, em cujo entorno passavam a escadaria do edifício e as galerias. Era o sonho de qualquer menino subir por aquela escadaria até o último andar.

Ganhar a escadaria requeria astúcia e audácia adequadas, porque era preciso atravessar a frente da gerente, uma magricela malévola com olho de lince chamada sra. Musgrove, que detestava menininhos (e com bons motivos, como veremos). Mas se você escolhesse o momento certo, quando a atenção dela estava distraída, podia dar um pique escada acima até as sombrias alturas espectrais do último andar, de onde se tinha uma espécie de enquadramento dos restaurantes lá embaixo. Se, além disso, você tivesse alguma espécie de bala com você — M&Ms de amendoim tinham preferência especial devido ao formato aerodinâmico liso —, era uma queda livre de seis ou sete andares. Um M&M de amendoim que cai vinte metros até uma tigela de sopa de tomate faz um respingo *do capeta*, garanto.

Nunca se tinha mais do que um tiro, pois, se a bomba errasse o alvo e acertasse a mesa — como quase sempre acontecia —, explodiria espetacularmente em mil cacos de bala, maravilhoso espanto para os fregueses, mas um chamado às armas para a sra. Musgrove, que voava escada acima mais ou menos na velocidade em que o M&M descera, dando a você menos do que cinco segundos para se enfiar por uma janela, daí para uma saída de incêndio, e depois rumo à liberdade.

A maior instituição comercial de Des Moines era a Younkers Brothers, a principal loja de departamentos no centro. A Younkers era enorme. Ocupava dois prédios, separados no térreo por uma viela pública, tornando-a a única loja de departamentos que já conheci, talvez a única existente, onde se podia ser atropelado indo do vestuário masculino para os cosméticos. A Younkers tinha um entreposto adicional do outro lado da rua, conhecido como Loja para os Lares, que abrigava os departamentos de móveis, e que podia ser alcançado por uma passagem subterrânea sob a Oitava, via departamento de cama e banho. Não faço idéia do porquê, mas era uma satisfação imensa entrar na Younkers pelo lado leste da Oitava e emergir um segundinho depois, compras feitas, no lado oeste. Gente de fora do estado costumava entrar especialmente para caminhar pela passagem, sair do outro lado da rua e dizer: "Eta. Caramba. Vixe".

O Younkers era o lugar mais elegante, atualizado, eficiente e satisfatoriamente urbano em Iowa. Empregava 1200 pessoas. Teve as primeiras escadas rolantes do estado — "escadas elétricas", chamavam-se nas antigas — e o primeiro ar-condicionado. Tudo nele — as céleres portas giratórias lustrosas, as escadas deslizantes, os elevadores sussurrantes, cada um com o próprio ascensorista de luvas brancas — parecia desenhado para atrair e manter o consumidor feliz e contente. O Younkers era tão vasto e tão maravilhosamente espalhado, que quase nunca se encontrava alguém que de fato conhecesse aquilo tudo. A seção de livros ocupava um balcão sombrio e reservado, ao qual se chegava por um pequeno lance de escada, o que lhe dava aconchego e cara de clube — um lugar conhecido apenas por aficionados. Era uma seção de livros excepcional, mas é possível encontrar gente que cresceu em Des Moines nos anos 1950 sem idéia de que o Younkers *tinha* uma seção de livros.

Mas o *sanctum sanctorum* era o Salão de Chá, um lugar aonde mães corujas levavam as filhas para uma pitada de elegância enquanto faziam compras. Nada acerca do salão de chá me interessava, nem de longe, até que eu soube de um ritual que minha irmã mencionou de passagem. Ocorria que jovens visitantes eram convidados a meter a mão dentro de uma caixa de madeira contendo presentinhos, cada um lindamente embrulhado em tecido branco e amarrado com fita, e selecionar um para levar consigo como lembrança eterna da ocasião. Uma vez, minha irmã me passou um presente que ela adquirira e para o qual não dera muita bola — uma réplica de carruagem com cavalos. Só tinha sete centímetros de comprimento, mas era requintada nos detalhes. As portas abriam. As rodas giravam. Um minúsculo condutor segurava rédeas de metal fino. Toda a coisa fora, era óbvio, pintada à mão por alguma pessoa abnegada e mal paga do lado derrotado do oceano Pacífico. Eu nunca tinha visto, muito menos possuído, coisa tão bacana.

De tempos em tempos depois disso, supliquei anos a fio que me levassem nas idas ao Salão de Chá, mas sempre me respondiam de forma vaga que não gostavam mais tanto do Salão de Chá ou que tinham muita compra pela frente para fazer parada de almoço (só anos depois descobri que, na verdade, iam toda semana; era uma daquelas coisas secretas de mulher que mães e filhas fazem juntas, como menstruar ou provar sutiãs). Mas finalmente veio um dia, quando eu tinha uns oito ou nove anos, em que estava fazendo compras no centro com mamãe, sem a minha irmã, e minha mãe disse: "Vamos ao Salão de Chá?".

Acho que jamais aceitei um convite com tamanha avidez. Subimos de elevador até um andar que eu nem sabia que o Younkers tinha. O Salão de Chá era o lugar mais elegante em que eu estivera — como um salão do Palácio de Buckingham transportado por magia para o Meio-Oeste da América. Tudo nele era empertigado, classudo e tranqüilo. Havia música suave de natureza refinada e o barulhinho de talheres na louça e de água gelada cuidadosamente servida. Nem me preocupei com a comida, claro. Só esperava o momento em que seria convidado a me aproximar da caixa de brinquedos e escolher.

Quando chegou o momento, levei uma eternidade para decidir. Cada pacotinho parecia tão perfeito e branco, tão prontinho para ser desfrutado. Por fim escolhi um item de tamanho e peso médio, que ousei sacudir de leve. Algo chacoalhou dentro como se pudesse ser uma réplica de metal. Levei-o à minha cadeira e o desembrulhei com cuidado. Era uma boneca miniatura — um bebê índio numa bolsinha de carregar crianças, caprichado, mas evidentemente para uma menina. Voltei com ele e com o embrulho desfeito até o camarada meio antiquado que cuidava da caixa de brinquedos.

"Parece que consegui uma *boneca*", eu disse, com algo próximo de uma risadinha irônica.

Ele olhou-a com atenção. "Que pena, porque só tem uma tentativa na caixa de presentes."

"Sim, mas é uma boneca!", eu disse. "Para uma menina."

"Então vai ter que arrumar uma namoradinha e entregar pra ela, né?", ele respondeu, arreganhou a dentadura para mim e deu uma piscadela zombeteira.

Desafortunadamente, essas foram as últimas palavras que o infeliz emitiu. Um instante depois não passava de um guinchozinho abafado e uma mancha fumegante no carpete.

Ele aprendera tarde demais uma lição importante. Não se sacaneia Kid Trovão.

2. Bem-vindo ao Mundo Infantil

Detroit, Mich. (AP) — *Ótimas novidades para os meninos! Um médico proeminente defendeu o direito dos meninos à sujeira. Dr. Hatvey Flack, diretor da revista* Médico de Família, *disse no número de setembro:* "Os meninos parecem saber instintivamente uma profunda verdade dermatológica: que um importante elemento na saúde da pele é a própria camada de oleosidade protetora. Ela não deve ser incomodada com lavagens demasiado freqüentes".

Des Moines Register, 28 de agosto de 1958

Pois este é um livro sobre não muita coisa: sobre ser pequeno e ir aumentando lentamente. Um dos maiores mitos da vida é que a infância passa rápido. Na verdade, porque o tempo se move com mais lentidão no Mundo Infantil — cinco vezes mais devagar na sala de aula, numa tarde quente, oito vezes mais devagar em qualquer viagem de carro de mais de oito quilômetros (subindo para 86 vezes mais devagar quando se dirige em linha reta através do Nebraska ou da Pensilvânia), e tão devagar durante a última semana antes de aniversários, natais e férias de verão que chega a ser funcionalmente incomensurável — ele se estende por décadas quando medido em termos adultos. É a vida adulta que acaba num piscar de olhos.

O lugar mais lento de todos no meu cantinho do firmamento juvenil era a grande cadeira de couro rachado do dr. D. K. Brewster, nosso dentista cadavérico e fantasmagórico, enquanto eu o esperava reunir os instrumentos e partir para os finalmentes. Ali o tempo não avançava nada. Ficava paradão.

O dr. Brewster era o médico mais irritante da América. Tinha, só para dar um exemplo, uns 108 anos, e mais do que uma sugestão de Parkinson nas mãos trêmulas. Nada nele inspirava confiança. Vivia surpreso pelo poder de seu próprio equipamento. "Puxa!", dizia, ao ligar por momentos um ou outro aparato barulhento. "Com isto *aqui* aposto que dá para fazer um estrago!"

Pior ainda, ele não acreditava na novocaína. Dizia-a perigosa e não testada. Quando o dr. Brewster, zunindo descuidado, ia perfurando o molar abalado e encontrava a massa polposa do tenro nervo interior, dava para fazer os dedões do paciente explodirem o bico dos sapatos.

Parecia que éramos seus únicos pacientes. Eu costumava ficar pensando no porquê de meu pai nos colocar nesse pesadelo sazonal, e certo dia, então, ouvi o dr. Brewster congratulando-o pela corajosa frugalidade, e logo entendi, pois meu pai era o maior pão-duro do século XX. "Não há razão de se submeter ao perigo e ao custo da novocaína por nada menos que a remoção parcial ou integral de uma mandíbula", dizia o dr. Brewster.

"Certamente", anuía meu pai. Na verdade, dizia algo mais parecido com "Crttttmmmntfff", pois acabara de descer da cadeira do dr. Brewster, e não seria capaz de falar de maneira inteligível por no mínimo três dias, mas concordava de todo o coração.

"Gostaria que mais pessoas sentissem o mesmo, senhor Bryson", acrescentava o dr. Brewster. "São três dólares, por favor."

Sábados e domingos eram os dias mais longos no Mundo Infantil. Só as manhãs de domingo podiam durar até três meses, dependendo da estação. Na região central de Iowa, na maior parte dos anos 1950, não havia nenhuma televisão nas manhãs de domingo, então geralmente ficávamos sentados com uma tigela de cereal Cheerios empapados assistindo a um padrão de teste até que a WOI-TV crepitasse em algum momento entre 11h25 e meio-dia — eles eram bem relaxados quanto ao início da programação de domingo na WOI — com um episódio de *Sky King*, estrelando Kirby Grant, de lenço arrumadíssimo, o "caubói voador favorito da América" (também o único caubói voador; também o único com nomes reversíveis [podia ser chamado de Grant Kirby]). Sky era um rancheiro por profissão, mas passava a maior parte do tempo cruzando os céus do Arizona em seu amado Cessna, *The Songbird*, detectando ladrões de gado e demais canalhas terrestres. Era ajudado nessas diligências por Penny, sua sobrinha com covinhas nas bochechas e bumbum atrevido, que forneceu a muitos de nós a primeira noçãozinha de que estávamos mesmo a caminho de uma robusta heterossexualidade.

Até mesmo com seis anos de idade, e em uma época pouco exigente do ponto de vista intelectual como os anos 1950, não era preciso ser tremendamente astuto para ver que um caubói voador era uma premissa bem débil para um seriado de ação. Sky só conseguia capturar vilões que vacilavam à beira de pistas de pouso gramadas e a quem não ocorria dar no pé até que o Sky tivesse aterrissado, manobrado com segurança, descido da cabine, assumido postura de autoridade e gritado: "O.k., rapazes, parados!" — processo que levava um ou dois minutos, pois Kirby Grant não estava, há que se dizer, no primor da juventude. Em conseqüência, o seriado foi cancelado depois de apenas um ano, portanto apenas uns vinte episódios foram feitos, todos, enfim, quase idênticos. Estes, a WOI repetiu incansavelmente (aproveitando para economizar, presume-se) pela primeira dúzia de anos da minha vida, e é provável que um bom tanto depois. Provavelmente a única coisa que dava para dizer em seu favor é que eram mais divertidos do que um padrão de teste.

A natureza ilimitável dos fins de semana era algo bom e necessário, porque sempre havia um monte de coisas para fazer naqueles dias. Uma manhã inteira podia ser gasta apenas acertando os cadarços dos tênis, já que todos os tênis nos anos 1950 tinham mais de trocentos furos e os cadarços possuíam quatro metros. Toda manhã você pulava da cama e descobria que os cadarços tinham, de algum modo, ficado um metro e meio mais compridos de um lado do tênis. Como exatamente os tênis faziam isso só ficando no chão durante a noite era uma questão que não podia ser respondida — uma daquelas coisas, tipo freiras e mau tempo, que a vida de tempos em tempos jogava em cima de você —, mas eram necessárias infindáveis reservas de paciência e de julgamento científico para acertá-los, pois não importava o quão arduamente você percorresse os cadarços pelos furos, eles sempre saíam com comprimentos desiguais. Na verdade, maior o cuidado do percurso, mais desiguais em geral ficavam. Quando, por algum milagre, acertava enfim direitinho, o segundo cadarço sempre escapava, levando você a suspirar e começar de novo.

Atentos, os fabricantes de tênis também enchiam as solas com incontáveis gretas, crateras, regos, labirintos, círculos de plantação e demais hieróglifos borrachentos; então quando se pisava em um montinho úmido de bosta de cachorro, como era garantidíssimo acontecer assim que você dava três pulinhos fora de casa, eles forneciam absorventes horas adicionais de passatempo enquanto você os limpava com uma vareta, tendo engulhos quieto, mas estranhamente contente.

Muitas horas mais do tempo do fim de semana tinham de ser dedicadas a catar trequinhos das meias, retirar a cortiça de tampinhas de garrafas, descascar invólucros congelados de picolés, separar as bandas de biscoitos Oreo de chocolate sem quebrar nem agredir a integridade do recheio, e com cuidado retirar rótulos de jarros e garrafas por absolutamente nenhum motivo.

Nesse mundo, machucados e outros reveses físicos eram, na verdade, bem-vindos. Arrumar uma farpa dava uma tarde inteira e podia atrair um público pequeno e devotado, vendo até que ponto você conseguia inserir uma agulha sob a pele — o quão perto chegaria de uma cirurgia real. Se você se queimasse com o sol, mal podia esperar a hora em que poderia descascar uma lâmina de epiderme translúcida quase do tamanho do seu corpo. No Mundo Infantil, cascas de ferida eram cultivadas do jeito que gente mais velha cultiva orquídeas. Eu tinha feridas de joelho que cheguei a manter por quatro anos, com cinco centímetros de espessura, e nas quais se podiam enfiar percevejos sem que eu percebesse. Sangramentos nasais eram muito admirados, desnecessário dizer, e qualquer um com sangramento nasal era tratado como celebridade pelo tempo que ele durasse.

Como os dias eram muito longos e quase nada acontecia, você se preparava para investir períodos extensos em ficar só sentado olhando as coisas, na perspectiva remota de que algo divertido pudesse suceder. Anos a fio, toda vez que meu pai anunciava que estava indo ao depósito de madeira, eu largava tudo e o acompanhava, para sentar quietinho em um banco da serraria na expectativa de que Moe, o homem que cortava madeira a granel em uma grande serra elétrica, mandasse pelos ares um de seus poucos dedos restantes. Ele já tinha perdido nacos de seis ou sete dedos, daí as probabilidades de um acidente bem animado sempre parecerem boas.

Os ônibus em Des Moines naqueles dias eram movidos a eletricidade, e puxavam a energia de uma complicada miscelânea de fios suspensos, aos quais se conectavam por um braço de metal. Especialmente com o tempo úmido, os fios fagulhavam como fogos de artifício numa *fiesta* mexicana à medida que o braço se esfregava neles, ressaltando de maneira vívida o potencial assassino da eletricidade. De tempos em tempos, o braço do ônibus saía dos cabos e o motorista tinha de sair com uma vara comprida e empurrá-lo de volta ao lugar — acontecimento que eu sempre observava com a maior atenção, porque minha irmã me garantia que era probabilíssimo que ele fosse eletrocutado.

Outros longos períodos do dia eram dedicados a ficar só vendo o que aconteceria — o que aconteceria se você apertasse um fósforo enquanto ainda estivesse quente, ou fizesse uma bebida asquerosa e tomasse um golinho, ou capturasse um raio de sol branco e quente com uma lente de aumento na careca do tio Dick enquanto ele cochilava (o que acontecia era queimar, com uma rapidez incrível, um buraco fundo, que deixaria Dick e uma equipe de especialistas no Hospital Luterano de Iowa embasbacados por semanas).

Graças a tais investigações e à abundância de tempo que as tornava possíveis, aprendi mais coisas nos primeiros dez anos de minha vida do que suponho ter aprendido em qualquer época desde então. Sabia tudo o que havia para saber sobre a nossa casa, para começar. Sabia o que estava escrito sob o tampo de nossas mesas e como era a vista do alto das estantes e dos guarda-roupas. Sabia o que havia atrás de cada armário, quais camas tinham o maior número de bolas de poeira embaixo, quais tetos tinham manchas mais interessantes e onde exatamente a padronagem do papel de parede se repetia. Sabia como atravessar cada quarto da casa sem tocar o chão, onde meu pai guardava dinheiro trocado e quanto se podia tirar com segurança sem que ele notasse (um sétimo das moedas de 25 centavos, um quinto dos níqueis e das de dez centavos, quantos centavinhos se pudessem carregar). Sabia como relaxar numa poltrona em mais de cem posições e no chão em outras 75. Sabia como o mundo ficava quando visto por uma lente Jell-O. Sabia o gosto das coisas — toalha de rosto molhada, virola de pincel, moedas e botões, quase tudo feito de plástico menor do que, digamos, um rádio-relógio, muco de todo tipo, é claro — de um jeito que eu, agora, mais ou menos esqueci. Conhecia e podia levar alguém na hora a qualquer ilustração de mulher pelada em qualquer lugar da casa, de uma pintura dos gorduchinhos polpudos de Rubens em *Obras-primas da pintura mundial* a uma tirinha de Peter Arno no último número da *New Yorker*, até à pequena biblioteca particular de revistas de brotinhos do meu pai em local secreto, no quarto de dormir dele, local conhecido apenas por ele, eu e 111 dos meus amigos mais próximos.

Sabia como me meter entre quaisquer dois terrenos em nosso bairro, fosse alta a cerca ou impenetrável a sebe que os separasse. Conhecia a sensação do linóleo na pele nua e o cheiro de qualquer coisa ao nível do chão. Conhecia a dor de um jeito que se conhece quando é nova e interessante — a dor, por exemplo, de um marshmallow tostado na boca quando a temperatura em seu interior está próxima à do magma. Sabia exatamente como as nuvens adejavam numa tarde de julho, que gosto tinha a chuva, como as joaninhas se enfeitavam e as lagartas se encrespavam, como era sentar dentro de um arbusto. Sabia como apreciar um peido dos bons, o meu ou o dos outros.

O outro quase sempre era Buddy Doberman, que vivia do lado oposto da alameda, uma travessa que corria com jeitão aprazível por trás de nossas casas. Éramos bem próximos. Ele foi o único ser humano cujo ânus já olhei de perto, ou mesmo já olhei e ponto, só para ver como era (avermelhado, apertado e pregueado de leve, assim me lembro, com uma clareza bem preocupante), e ele era boa-praça e tinha brinquedos maravilhosos para brincar, pois seus pais eram tão generosos quanto bem de vida.

Era docemente estúpido também, um atrativo adicional. Quando tínhamos quatro anos, seu avô nos deu um par de espadas de pirata de madeira feitas em sua oficina, e nós as levamos direto até a premiada fileira de flores da sra. Van Pelt, que se estendia por uns trinta metros ao longo da alameda. Num turbilhão de movimentos frenéticos que antecipou em vários anos as vigorosas ações destrutivas de um aparador elétrico, decapitamos e evisceramos cada uma de suas amadas zínias em questão de segundos. Então, percebendo a enormidade do que acabáramos de fazer — a sra. Van Pelt expôs aquelas flores na feira estadual; conversava com elas; eram suas filhas —, eu disse a Buddy que aquela não era uma boa hora para eu me meter em confusão devido à doença fatal do meu pai que ninguém conhecia, será então que ele se importaria em levar toda a culpa? E ele levou. Então, enquanto ele era mandado para o quarto às três da tarde e passava o resto do dia com um rosto choroso na janela de cima, eu estava na nossa varanda dos fundos com os pés no balaústre devorando melancia fresquinha e ouvindo uma seleção de discos legais na vitrola portátil da minha irmã. Lição importante saiu daí: mentir é uma opção sempre a ser tentada. Passei os seis anos seguintes culpando o Buddy por tudo de ruim que acontecia na minha vida. Acho que, no fim das contas, ele até levou a bronca pelo buraco queimado na cabeça do meu tio Dick, embora nunca tivesse conhecido meu tio Dick.

Naquele tempo, como agora, Des Moines era uma cidade segura e salutar de 200 mil habitantes. As ruas eram compridas, retas, ajardinadas e limpas e tinham genuínos nomes do Meio-Oeste americano: Floresta, Universidade, Agradável, Grande (havia uma piada local, muito contada, sobre uma mulher que levou na Grande e achou que foi Agradável). Era uma boa cidade — uma cidade confortável. A maior parte do comércio ficava perto da estrada e quase sempre tinha gramados na frente, em vez de estacionamentos. Edifícios públicos — correios, escolas, hospitais — eram sempre dignos e imponentes. Postos de gasolina com freqüência se pareciam com chalezinhos. Restaurantes (ou estalagens de beira de estrada) evocavam aquelas cabanas encontráveis numa viagem de pescaria. Nada era desenhado para ser particularmente útil ou benéfico aos carros. Era um mundo mais verde, mais silencioso e menos invasivo.

A avenida Grand era a artéria principal ao longo da cidade, ligando o centro, onde todos trabalhavam e faziam as compras maiores, com as áreas residenciais adiante. As melhores casas da cidade ficavam ao sul da Grand, no lado oeste, num distrito montanhoso e maravilhosamente arborizado que se estendia até o parque Waterworks e o rio Raccoon. Dava para andar horas pelas estradas sinuosas ali e nunca ver nada além de gramados perfeitos, velhas árvores, carros recém-lavados e lares felizes e adoráveis. Quilômetros e quilômetros de sonho americano. Esse era meu distrito. Era conhecido como Sul da Grand.

A diferença mais marcante entre aquele tempo e agora era a garotada que havia então. A América tinha 32 milhões de crianças com doze anos ou menos em meados dos anos 1950, e 4 milhões de novos bebês estatelavam-se nos trocadores de fraldas todo ano. Então havia garotada em todo canto, o tempo todo, em densidades hoje inimagináveis, mas especialmente quando acontecia algo interessante ou pouco costumeiro. Cedinho, todo verão, no começo da temporada dos mosquitos, um funcionário municipal vinha ao bairro num jipe aberto e dirigia loucamente por todo lugar — sobre os gramados, pelos bosques, dando solavancos nos bueiros, sacolejando para dentro e para fora de terrenos baldios com um fumacê que bombeava nuvens densas e coloridas de inseticida, através das quais no mínimo 11 mil crianças davam piques alegres ao longo do dia. Era um troço de lascar — tinha gosto imundo, tornava os pulmões arenosos, deixava o sujeito com uma lividez polvilhada de cor de açafrão que escovadela nenhuma conseguia erradicar. Por anos a fio, toda vez que eu tossia num lenço branco saía um anelzinho de pó colorido.

Mas ninguém jamais pensou em nos impedir ou em sugerir que talvez não fosse sábio dar piques em meio a nuvens sufocantes de inseticida. Talvez se pensasse que uma generosa borrifada de DDT nos faria bem. Era esse tipo de época. Ou talvez apenas nos considerassem dispensáveis porque havia muitos de nós.*

A outra diferença em relação àqueles tempos era que as crianças estavam sempre do lado de fora da casa — eu conheci garotos que eram empurrados pela porta dos fundos às oito da manhã e só podiam entrar às cinco, a menos que estivessem pegando fogo ou sangrando em profusão —, e sempre procurando coisas para fazer. Se você parasse em uma esquina com uma bicicleta — uma esquina, em qualquer lugar —, mais de cem crianças, muitas das quais você nunca vira, apareciam e perguntavam aonde estava indo.

"Quem sabe até o Cavalete", você dizia, pensativo. O Cavalete era uma ponte ferroviária sobre o rio Racoon, da qual se podia dar um mergulho, se você não se importasse em dar umas braçadas no meio de peixe morto, pneus velhos, tambores de óleo, limo de alga, efluentes com metais pesados e gosma indistinta. Era um dos dez marcos reconhecidos em nosso distrito. Os outros eram o Bosque, o Parque, o Estádio de Beisebol Infantil (ou O Estádio), o Açude, o Rio, os Trilhos da Ferrovia (muitas vezes só Os Trilhos), o Terreno Baldio, Greenwood (nossa escola) e a Casa Nova. A Casa Nova era qualquer casa sendo construída, daí que variava regularmente.

"Podemos ir?", diziam.

"Tá, tudo bem", você respondia, se eles fossem do seu tamanho, ou "se vocês acham que conseguem agüentar", se fossem me-

---

* Juntas, as mães da América pós-guerra deram à luz 76,4 milhões de crianças entre 1946 e 1964, quando seus úteros pobres, velhos e esgotados pifaram todos mais ou menos de uma vez, evidentemente.

nores. E quando você chegava ao Cavalete, ou ao Terreno Baldio, ou ao Açude, lá havia seiscentas crianças. Havia sempre seiscentas crianças em todo lugar, exceto onde dois ou mais bairros se juntavam — no Parque, por exemplo —, quando os números batiam nos milhares. Certa vez participei de um jogo de hóquei no gelo na lagoa do parque Greenwood que envolveu 4 mil garotos, todos golpeando violentamente com tacos, e prosseguiu por no mínimo 45 minutos antes que alguém percebesse que não tínhamos um disco de borracha.

A vida no Mundo Infantil, aonde quer que se fosse, não era supervisionada, não era controlada e era robustamente — às vezes alucinadamente — física, e, no entanto, era um lugar admiravelmente pacato. As brigas da meninada nunca iam muito longe, o que é extraordinário se a gente pensa no quão descontrolado é o temperamento das crianças. Certa vez, quando eu tinha uns seis anos, vi um garoto jogar uma pedra noutro, de uma boa distância, e ela quicou na cabeça do alvo (lindamente, devo dizer) e a fez sangrar. Falou-se nisso por anos. A garotada no condado vizinho sabia. O garoto que fez isso foi mandado para umas 10 mil horas de terapia.

Noutros contextos não nos metíamos em violências, além das acidentais, embora, às vezes (na verdade, coisa de rotina), tenhamos dado cascudos num menino chamado Milton Milton, por ter um nome estúpido desses e também por ele passar a vida fingindo ter motor. Eu nunca soube se ele devia ser considerado um trem ou um robô, ou sei lá o quê, mas ele sempre movia os braços como pistões quando andava e dava baforadas, e então nós naturalmente lhe dávamos cascudos. Tínhamos que. Ele nasceu para levar cascudo.

Com relação a derramamento de sangue acidental, modestamente me gabo de ter virado o contribuinte mais memorável do bairro em certa tranqüila tarde de setembro, no meu décimo ano, enquanto jogava futebol americano no quintal de Leo Collingwood. Como sempre, o jogo envolvia uns 150 garotos, então normalmente quando você era bloqueado caía em uma massa de corpos macia e movediça. Se fosse realmente sortudo, aterrissava na Mary O'Leary e podia ficar um pouquinho em cima dela enquanto esperava os outros saírem. Ela cheirava a baunilha — baunilha e grama fresca — e era macia, limpa e bonita de doer. Era um momento adorável. Mas nesse dia caí fora do bolo e bati a cabeça num muro de pedra. Lembro de sentir uma dor aguda, do alto da cabeça à parte de trás.

Quando levantei, vi que todos me encaravam com a mesma expressão de arrebatamento e se inclinavam para me dar um espacinho. Lonny Brankovitch deu uma olhada e instantaneamente desabou desmaiado. Em tom cândido, seu irmão disse: "Você vai morrer". Naturalmente, eu não podia ver o que os absorvia, mas deduzo de descrições posteriores que eu parecia ter um esguicho de jardim atarraxado no alto da cabeça lançando sangue em todas as direções, todo festivo. Pus a mão e senti uma massa molhada. Ao toque, parecia mais com o tipo de jorro que acontece quando um caminhão bate em um hidrante ou se descobre petróleo em Oklahoma. Parecia um serviço para o Red Adair.

"Acho que é melhor dar uma olhada nisso", disse com sobriedade e, com uma passada de uns quinze metros, saí do quintal. Com mais três dessas passadas dei em casa e caminhei jorrando profusamente cozinha adentro, onde encontrei meu pai próximo à janela com uma xícara de café admirando sonhadoramente a sra. Bukowski, a jovem dona da casa ao lado. A sra. Bukowski teve o primeiro biquíni de Iowa e o usava enquanto estendia as roupas no varal. Meu pai olhou para minha cabeça esguichante, se concedeu um momento de ajuste distraído, então saltou instantânea e habilmente para o pânico e a desordem, movendo-se em umas seis direções ao mesmo tempo, e com voz contrita chamou minha mãe para que viesse logo e trouxesse montões de toalhas — "velhas" — porque Billy estava sangrando até a morte na cozinha.

Tudo depois disso passou como um borrão. Lembro de o meu pai me sentar com a cabeça pressionada contra a mesa da cozinha, tentando estancar o fluxo de sangue e, ao mesmo tempo, alcançar no telefone o dr. Alzheimer, o médico da família, para orientação. Enquanto isso, minha mãe, sempre imperturbável, procurava metodicamente velhos trapos e pedaços de pano que pudessem ser sacrificados com segurança (ou que já fossem vermelhos) e lidava com o cortejo de crianças que surgiam na porta dos fundos com lascas de ossos e pedaços de um material cinza que, com todo o cuidado, tiraram da pedra pensando que podiam ser parte do meu cérebro.

Eu não conseguia enxergar muito, é claro, com minha cabeça pressionada na mesa, mas peguei lampejos refletidos na torradeira, e meu pai parecia estar metido na minha cavidade craniana até os cotovelos. Ao mesmo tempo, ele falava com o dr. Alzheimer em palavras não muito consoladoras. "Jesus Cristo, doutor", dizia. "Você não *acreditaria* na quantidade de sangue. Estamos *nadando* nele."

Na outra ponta dava para eu ouvir a voz tranqüilona do dr. Alzheimer. "Bem, eu *poderia* dar um pulo, suponho", ele dizia. "É que estou assistindo a um torneio de golfe bom *à beça*. Ben Hogan está dando uma volta admirável. Não é maravilhoso vê-lo indo bem nessa idade? Vejamos, então, conseguiu parar o sangramento?"

"Bem, estou tentando pra valer."

"Bom, bom. Isso é excelente, é excelente. Porque ele provavelmente já perdeu um bom tanto de sangue. Me diga, o rapazinho ainda respira?"

"Acho que sim", meu pai respondeu.

Aquiesci com a cabeça, rápido e prestativo.

"Sim, ainda respira, doutor."

"Isso é bom, isso é muito bom. Certo, vou lhe dizer. Dê duas aspirinas e uma cutucada de vez em quando para ter certeza de que ele não desmaie — em nenhuma hipótese o deixe perder a consciência, está ouvindo, porque você pode perder o pobre rapazinho — e eu chego aí depois do torneio. Ah, veja só — ele foi da grama direto para a grama alta." Veio o som do telefone do dr. Alzheimer caindo de novo no gancho e o zumbido da desconexão.

Felizmente não morri, e quatro horas depois me encontrava sentado na cama, cabeça enturbantada de modo extravagante, bem descansado depois de um cochilo que veio durante um daqueles momentos passageiros de três horas em que meus pais esqueciam de verificar minha vigília, comendo tonéis de sorvete de chocolate, e regiamente recebendo visitas da vizinhança, dando prioridade particular àqueles que portavam presentes. O dr. Alzheimer chegou mais tarde que o prometido, cheirando de leve a bourbon. Passou a maior parte da visita sentado na beira da minha cama e perguntando se eu tinha idade suficiente para lembrar de Bobby Jones. Nem olhou minha cabeça. Os honorários do dr. Alzheimer, acho, também eram bem razoáveis.

À parte os praticantes da medicina, Iowa pouco oferecia no sentido de perigos naturais, embora certa feita, quando eu tinha uns seis anos, tenhamos tido uma infestação de um tipo de inseto gigante chamado cigarra-matadora. Cigarras-matadoras não devem ser confundidas com cigarras, que já são coisas horríveis — pequenos charutos voadores de olhos vermelhos fixos e tenazes grotescas, se bem me lembro. Ora, as cigarras-matadoras eram muito piores. Só saíam do chão a cada dezessete anos, então ninguém, nem mesmo os adultos, sabia muito sobre elas. Havia amplo debate a propósito do "matadora", se significaria que elas eram matadoras de cigarras ou cigarras que matavam. O consenso apontava para este último.

Cigarras-matadoras eram mais ou menos do tamanho de beija-flores e tinham ferrões malévolos da proa à popa, e eram medonhas. Viviam em tocas e saíam voando de baixo inesperadamente, com um horrível zunido, que nem uma serra elétrica dando a partida, se seus ninhos fossem perturbados. O medo maior era de que subissem pelos calções, se emaranhassem nas cuecas e começassem a mandar ver às cegas. Castração, possivelmente bem ali na beira da estrada, era o procedimento de emergência normal para picadas de cigarra-matadora na região escrotal — e elas quase nunca picavam outro lugar. Na verdade, nunca eram vistas, porque, assim que uma zunia fora da toca, era preciso cair fora muito rápido, apertando os calções nas pernas dum jeito afetado, mas prudente.

A pior ameaça crônica que tínhamos era o sumagre-venenoso, embora eu nunca tenha conhecido ninguém, adulto ou criança, que de fato soubesse o que era, ou como precisamente a coisa matava. Era na verdade só uma espécie de boato de matagal. Mesmo assim, em qualquer situação florestal, podia-se erguer a mão e anunciar com gravidade: "É melhor não prosseguir. Acho que pode haver sumagre adiante".

"Sumagre-*venenoso*?", um dos seus companheiros mais moços replicava, olhos arregalados.

"Todo sumagre é venenoso, Jimmy", alguém mais dizia, pondo uma mão no ombro dele.

"É ruim mesmo?", Jimmy perguntaria.

"Digamos assim", você respondia sabiamente. "Mickey Cox, amigo do meu irmão, conheceu um cara que certa vez caiu numa faixa de sumagre. Pegou nele todo, né, e os médicos tiveram de amputar o corpo inteiro. Agora ele é só uma cabeça num prato. Levam ele por aí numa caixa de chapéu."

"Uau!", diziam todos, exceto Arthur Bergen, que era irritantemente cerebral e sabia tudo sobre as coisas no mundo que não levavam jeito de ser bem assim, as quais sempre coincidiam de maneira exata com todas as coisas que você ouvira dizer que eram fantásticas.

"Uma cabeça não sobrevive por conta própria numa caixa", ele dizia.

"Bem, é tirada às vezes. Para tomar ar, ver uma tevê, e por aí vai."

"Não, quero dizer que não conseguiria sobreviver por conta própria, sem um corpo."

"Bem, essa viveu."

"Não dá. Como se vai manter uma cabeça oxigenada sem um coração?"

"Como vou saber? Quem sou eu — o doutor Kildare? Só sei que é verdade."

"Não pode ser, Bryson. Você ouviu mal — ou está inventando."

"Bem, não estou."

"Só pode."

"Bem, Arthur, juro por Deus que é verdade."

Isso causava um imediato silêncio estupefato.

"Você vai para o inferno por dizer isso se não for verdade, sabia?", Jimmy observava, mas sem a menor necessidade, pois disso você já sabia. Todos os garotos sabiam disso automaticamente, desde o nascimento.

Jurar por Deus era o ato derradeiro. Se você jurasse por Deus e depois verificassem que você estava errado, mesmo por acidente, mesmo só um pouquinho, você teria de ir para o inferno mesmo assim. A regra era essa, e Deus não a flexibilizava para ninguém. Então, a partir do momento em que fosse dito, em qualquer contexto, começava a dar desconforto, no caso de alguma parte resultar ligeiramente incorreta.

"Bem, isso é o que meu irmão falou", você dizia, tentando modificar a dívida eterna.

"Não pode mudar agora", Bergen — que, não por acaso, quando adulto seria advogado de lesões pessoais — observava. "Já disse."

Você também sabia muitíssimo bem disso. Nessas circunstâncias, só havia uma coisa a fazer: dar um cascudo no Milton Milton.

Só um pouco menos ameaçadoras do que sumagre-venenoso eram as polpudas bagas vermelhas que cresciam em bolinhos nos arbustos do quintal de quase todo mundo. Essas também eram meio vagas, pois nem o arbusto nem as bagas pareciam ter nome — eram apenas "aquelas bagas vermelhas", ou "aquele arbusto com as bagas vermelhas" —, mas eram universalmente tidas como tóxicas. Se você tocasse numa baga ainda que só um pouquinho e depois comesse um biscoito ou um sanduíche e notasse que não lavara as mãos, sério, passava uma hora imaginando se cairia morto a qualquer instante.

As mães também se preocupavam com as bagas, e estavam sempre gritando não comam da janela da cozinha, desnecessário realmente, porque as crianças dos anos 1950 não comiam nada que crescesse no mato — na verdade, não comiam nada a menos que estivesse envolto em açúcar, endossado por uma celebridade esportiva ou um astro de tevê e viesse com um prêmio grátis. Podiam do mesmo jeito nos dizer para não comer os gatos mortos que encontrássemos. Não comeríamos mesmo.

O interessante é que as bagas não eram nem um pouco venenosas. Posso dizer com certa confiança porque fizemos Montinho,* o irmãozinho de Lanny Kowalski, comer uns dois quilos

---

* Assim chamado porque suas calças sempre tinham um montinho de cocô afundado. Suponho que ainda tenham.

delas para ver se iam matá-lo, e não mataram. Foi uma experiência controlada, me apresso em dizer. Demos uma de cada vez e esperamos um intervalo razoável para ver se seus olhos reviravam ou algo assim antes de lhe dar outra. Mas, fora vomitar o primeiro quilo, ele não apresentou outros efeitos doentios.

O único perigo real na vida eram os garotos Butter. Os Butter eram uma família de indivíduos grandes, endogâmicos, de número indeterminado, que moravam sazonalmente numa porção de barracões em uma área de perpétua treva florestal conhecida como as Baixadas, ao longo das margens pantanosas do rio Racoon. Quase toda primavera as Baixadas inundavam e os Butter voltavam todos para o Arkansas ou para o Alabama ou para de onde quer que tivessem vindo.

No meio-tempo, nos ameaçavam. Sua especialidade era atormentar qualquer criança menor que eles, o que consistia em todas as crianças. Os Butter já de cara eram grandes, mas, como repetiam todos os anos, eram muito, muito maiores que qualquer outra criança na turma deles. Na sexta série alguns eram grandes demais para passar pelas portas. Eram feios, também, e bobões. Comiam esquilos.

Geralmente, a melhor opção era ter alguma criança pequena que pudesse ser oferecida em sacrifício. Montinho Kowalski era ideal para esse fim, já que era indiferente à dor e ao medo, e nunca dedaria você, porque ele não conseguia falar, ou possivelmente nem falava e ponto (nunca ficava claro qual dos dois). E também porque os Butter decerto se enojariam de suas calças sujas, então apenas lhe dariam uns tapas e depois sairiam com caras confusas e aflitas.

A pior hipótese era ser pego sozinho por um ou mais dos garotos Butter. Uma vez, quando eu tinha uns dez anos, levei uma prensa de Buddy Butter, que estava na minha turma, mas era no mínimo sete anos mais velho. Ele me arrastou até debaixo de um pinheirão, me pregou de costas no chão e disse que ia me deixar ali a noite toda.

Esperei o que pareceu ser um intervalo razoável e então falei: "Por que você está fazendo isto comigo?".

"Porque eu posso", respondeu, mas pronunciou "pussu". Então fez uma espécie de ruído glutinoso, apreciativo, encatarrado, ruído que, no universo dos Butter, passava por riso.

"Mas você vai ter que ficar aqui a noite toda também", observei. "Vai ser chato igualzinho para você."

"Tô nem aí", respondeu de chofre, e ficou quieto um bom tempo antes de acrescentar: "Além do mais, eu posso fazer isto". E me ameaçou com o truque do cuspe balançante — aquele em que a pessoa no alto lentamente pendura uma cusparada e a deixa suspensa por um fio, tremendo de leve, e ou a chupa, se a vítima se rende, ou a deixa cair, às vezes sem querer. Nem sequer era bem um cuspe — ao menos, cuspe humano. Era mais uma espécie de troço que um inseto gigante regurgitaria nos membros dianteiros e esfregaria nas antenas. Um verde-musgo com pequenas estrias de sangue, e, a menos que minha memória esteja me pregando peças, duas pequenas penas cinza protuberantes dos lados. Era tão grande e brilhoso que dava para ver meu reflexo nele, distorcido, como num desenho de M. C. Escher. Eu sabia que, se qualquer parte daquilo tocasse meu rosto, chiaria abrasivo e deixaria uma cicatriz desfigurante.

Na verdade, ele chupou a cusparada e me largou. "Bem, toma essa lição, sua bichinha fedegosa", disse.

Dois dias depois vieram as torrenciais chuvas de primavera que botaram todos os Butter nos seus telhados de oleado, de onde foram resgatados um a um por homens em pequenos botes. Mil crianças ficaram nas margens acima e deram vivas.

O que elas não sabiam é que as nuvens de tempestade que traziam toda aquela chuva refrescante foram guiadas nos céus pela poderosa visão de raio X do modesto super-herói das pradarias, o pequeno, mas perfeitamente proporcional, Kid Trovão.

3. Nascimento de um super-herói

East Hampton, Conn. (AP) — *A busca por uma suposta vítima de afogamento no lago Pocotopaug foi cancelada na terça-feira quando se percebeu que um dos voluntários que ajudavam na busca, Robert Hausman, 23, de East Hampton, era a pessoa procurada.*
Des Moines Tribune, 20 de setembro de 1957

Em todas as refeições preparadas durante minha criação (e, sem dúvida, bem depois também), minha mãe colocava um montão de queijo cottage em cada prato. Devia ser importante para ela servir algo coagulado e levemente fluido em toda refeição. Seria muito suave dizer que eu não gostava de queijo cottage. Para mim, queijo cottage parece algo que se põe para fora, não para dentro. De fato, esse era o xis do meu problema com ele.

Eu tinha um tio distante chamado Dee (que, agora que penso nisso, pode ser que não fosse realmente um tio, apenas um estranho que aparecia em todas as grandes reuniões de família), que perdera a laringe e tinha um buraco permanente na garganta decorrente de algum ferimento juvenil, trauma cirúrgico ou algo assim. Na verdade, não sei por que ele tinha um buraco na garganta. Coisas da vida. Muita gente do campo em Iowa nos anos 1950 tinha traços físicos chamativos — pernas de pau, cotocos nos braços, cabeça excepcionalmente afundada, mãos sem dedos, boca sem língua, órbitas sem olho, cicatrizes de mais de metro, algo entrando numa manga e saindo pela outra. Só Deus sabe pelo que as pessoas passavam, na época.

Enfim, o tio Dee tinha um buraco na garganta, mantido levemente coberto com um pedaço de gaze de algodão. A gaze volta e meia levantava, particularmente quando Dee ficava comovido, o que era comum, ou ficava solta, ou caía duma vez. Em ambos os casos, dava para ver o buraco, que era um negrume só, fundo e mais ou menos do tamanho de uma moeda. Dee falava através do buraco no pescoço — na verdade, arrotava por ele uma espécie de discurso. Todos concordavam que ele era muito bom na coisa — quanto ao volume e à constância da potência, uma maravilha; muitos se lembravam de um motor de popa funcionando a toda a força — embora, no duro, ninguém tivesse a menor idéia do que ele estava falando, uma pena, pois Dee era ferozmente loquaz. Ele ficava arrotando na maior emoção enquanto aquelas pessoas ao lado (que eram, é preciso dizer, quase sempre novatos no círculo familiar) observavam seu pescoço com ar corajoso mas sem entender nada. De tempos em tempos diziam: "É mesmo?" e "puxa vida", e faziam uma série de meneios honestos e atenciosos de cabeça antes de declarar: "Bem, acho que vou lá pegar um pouquinho mais de limonada", e escapuliam, deixando o Dee arrotando furiosamente às suas costas.

    Tudo isso era legal — ou pelo menos no limite do legal — enquanto o tio Dee não estivesse comendo. Quando ele estava comendo, era melhor não querer ficar no mesmo condado de jeito nenhum, pois o tio Dee falava com a garganta cheia. O que comia virava um leve borrifo no buraco do pescoço. Era como jantar com uma miniatura de máquina de flocagem, ou talvez uma máquina de neve pequenininha. Vi adultos plácidos e bondosos, gente de boa índole cristã — irmãs, filhos e pais afetuosos e, numa ocasião memorável, dois sacerdotes luteranos de congregações vizinhas —, travar lutas silenciosas, porém prolongadas e ferozes, pela posse de uma cadeira que os salvaria de sentar ao lado ou, pior, na frente de Dee no almoço.

O detalhe da condição de Dee que atraía minha atenção em particular era que o que quer que ele botasse na boca — torta de chocolate, peito de frango frito, feijão cozido, espinafre, couve rutabaga, Jell-O — na hora em que chegava ao buraco do pescoço tinha virado queijo cottage. Não sei como, mas virava.

O que é, de maneira clara e óbvia, a razão de eu desgostar do negócio. Minha mãe nunca conseguiu sacar isso. Mas é que ela se esquecia, cegamente e de boa-fé, da maioria das coisas. Costumávamos nos divertir desafiando-a a lembrar a data de nosso nascimento ou, se isso se mostrasse demasiado pesado, as estações do ano. Ela não conseguia fornecer com segurança nossos nomes do meio. No supermercado, volta e meia chegava ao caixa e descobria que, a certa altura imponderável, adquirira o carrinho de outra pessoa, e agora estava de posse de produtos — abacaxis inteiros, supositórios, sacos de ração para cachorro grandão — que não queria ou precisava ter. Poucas vezes tinha certeza absoluta de quais roupas pertenciam a quem. Não tinha a menor idéia de nossas preferências culinárias.

"Mãe", dizia eu toda noite, pondo um pedaço de pão sobre o montículo afrontoso no meu prato, do mesmo jeito que se cobriria uma vítima de acidente rodoviário com um cobertor, "você sabe que eu realmente detesto queijo cottage."

"Detesta, querido?", dizia com um olhar de perplexidade simpática. "Por quê?"

"Parece com o negócio que sai da garganta do tio Dee."

Todos os presentes, incluindo meu pai, aprovavam solenemente com a cabeça.

"Bom, coma só um pouquinho e deixe o que você não gosta."

"Não gosto de nada, mãe. Não é que tenha uma parte que eu goste e uma parte que eu não goste. Mãe, a gente tem esta conversa toda noite."

"Aposto que você nunca nem provou."

"Nunca provei caca de pombo. Nunca provei cera de ouvido. Tem coisa que a gente não precisa provar. A gente tem esta conversa toda noite também."

Mais aprovações solenes.

"Bom, eu não fazia idéia de que você não gostava de queijo cottage", minha mãe dizia numa espécie de espanto, e na noite seguinte tinha queijo cottage de novo.

De vez em quando seu esquecimento descambava para terrenos mais desanimadores, ainda mais quando ela estava sem tempo. Lembro de uma manhã particularmente corrida e desorganizada quando eu ainda era bem pequeno — pequeno o bastante, em todo caso, para ser completamente crédulo e tonto — e ela me deu as velhas calças cápri da minha irmã para vestir na escola. Eram de um verde-lima brilhante, bem justas, e tinham pequenas fendas nos fundilhos. Só desciam a três quartos das panturrilhas. Me olhei no espelho da saleta numa espécie de incredulidade confusa. Eu parecia Barbara Stanwyck em *Pacto de sangue*.

"Não pode ser, mãe", eu dizia. "Estas são as calças cápri velhas da Betty, não são?"

"Não, amor", minha mãe respondia, suave. "São calças de *pirata*. Estão bem na moda. Creio que Kookie Byrnes as usa no *77 Sunset Strip*."

Kookie Byrnes, o penteadíssimo astro desse popular programa semanal de televisão, era um herói para mim e para a maioria das pessoas que gostassem de cabelos com arranjo interessante, e ele *era* capaz de coisas de uma estranheza amável, isso é certo. É por isso que o chamavam de Kookie. Mesmo assim, o negócio não parecia correto.

"Acho que não usa, mãe. Porque estas são calças de menina."

"Ele usa, amor."

"Você jura por Deus?"

"Hum-hum", dizia, distraída. "Assista esta semana. Tenho certeza de que ele usa."

"Mas você jura por Deus?"

"Hum-hum", repetia.

Então eu as usei na escola, e as gargalhadas podiam ser ouvidas a quilômetros. Continuaram durante boa parte do dia. A diretora, a sra. Peito Desumanamente Enorme, que em circunstâncias normais era o tipo de pessoa que não levantaria o rabo da cadeira mesmo se ela estivesse pegando fogo, fez uma visita especial para dar uma olhada em mim e riu tão forte que estourou um botão da camisa.

Kookie Byrnes, é claro, nunca usou nada remotamente parecido com calças cápri. Perguntei a minha irmã sobre o assunto depois da escola. "Está *brincando*?", ela disse. "Kookie Byrnes *não* é homossexual."

Era impossível ficar de mal com os esquecimentos da minha mãe por muito tempo porque eles eram óbvia e inapelavelmente patológicos, um subterfúgio de sua natureza. Era como perder a paciência com ela por gostar de tecidos com bolinhas e sapatos bicolores. Era o jeito dela. Além do quê, ela compensava de mil maneiras: sendo afável e gentil, paciente e generosa, pedindo desculpas imediatas e sinceras a cada falha, rápida nas reparações. Todos adoravam minha mãe. Ela era inteiramente desprovida de suspeitas ou malícia. Nunca levantava a voz ou dizia não a qualquer pedido, nunca disse uma palavra contra outro ser humano. Gostava de todos. Vivia para fazer sanduíches. Queria que as pessoas fossem felizes. E me levava quase toda semana para jantar e ao cinema. Era um programa nosso.

Devido ao trabalho, meu pai ficava fora a maioria dos fins de semana. Então toda sexta, quase sem falta, minha mãe me dizia: "O que me diz de irmos jantar hoje no Bishop's e depois pegar um filme?", como se fosse uma delícia rara, quando na verdade era o que fazíamos com regularidade.

Então, terminadas as aulas na sexta, eu corria para casa, deixava meus livros na mesa da cozinha, agarrava um punhado de biscoitos e tomava o rumo do centro. Às vezes pegava um ônibus; contudo, o mais comum era poupar o dinheiro e caminhar. Eram apenas alguns quilômetros e o caminho era divertido e agradável se eu fosse pela avenida Grand (onde os ônibus não passavam; eram relegados à Ingersoll — a entrada de serviço do mundo das ruas). Eu gostava muito da avenida Grand. Naqueles dias ela era adornada do centro aos subúrbios do oeste com imponentes olmos entrelaçados, a árvore de rua mais charmosa que já existiu e, no outono, uma generosa provedora de montões de folhas douradas para ir chutando. Porém, mais do que isso, a Grand tinha o jeito que uma rua deveria ter. Seus prédios de escritórios e residenciais eram construídos perto da rua, o que lhe dava um ar de vizinhança, e ela ainda tinha a maioria de suas velhas casas — mansões de esplendor exuberante, quase todas com torrezinhas, torreões e pórticos, como o convés de navios —, embora estas tivessem encontrado usos distintos, como escritórios, funerárias e que tais. Criteriosamente espaçados ficavam uns poucos prédios institucionais mais grandiosos: igrejas de granito, um ginásio para meninas católicas, o imponente hotel Commodore (com toldo na entrada dando para a rua — um bem-vindo toque de Manhattan), um orfanato espectral onde nenhuma criança jamais aparecia ou brincava na janela, a residência oficial do governador, uma modesta mansão com um poste branco e a bandeira do estado. Tudo parecia de algum modo exatamente proporcional, precisamente posicionado, cuidadosamente ornado e aparado. Era a rua perfeita.

Onde deixava de ser residencial e chegava ao centro, nos arredores do edifício da Editora Meredith (lar da revista *Better Homes and Gardens* e verdadeiro brucutu em escala industrial), a Grand dava uma abrupta guinada para a esquerda, como se de repente tivesse se lembrado de um compromisso importante. A partir desse ponto, a pretensão inicial era que ela seguisse pelo centro como uma espécie de Champs Elysées do Meio-Oeste, chegando aos degraus do capitólio estadual. A idéia era que, à medida que você avançasse pela Grand, teria diante de si, perfeitamente centrada, a cúpula do capitólio em sua glória dourada (e *é* uma baita estrutura, uma das melhores do país).

Mas quando a rua estava sendo feita em algum momento da segunda metade dos anos 1800, veio uma chuva forte à noite e os postes dos agrimensores parece que se mexeram — ao menos isso é o que nos diziam —, e a estrada desviou-se da linha correta, deixando o capitólio estranhamente fora de centro, de modo que hoje parece que foi pego tentando escapar. É uma peculiaridade que algumas pessoas prezam e outras preferem não comentar. De minha parte, nunca cansei de caminhar rumo ao centro vindo do oeste e me confrontar com uma visão tão gloriosamente desaprumada, tão carinhosamente fora de ordem, e de ponderar o fato de que toda uma equipe de homens pôde construir uma estrada importante sem, é evidente, levantar o rosto uma vez sequer para ver aonde estava indo.

Nos primeiros quarteirões, o centro de Des Moines tinha um leve, ainda que agradável, ar decaído. Aqui havia bares suspeitos, hoteizinhos de reputação duvidosa, escritórios desbotados e lojas que vendiam coisas esquisitas, como carimbos e treliças. Eu gostava muito dessa área. Sempre havia chance de se ouvir uma discussão braba através de uma janela do andar de cima, e a esperança de que isso daria em tiroteio e em alguém caindo pela janela em um toldo, como nos melhores filmes de Hollywood, ou pelo menos cambaleando por uma porta, mão no peito ensangüentado, e desmoronando na rua.

Logo depois o centro ficava mais respeitável e literalmente elevado, mais parecido com um centro de verdade. Esse coração pulsante da metrópole era de escala muito modesta — apenas três ou quatro quarteirões de largura e quatro ou cinco de comprimento —, mas tinha a densidade de edifícios de tijolo muito altos e era cheio de gente e de vida. O ar era um tanto sujo e azul. As pessoas caminhavam mais rápido e com passadas maiores. Tinha cara de cidade propriamente dita.

Chegando ao centro, eu tinha uma rotina invariável. Primeiro fazia uma visitinha à Pinky's, uma loja de brincadeiras e novidades no edifício do Banker's Trust, que continha um amplo suprimento de piadinhas manjadas — cubos de gelo de plástico com mosca dentro, dentaduras trepidantes, cocôs de borracha para todas as ocasiões — que ninguém jamais comprava. A Pinky's existia apenas para dar a marinheiros, bóias-frias e garotinhos um lugar para ir quando estavam de bobeira no centro. Não faço idéia de como conseguiu ficar no ramo. Só posso deduzir que, de algum modo, nos anos 1950, não era preciso vender muito para permanecer solvente.*

Quando já tinha olhado tudo por ali, dava uma volta ou duas pelo mezanino do Frankel's, depois conferia os *Hardy Boys*** novos na seção de livros da Younkers. Geralmente dava um pulo no comprido balcão de refrescos da Woolworth's para um de seus celebrados Rios Verdes, uma refrescante mistura de efervescência verde xaroposa que era o aperitivo dos escolares nos anos 1950, e, por fim, me encaminhava para o R&T (de *Register* e *Tribune*), na Oitava com Locust. Ali, eu em geral tirava um minutinho para olhar através das grandes janelas envidraçadas que circundavam o edifício no nível da rua e permitiam a vista da gráfi-

---

* Aprendi depois, com Stephen Katz, o meu informante mais mundano, que a Pinky's tirava o seu sustento vendendo revistas da pesada por baixo dos panos. Eu não fazia idéia.
** Livros de aventuras para adolescentes. (N. T.)

ca — um lugar, sempre supus, com potencial excelente para se ver uma mutilação —, depois continuava pelas ágeis portas giratórias até o lobby do *Register*, onde dedicava alguns minutos respeitosos a um grande globo lentamente giratório acomodado atrás de um vidro (sempre cálido ao toque) em um espaço lateral.

O *Register* tinha orgulho desse globo. Era, assim me lembro, um dos maiores do mundo: globões não são fáceis de fazer, ao que tudo indica. Esse tinha no mínimo o dobro do meu tamanho, manufaturado e pintado com primor. Ficava inclinado no seu eixo num ângulo cientificamente preciso e girava na mesma velocidade da própria Terra, completando uma volta a cada 24 horas. Era, em suma, uma coisa grandiosa e tremenda — a mais admirável maravilha tecnológica em Des Moines além dos assentos de privada radioativos na cafeteria Bishop's, que obviamente estavam num patamar próprio. Como era muito grande, imponente e autêntico, parecia muito que você estava olhando para a Terra verdadeira, e eu andava em volta dele me imaginando Deus. Mesmo agora, quando penso nas nações da Terra, vejo-as como estavam naquela bolona — como Tanganica, Rodésia, Alemanha Ocidental e Oriental, as Ilhas Amigáveis. O globo pode ter tido outros fãs além de mim, mas nunca vi um passante lhe dar mais que uma olhada.

Às 17h30, com exatidão, seguia em um elevador até a redação no quarto andar — um lugar tão quintessencialmente redação que tinha até uma porta de vaivém pela qual se entrava com um ar vivaz, que nem Rosalind Russel em *Jejum de amor* — e passava pelo setor de esportes com um "ei" familiar para toda a turma ali (eram os colegas do meu pai, afinal), passava pelas máquinas de telégrafo trepidantes e me apresentava na escrivaninha da minha mãe no setor feminino, a um passinho dali. Posso vê-la agora perfeitamente, sentada a uma escrivaninha de metal cinza, cabelo um bocadinho enviesado, martelando na máquina de escrever, uma venerável Smith Corona. Daria qualquer coisa — na verdade, quase tudo mesmo — para passar só mais uma vez por aquela porta e ver a rapaziada no setor de esportes e, atrás deles, minha velha e querida mãe datilografando na sua escrivaninha.

Minha chegada sempre a agradava e a surpreendia na mesma medida.

"Puxa, Billy, oi! Meu Deus, será sexta?", dizia, como se não tivéssemos nos encontrado por semanas.

"Sim, mãe."

"Bem, o que me diz de ir ao Bishop's e ao cinema?"

"Seria ótimo."

Então íamos jantar tranqüilos e satisfeitos no Bishop's e em seguida tomar o rumo de um cinema num dos três ótimos e antigos cinemões do centro — Paramount, Des Moines e RKO-Orpheum —, cada um deles uma cripta vasta e iluminada de forma fantasmagórica, montada em estilo elaborado, reminiscente do auge do antigo Egito. No Paramount e no Des Moines cabiam 1600 pessoas, no Orpheum um pouquinho menos, embora lá pelo fim dos anos 1950 raramente tenha havido mais que trinta ou quarenta em cada sessão. Nunca houve, nunca haverá outra vez, melhor lugar para se passar uma tarde de sexta: sentar com uma tina de pipoca amanteigada em meio hectare cúbico de escuridão, encarar uma tela tão enorme que dava para ler os títulos dos livros nas prateleiras, as datas nos calendários, as placas dos carros passantes. Realmente, era um tipo de magia.

Os filmes dos anos 1950 eram de uma excelência sem par. *O cérebro que não morria*, *A bolha*, *O homem do planeta X*, *A Terra versus os discos voadores*, *Zumbis da estratosfera*, *O incrível homem colossal*, *Os invasores de corpos* e *O incrível homem que encolheu* eram apenas algumas das invenções inspiradas daquela infindável década imaginosa. Mas eu e minha mãe nunca íamos a esses filmes. Em vez disso, víamos melodramas, em geral com atores do meio para baixo no mundo do estrelato — Richard Conte, Lizabeth Scott, Lana Turner, Dan Duryea, Jeff Chandler. Nunca pude entender o apelo desses filmes. Era só conversa, conversa, conversa, daquele jeito sombrio, franco e acusatório que tinham as pessoas nos filmes dos anos 1950. Os personagens quase sempre se viravam de costas quando falavam, de modo que pareciam inexplicavelmente se dirigir mais a uma estante ou a uma luminária que à pessoa em pé atrás deles. Em algum momento, a música crescia e um dos personagens dizia ao outro (em meio às cortinas) que não agüentava mais isso e estava partindo.

"Eu também!", eu gracejava afavelmente com minha mãe e ia de mansinho ao banheiro para mudar de ares. Os banheiros dos cinemas do centro eram imensos, iluminados com suavidade e superclassudos. Tinham bons espelhos de corpo inteiro, portanto dava para praticar a sacada de revólver, e havia várias máquinas — vendedoras de pentes, de camisinha — em que quase dava para enfiar o braço. Havia uma comprida fileira de portinhas com privadas e todas tinham aquelas divisórias que deixavam ver os pés das pessoas nos cubículos ao lado, coisa que eu não entendia, e, na realidade, ainda não entendo. É difícil pensar numa circunstância qualquer em que ver os pés de alguém na porta ao lado traga algum proveito. Como forma de deixar minha assinatura, eu entrava no boxe da ponta esquerda e trancava a porta, daí engatinhava por sob a divisória até o próximo boxe e o trancava, e seguia adiante pela fileira toda, até que tivesse trancado todos. Sempre me dava uma estranha sensação de realização.

Só Deus sabe sobre em quê eu engatinhava para executar esse pequeno feito, mas na época eu *era* tremendamente burro. Falo burro mesmo, pra valer. Lembro, quando eu tinha uns seis anos, de passar quase um filme inteiro catando um troço interessante com cheiro adocicado debaixo da minha poltrona, pensando que era algo relacionado com a manufatura da poltrona, antes de perceber que era chiclete deixado ali por usuários anteriores.

    Fiquei nauseado uns dois anos pensando em que atividade grotesca e anti-higiênica eu me metera e com a lembrança de que eu comera pipoca amanteigada gordurosa e um pacotão de Chuckles com os mesmos dedos com que chapinhara nas mastigações alheias abandonadas. Eu tinha até — ah, eca!, eca! — lambido aqueles dedos, transferindo, ávido, caçambas de babas sifilíticas e de refugo inclassificável de Wrigley's e Juicy Fruits abocanhados até a minha boca sadia e o meu lustroso aparelho digestivo. Era só uma questão de tempo — horas, no máximo — antes que eu me afundasse num delírio balbuciante e, em lenta e febril agonia, morresse.

    Depois do cinema sempre íamos de torta na Toddle House, um restaurante minúsculo e fumacento da avenida Grand, de labaredas dançantes de gordura, funcionários mal-humorados e perfeição aconchegante. A Toddle House era pouco mais que uma cabana de tijolos, consistindo num único balcão com uns banquinhos giratórios, mas jamais uma área fechada produziu comidas tão divinas ou ofereceu um calorzinho mais delicioso numa noite fria. As tortas — cascudas na borda, cremosas no recheio e sempre partidas com generosidade — eram o céu num prato. Normalmente, esse era o ponto alto da noite, mas dessa vez eu estava distraído e inconsolável. Me sentia sujo e condenado. Nunca poderia ter sonhado que coisa pior ainda estaria por vir, mas, na verdade, estava prestes a. Ao me sentar ao balcão, preguiçosamente garfando minha torta cremosa de banana, sentindo pena de mim mesmo e do meu aparelho digestivo condenado, bebi do meu copo d'água e então notei que o velho sentado ao meu lado também bebia nele. Ele tinha mais de duzentos anos e uma espécie de baba cinza nos cantos da boca. Quando baixou o copo havia trocinhos brancos mastigados boiando na água.

"Akk, akk, akk!", grasnei, emudecido de horror com mais essa, e agarrei o pescoço com ambas as mãos. Meu garfo caiu com ruído no chão.

"Opa, andei bebeno sua água?", ele disse, todo animado.

"Sim!", ofeguei, incrédulo, e olhei para o prato dele. "E você estava comendo... *ovos pochê*."

Ovos pochê eram a segunda-comida-que-é-óbvio-que-nunca-se-divide-com-um-velho-sugismundo, suplantada apenas pelo queijo cottage — e por pouca diferença. Como forma de subproduto babento do ato de comer, os dois eram praticamente indistinguíveis. "Ah, akk, akk", eu gritava e fazia ruídos sobre o prato, como um gato lutando para pôr uma bola de pêlo para fora.

"Ora, torço mesmo para que você não tenha piolhos!", disse ele, e me bateu jovialmente nas costas ao se levantar para pagar a conta.

Olhei para ele aturdido. Pagou o dele, pôs um palito na língua e se saracoteou tropicando em direção à sua picape.

Jamais conseguiu. Ao estender a mão para abrir a porta, raios de eletricidade voaram dos meus olhos selvagemente dilatados e vibraram pelo seu corpo. Ele tremeluziu um instante, se contorceu num breve e silencioso esgar de agonia, e já era.

Era o nascimento da VisãoTrovão. O mundo acabara de ficar um lugar perigoso para imbecis.

Há muitas versões de como Kid Trovão veio a obter seus poderes fantásticos — tantas que nem eu mesmo tenho certeza absoluta, mas creio que as primeiras dicas de que eu não era do planeta Terra, mas de algum outro lugar (do, como eu saberia depois, planeta Electro na Galáxia Zizz), estavam imiscuídas em conversas dos meus pais. Passei um bocado da infância escutando — monitorando, na verdade — seus papos. Tinham conversas compridíssimas que sempre pareciam bailar à beira de um curioso desarranjo feliz. Lembro-me de um dia meu pai chegando todo animado, com uma palavra escrita num pedaço de papel.

"Que palavra é esta?", disse para minha mãe. A palavra era *chaise longue*.

"*Shays lounge*", ela disse, pronunciando como todos os iowanos, talvez todos os americanos. Uma *chaise longue* naqueles dias significava tão-somente um tipo de espreguiçadeira ajustável de quintal, que andava na moda. Vinha com uma almofada que era levada para dentro à noite se se imaginasse que alguém poderia levá-la. Nossa almofada tinha estampados uma carruagem e quatro cavalos galopantes. Não precisava ser levada para dentro à noite.

"Olhe de novo", instigou meu pai.

"*Shays lounge*", repetiu minha mãe, não se intimidando.

"Não", ele disse, "olhe a segunda palavra. Olhe bem."

Ela olhou. "Ah", disse ela, se ligando. Tentou de novo. "*Shays lawn-gway.*"

"Bem, é só *long*", disse meu pai gentilmente, mas com um ronronar gaulês. "*Shays lohhhnggg*", repetiu. "Que coisa, não é? Eu devo ter olhado essa palavra cem vezes e nunca reparei que não era *lounge*."

"*Lawngg*", disse minha mãe, meio que maravilhada. "Vai levar tempo pra gente se acostumar."

"É francês", meu pai explicou.

"É, imagino que seja", disse minha mãe. "Estou pensando no que significa."

"Sei lá. Olha o Bob vindo do trabalho", disse meu pai, olhando pela janela. "Vou experimentar com ele." Então apanhou o Bob na garagem e eles mantiveram uma pasma conversa de dez minutos. Durante a hora seguinte, meu pai seria visto palmilhando a alameda de cima a baixo, às vezes ruas vizinhas adentro, com seu pedaço de papel, mostrando-o aos vizinhos, e todos entretinham uma conversa pasma. Mais tarde, Bob vinha e perguntava se podia pegar o papel emprestado para mostrar à mulher.

Foi mais ou menos nessa época que comecei a suspeitar que eu não vinha deste planeta, e que essa gente não era — não podia ser — meus pais biológicos.

Certo dia, então, quando eu ainda não chegara aos seis anos, estava no porão, só dando umas fuçadas, vendo se tinha algo pontiagudo ou inflamável com que eu ainda não topara, e, pendurado atrás da caldeira, encontrei um suéter de lã de rara fineza. Vesti. Era muitas, muitas vezes maior do que eu — as mangas quase tocavam o chão se eu não as puxasse constantemente de volta —, mas era a peça de vestuário mais bela que eu já vira. Feito de uma lã lustrosa untada, cor verde-garrafa profundo, extremamente quente e pesado, bastante pinicante e puído, mas ainda assim excepcionalmente esplêndido. Cruzando o peito, em tecido acetinado, nessa altura já muito apagado, um relâmpago dourado. O interessante é que ninguém sabia de onde saíra. Meu pai pensou que podia ser um velho suéter de faculdade, de futebol americano ou de hóquei sobre o gelo, datado de alguma época anterior à Primeira Guerra Mundial. Mas como chegara à nossa casa, não fazia idéia. Chutou que os donos anteriores o haviam pendurado ali e o esqueceram quando se mudaram.

Mas eu era mais sagaz. Era, é óbvio, o Sagrado Suéter de Zás, deixado para mim pelo rei Volton, meu falecido pai natural, que me trouxera à Terra numa espaçonave prateada no ano terreno 1951 (ano de Electron 21 000 047 002), logo antes que nosso planeta austero, porém de arquitetura exuberante, explodisse espetacularmente em 1 bilhão de escombros rochosos. Ele me botou nessa inócua família no meio da América e a hipnotizou para fazê-la crer que eu era um garoto normal, a fim de que eu pudesse perpetuar os poderes e o credo de Electron.

Esse suéter foi, então, a vestimenta-base dos meus superpoderes. Me transformou. Me deu força colossal, músculos torneados, visão de raio X, capacidade de voar e de andar de ponta-cabeça nos tetos, invisibilidade, quando exigida, habilidades de caubói como laçar e tirar à bala, de longe, revólveres das mãos das pessoas, uma boa voz para cantar em fogueiras de acampamentos e um curioso cabelo preto-azulado com um cacho provocante no topo. Me transformou, em suma, no tipo de pessoa que os homens querem ser e com quem as mulheres querem ficar.

Ao suéter adicionei uma série de adornos úteis saídos do meu suprimento — chicote e espada do Zorro, lenço de pescoço e anel de lenço (com apito secreto) do Sky King, arco e flecha com aljava do Robin de Sherwood, o traje de caubói decorado e as botas incrustadas de jóias com esporas de lata tilintando do Roy Rogers — que aumentaram ainda mais minha força e fascínio. Do meu cinto pendia um tremendo cantil de alumínio, excedente do exército, que deixava curiosamente metálico o gosto de qualquer coisa posta ali dentro; uma bússola e um kit oficial Escoteiro Vitt-L, que continha todos os utensílios essenciais para se preparar uma refeição honesta no mato e para espantar linces, ursos-cinzentos e escoteiros-chefe pedófilos; uma lanterna do Batman com sinalizador anexo (para lançar mensagens além das nuvens); e um facão de borracha.

Às vezes também carregava uma mochila excedente do exército contendo lanches e munição extra, mas tendia a não usá-la muito, já que tinha cheiro estranho e permanente de urina de gato, e embaraçava a livre circulação da toalha de praia vermelha que eu amarrava no meu pescoço para voar. Por um breve tempo usei umas cuecas sobre as calças jeans à maneira do Super-Homem (uma artimanha da alfaiataria dura de compreender), mas isso causou tamanha gargalhada no Curral da Meninada que logo abandonei a prática.

Na cabeça, de acordo com a estação, usava um chapéu de caubói de feltro verde, ou o gorro de pele de guaxinim de Davy Crockett. Para trabalhos aéreos eu envergava um capacete de futebol aprovado por Johnny Unitas com proteção de rosto feita de plástico rijo. O kit inteiro, todo montado, pesava pouco mais de trinta quilos. Não era bem vestir o que eu fazia, era mais arrastar. Quando totalmente vestido, eu era o Kid Trovão (depois Capitão Trovão), nome que meu pai me pespegou em um momento de admiração galhofeira, enquanto desembaraçava uma espada enganchada e me levantava pelos cinco degraus de madeira de nossa varanda dos fundos, me economizando talvez uns dez minutos de escalada árdua.

Felizmente eu não precisava de muita mobilidade, pois meus superpoderes na verdade não se destinavam muito a capturar gente malvada ou a fazer o bem ao homem comum, mas basicamente a usar minha visão de raio X para perscrutar sob as roupas de mulheres atraentes e para carbonizar e eliminar gente — professores, babás, velhos que queriam beijinho — que era empecilho para minha felicidade. Todos os heróis bacanas tinham especialidades particulares. O Super-Homem lutava pela verdade, pela justiça e pelo estilo americano de vida. Roy Rogers ia atrás quase que apenas de agentes comunistas que tramavam envenenar o reservatório de água ou insultar e dilacerar o estilo americano de algum outro jeito. Zorro atormentava um panaca dum sujeito chamado Sargento Garcia por motivos obscuros, porém consistentes na aparência. O Cavaleiro Solitário lutava pela lei e pela ordem no Oeste dos primórdios. Eu matava imbecis. Ainda mato.

Eu costumava matutar bastante sobre a visão de raio X, porque não conseguia entender como podia funcionar. Quero dizer, se você pode ver através das roupas das pessoas, então com certeza também veria através da pele e lá no meio dos corpos. Veria vasos sangüíneos, órgãos latejantes, comida sendo digerida e empurrada por espirais de tripas, e muito mais dessa natureza grosseira e indesejável. Mesmo se você pudesse de algum modo restringir seus raios X a epidermes róseas, qualquer corpo encarado não estaria em estado natural atraente, mas comprimido e distorcido por vestimentas de baixo não visíveis. Os peitos, por exemplo, estariam estranhamente apertados e soerguidos, encaixotados num sutiã não visto, em vez de relaxados e sacolejantezinhos. Não seria satisfatório de jeito nenhum — ou, ao menos, nem de longe satisfatório o suficiente. Razão pela qual era necessário aprimorar a VisãoTrovão®, um olhar tipo laser que me permitia tirar roupas de baixo sem prejudicar a pele ou a roupa externa. O fato de que a VisãoTrovão, um tom acima e focalizada com maior intensidade, também podia ser usada como poderosa arma para vaporizar gente irritante, era uma vantagem agradável, mas inteiramente secundária.

Ao contrário do Super-Homem, eu não tive ninguém que me explicasse os fundamentos dos meus poderes. Tive de me virar por conta própria no supermundo e encontrar meus próprios referenciais. Nada fácil, pois, embora os anos 1950 fossem uma época atarefada para os heróis, era uma época esquisita. Quase todas as figuras heróicas mais legais eram estranhas e um tantinho alteradas. A maioria vivia com outro homem, exceto Roy Rogers, o caubói cantor, que vivia com uma mulher, Dale Evans, que se vestia como um homem. Batman e Robin tinham jeito inquestionável de quem está a caminho de um Mardi Gras gay, e o Super-Homem não era muitíssimo melhor. O confuso é que havia *dois* super-homens. Havia o Super-Homem do gibi, que tinha cabelo azulado, nunca ria nem aceitava merda nenhuma de ninguém. E havia o Super-Homem da televisão, que era muito mais simpaticão e um pouquinho molenga em volta dos peitos, e que inclusive foi ficando mais ondulado e mole com os anos.

De maneira similar, o Cavaleiro Solitário, que já não era o tipo de camarada com quem você gostaria de dividir uma barraquinha, ficou ainda mais esquisito pelo fato de que o papel era representado na tevê por dois atores diferentes — Clayton Moore de 1948 a 1951 e de 1954 a 1957, e John Hart durante os anos do meio —, mas os programas eram reprisados a esmo na TV local, dando a impressão de que o Cavaleiro Solitário não apenas usava uma máscara minúscula que não tapeava ninguém como também mudava de corpo de tempos em tempos. Ele também tinha um bordão — "Um fogoso cavalo com a velocidade da luz, uma nuvem de pó e o enérgico 'Aiô, Silver': o Cavaleiro Solitário" — que não fazia sentido nenhum, sob ângulo nenhum.

Roy Rogers, meu primeiro herói autêntico, era, sob muitos aspectos, o mais desconcertante de todos. Por exemplo, era estranhamente anacrônico. Vivia numa cidade do Oeste, Mineral City, que parecia confortavelmente assentada no século XIX. Tinha calçadas de madeira e postes de amarrar cavalos, as casas usavam lampiões a óleo, todos andavam a cavalo e portavam trabuco, o chefe de polícia se vestia como caubói e usava distintivo — mas quando as pessoas pediam café no Dale's café, ele vinha em uma jarra de vidro saída de uma chapa elétrica. De tempos em tempos, policiais modernos ou homens do FBI apareciam em carros ou mesmo em aviõezinhos procurando comunistas fugitivos, e quando isso acontecia eu me lembro claramente de pensar "Que porra é essa?", ou seja lá qual fosse a expressão equivalente para alguém de cinco anos.

Exceto pelo Zorro — que sabia mesmo como fazer uma espada voar —, as lutas eram sempre breves e sem sangue, e nunca envolviam hospitalização, muito menos comas, cicatrizações extensas ou morte. Na maioria, consistiam em alguém pulando de um rochedo em cima de alguém passando num cavalo, seguindo-se um bom bocado de pancadaria acelerada. Então os dois lutadores se erguiam e o bonzinho nocauteava o malvado. Roy e Dale andavam com armas de fogo — todo mundo andava armado, incluindo Magnólia, sua cômica empregada negra, e Pat Brady, o cozinheiro —, mas nunca atiravam para matar. Só tiravam as pistolas das mãos das pessoas com um tiro e depois as nocauteavam com um soco.

A outra coisa memorável sobre Roy Rogers — de que me lembro em especial porque meu pai sempre comentava, se estivesse por acaso passando pelo quarto — era que o cavalo de Roy, Trigger, recebia mais destaque do que Dale Evans, sua esposa.

"Mas é que o Trigger *é* mais talentoso", meu pai sempre dizia.

"E mais bonito também!", completávamos invariavelmente, em uníssono.

Deus meu, como éramos felizes naquele tempo.

4. A era da empolgação

Estudo mostra que drinques antes do jantar não fazem mal ao coração

Filadélfia, Penn. *(AP) — Uns dois coquetéis antes do jantar, e talvez um terceiro para arredondar, não farão mal algum a seu coração. Na verdade, podem até fazer bem. Uma equipe de pesquisa no Hospital Lankenau chegou a essa conclusão depois de um estudo patrocinado parcialmente pela Associação do Coração do Sudoeste da Pensilvânia.*

Des Moines Tribune, 18 de junho de 1959

113,597 DOCTORS FROM COAST TO COAST WERE ASKED!

Family doctors, surgeons, diagnosticians, nose and throat specialists... doctors in every branch of medicine were asked: "What cigarette do you smoke, Doctor?"

Three nationally known independent research organizations did the asking.

The answers came in by the thousands. Actual statements from doctors themselves. Figures were checked and re-checked! The results? Camels ...convincingly!

According to this recent Nationwide survey:

MORE DOCTORS SMOKE CAMELS THAN ANY OTHER CIGARETTE!

This is no casual claim. It's an actual fact. Based on the statements of doctors themselves to three nationally known independent research organizations.

THE QUESTION was very simple. One that you...any smoker... might ask a doctor: "What cigarette do you smoke, Doctor?"

After all, doctors are human too. Like you, they smoke for pleasure. Their taste, like yours, enjoys the pleasing flavor of costlier tobaccos. Their throats too appreciate a cool mildness.

And more doctors named Camels than any other cigarette!

If you are a Camel smoker, this preference for Camels among physicians and surgeons will not surprise you. But if you are not now smoking Camels, by all means try them. Compare them critically in your "T-Zone" (see right).

CAMEL—COSTLIER TOBACCOS

THE "T-ZONE" TEST WILL TELL YOU

The "T-Zone"—T for taste and T for throat—is your own proving ground for any cigarette. Only your taste and throat can decide which cigarette tastes best to you ...how it affects your throat. On the basis of the experience of many, many millions of smokers, we believe Camels will suit your "T-Zone" to a "T."

Sei lá como eles conseguiram, mas as pessoas responsáveis pelos anos 1950 fizeram um mundo em que tudo, tudo era bom para você. Drinques antes do jantar? Quanto mais, melhor! Fumar? Vai em frente! Cigarros na verdade te tornam mais saudável ao acalmar nervos irritados e estimular mentes cansadas, de acordo com propagandas. "Exatamente o que o médico prescreveu!", diziam anúncios dos cigarros L&M, alguns na *Revista da Associação Médica Americana*, em que anúncios de cigarros eram aceitos com prazer até os anos 1960. Raios X eram tão benignos que sapatarias instalaram máquinas especiais que os usavam para medir tamanhos de pés, mandando raios penetrantes através das solas e pela cabeça adentro. Não havia uma molécula do seu corpo que não estivesse banhada em seu brilho mágico. Não é surpreendente que você se sentisse energizado e pronto para um novo par de Keds quando descia da engenhoca.

Felizmente, éramos indestrutíveis. Não precisávamos de cintos de segurança, airbags, detectores de fumaça, água engarrafada ou da manobra de Heimlich. Não pedíamos tampas protetoras para criança em nossos remédios. Não precisávamos de capacetes quando pedalávamos nossas bicicletas ou de joelheiras e cotoveleiras quando andávamos de skate. Sabíamos sem recomendação por escrito que descorante não era refresco e que gasolina, quando exposta a um fósforo, tendia a se inflamar. Não tínhamos de nos preocupar com o que comíamos, porque quase todos os alimentos eram bons para nós: açúcar dava energia, carne vermelha nos deixava fortes, sorvete dava ossos saudáveis, café nos mantinha alertas e ronronando produtivamente.

Toda semana havia novidades empolgantes sobre a melhoria, a rapidez e a conveniência das coisas. Nada era muito ridículo para ser tentado. "Correio é entregue por míssil guiado", relatou o *Des Moines Register* com empolgação e orgulho na manhã de 8 de junho de 1959, depois que os Correios dos EUA lançaram um foguete Regulus I carregando 3 mil cartas expressas, de um submarino no oceano Atlântico até uma base aérea em Mayport, Flórida, distante 160 quilômetros. Logo, o artigo assegurava, foguetes carregados com correspondência estariam riscando os céus da nação. Cartas especiais, supunha-se, estariam despencando em nossos quintais em bico de foguete praticamente a cada hora.

"Certamente teremos o correio guiado por mísseis desenvolvido a um grau significativo", prometeu o chefe dos Correios, general Arthur Summerfield, nas comemorações subseqüentes. Talvez tenha ocorrido a alguém que foguetes despencando poderiam ter a tendência infeliz de errar os alvos e se espatifar em telhados de fábricas ou de hospitais, ou que poderiam explodir em pleno vôo, ou derrubar aviões passantes, ou que cada lançamento custaria dezenas de milhares de dólares para entregar uma carga útil valendo no máximo 120 dólares pelas tarifas postais correntes.

O fato era que o correio por foguete estava longe de ser uma proposta minimamente realista, e cada centavo dos milhões de dólares gastos no experimento foi desperdiçado. Pouco importa. O importante era saber que podíamos mandar correio por foguete se *quiséssemos*. Essa era uma época de sonhos, afinal.

Olhando agora em retrospecto, é quase impossível encontrar algo que não fosse ao menos um pouco empolgante na época. Até cortes de cabelo podiam fornecer quantidades incomuns de prazer. Em 1955, meu pai e meu irmão foram ao barbeiro e voltaram com cada fio de cabelo na cabeça em posição de sentido e tosquiados em plano perfeitamente horizontal. Esse estilo cativante era conhecido como escovinha. Passaram a maior parte do resto da década com cara de quem estava preparado para alguma emergência, para providenciar locais de aterrissagem para algum aviãozinho experimental, ou talvez para a entrega especial de mensagens enviadas por míssil em miniatura. Nunca as pessoas pareceram tão ridículas e tão felizes ao mesmo tempo.

Havia também certa inocência terna na época. No dia 3 de abril de 1956, de acordo com o noticiário, uma tal sra. Julia Chase, de Hagerstown, Maryland, escapuliu do seu grupo durante excursão à Casa Branca e sumiu no coração do prédio. Por quatro horas e meia, a sra. Chase, descrita depois como "descabelada, vaga e não muito lúcida", perambulou pela Casa Branca acendendo pequenas fogueiras — cinco, no todo. Essa era a rígida segurança daqueles dias: uma mulher não-muito-lúcida era capaz de rondar despercebida pela Mansão Executiva por mais da metade de um dia útil. Imagine a reação se alguém tentasse algo assim agora: alarmes instantâneos, o sururu dos jatos da força aérea, equipes da SWAT caindo de painéis no teto, tanques rolando pelos gramados, noventa minutos de tiroteio constante derramados na área-alvo, a pródiga entrega de medalhas de bravura depois, incluindo as póstumas às 76 pessoas em Virgínia e na parte leste de Maryland mortas por fogo amigo. Em 1956, a sra.

Chase, quando encontrada, foi levada para a cozinha dos funcionários, ganhou uma xícara de chá, foi solta sob a tutela da família e ninguém nunca mais ouviu falar nela.

Coisas empolgantes estavam acontecendo na cozinha também. "Há poucos anos, a dona de casa levava cinco horas e meia para preparar as refeições diárias para uma família de quatro pessoas", relatava a revista *Time* em um artigo de capa de 1959 que, garanto, minha mãe leu com grande avidez. "Hoje ela pode prepará-las em noventa minutos ou menos — e ainda fazer refeições dignas de um rei ou de um marido enjoado para comer." Os palpiteiros anônimos da *Time* iam adiante e listavam todas as fantásticas lojas de conveniência novas que estavam logo ali na esquina. Saladas congeladas. Maionese borrifada. Queijo que se podia espalhar com faca. Café instantâneo líquido numa lata de spray. Uma pizza completa em bisnaga.

Em tom de profunda aprovação, o artigo observava como Charles Greenough Mortimer, diretor da General Foods e um visionário gastronômico de primeiro time, ficara tão exasperado com a sem-gracice, a vulgaridade, a previsibilidade desanimadora dos vegetais convencionais que pusera seus melhores homens para trabalhar criando uns "novos" nos laboratórios da General Foods. Os magos da cozinha de Mortimer haviam acabado de inventar um produto chamado Roletes, em que eles fizeram uma maçaroca de diversos vegetais — ervilhas, cenouras e favas, por exemplo — e juntaram a papa resultante em palitos congelados que a atarefada dona de casa podia colocar numa assadeira e esquentar no forno.

Os roletes tomaram o mesmo rumo do correio por foguete (como, aliás, também Charles Greenough Mortimer), mas quantidades enormes de outros produtos alimentícios conquistaram um lugar definitivo em nosso estômago e coração. Lá pelo fim da década o consumidor americano podia escolher entre quase cem marcas de sorvete, quinhentos tipos de cereais matutinos e quase tantas variedades de café. Ao mesmo tempo, as fábricas de alimentos soltavam seus produtos entupidos de saborosos corantes e conservantes para torná-los ainda mais atraentes. No fim da década, alimentos de supermercado nos Estados Unidos continham até 2 mil diferentes aditivos químicos, incluindo (segundo uma pesquisa) "nove emulsificantes, 31 estabilizantes e espessantes, 85 surfactantes, sete agentes antiaglutinantes, 28 antioxidantes e 44 seqüestrantes". Às vezes continham alguma comida também, acho.

Até a morte era meio empolgante, especialmente quando infligida aos outros em segurança. Em 1951 a revista *Ciência Popular* pediu a dez repórteres científicos de ponta do país que previssem as inovações científicas mais promissoras que os doze meses seguintes trariam, e exatamente a metade citou aperfeiçoamentos em armamentos nucleares — vários, com enorme satisfação. Arthur J. Snider, do *Chicago Daily News*, por exemplo, observou empolgado que as tropas terrestres poderiam logo ser equipadas com ogivas atômicas pessoais. "Com artilharia atômica diminuta, capaz de atirar em concentrações de tropas, os rumos da guerra tática estão prestes a passar por uma revolução!", entusiasmou-se Snider. "Áreas que no passado foram capazes de suportar semanas e meses de estado de sítio podem agora ser suprimidas em dias ou horas." Urrrraaa!

As pessoas ficavam encantadas e cativadas — hipnotizadas, na verdade — pela majestade inflamada e pelo poder inatural das bombas atômicas. Quando os militares começaram a testar armas nucleares em um lago seco chamado Frenchman Flat no deserto de Nevada, na saída de Las Vegas, isso virou a atração turística mais quente da cidade. As pessoas iam a Las Vegas não para jogar — ao menos não somente para jogar —, mas para ficar na beira do deserto, sentir o chão chacoalhar sob os pés e ver o ar à frente se encher de colunas encrespadas de fumaça e pó. Os visitantes podiam ficar no Motel da Vista Atômica, pedir no balcão um coquetel atômico ("partes iguais de vodca, conhaque e champanhe, com uma gota de vinho Jerez"), comer um Hambúrguer Atômico, fazer um Penteado Atômico, presenciar a coroação anual da Miss Bomba Atômica ou as convoluções rítmicas noturnas de uma stripper chamada Candyce King, que se auto-intitulava "A Explosão Atômica".

Até quatro detonações nucleares por mês eram realizadas em Nevada nos anos de pico. As nuvens de cogumelos eram visíveis de qualquer estacionamento da cidade,* mas a maioria dos visitantes seguia para a margem da zona da explosão, muitas vezes fazendo piqueniques, para ver os testes e depois curtir a queda das partículas. E aquelas eram grandes explosões. Algumas eram vistas por pilotos de avião no oceano Pacífico, a centenas de quilômetros. Poeira radioativa pairava com freqüência sobre Las Vegas, deixando uma capa visível em qualquer superfície horizontal. Após alguns testes iniciais, técnicos do governo, de jaleco branco de laboratório, passaram pela cidade acionando contadores Geiger em cima de tudo. As pessoas ficavam em fila para ver o quão radioativas eram. Fazia parte da diversão. Que felicidade era ser indestrutível.

Tão agradável como assistir a explosões nucleares e ganhar um cálido brilho de radioatividade, a alegria real da década — melhor que cabelo escovinha, correio por foguete, maionese borri-

---

* Embora Las Vegas não fosse naquele tempo a cidade pulsante que conhecemos hoje. Durante a maior parte dos anos 1950, ela permaneceu sendo uma cidadezinha de férias lá no meio de um vazio escaldante. Só ganhou o primeiro sinal de trânsito em 1952 e o primeiro elevador (no Hotel Riviera) em 1955.

fada e bomba atômica juntos — era a televisão. Hoje é quase impossível calcular como a tevê foi bem-vinda.

Em 1950, não eram muitos os lares que tinham televisão na América. Quarenta por cento das pessoas ainda não tinham visto um programa sequer. Daí eu nasci e o país enlouqueceu (embora os dois acontecimentos não estejam exatamente conectados). No fim de 1952, um terço das casas americanas — 20 milhões de lares ou por aí — havia comprado tevês. O número seria ainda maior, mas grandes partes da América rural ainda não tinham cobertura (ou mesmo, com freqüência, eletricidade). Nas cidades, a saturação foi muito mais veloz. Em maio de 1953, a United Press relatou que Boston agora tinha mais aparelhos de televisão (780 mil) do que banheiras (720 mil), e as pessoas admitiram em uma enquete que prefeririam passar fome a ficar sem as televisões. Muitos provavelmente passaram. No início dos anos 1950, quando o pagamento líquido de um operário fabril comum ficava bem abaixo dos cem dólares por semana, uma televisão nova custava até quinhentos dólares.*

A tevê era tão empolgante que McGregor, a empresa de roupas, produziu uma coleção em sua honra. "Com o espetacular crescimento da televisão, milhões de americanos estão ficando dentro de casa", a empresa observava em seus anúncios. "Agora, para esse modo de vida revolucionário, a McGregor opera uma revolução nas roupas esportivas. Seja para ver — ou para ser visto —, eis as roupas esportivas com um novo ponto de vista."

A coleção se chamava Vídeos e, para promovê-la, a empresa produziu uma ilustração, feita no estilo saudável e meticuloso

---

* Num ano já tardio como 1959, os vencimentos líquidos de um operário fabril à frente de uma família de quatro pessoas eram de 81,03 dólares por semana, e 73,49 dólares para um trabalhador solteiro, embora o custo das tevês tivesse caído significativamente.

de uma pintura de Norman Rockwell, mostrando quatro rapazes atléticos espichados num recanto confortável diante de uma tevê luzente, cada um ostentando um novo produto bacana da coleção Vídeos — paletó reversível axadrezado dupla face, paletó impermeável esportivo, jaqueta informal com camada de silicone e calças confortáveis combinando e, para quem se sentia um pouquinho gay, uma camisa de Cavaleiro Árabe de gabardine com motivos indianos, fazendo par interessante com outro paletó impermeável. Os rapazes da ilustração parecem imensamente satisfeitos — com a tevê, com suas roupas, com seus dentes bons e sua aparência distinta, com tudo —, e tudo bem que as roupas deles eram obviamente desenhadas para se usar fora de casa. Talvez a McGregor esperasse que ficassem nos quintais dos vizinhos e assistissem a tevê pelas janelas, como fazíamos na casa do sr. Kiessler. Em todo caso, a coleção da McGregor não foi um grande sucesso.

As pessoas, ficou comprovado, não queriam roupas especiais para ver televisão. Queriam comida especial, e C. A. Swanson e Sons, de Omaha, veio com o produto perfeito em 1954: TV dinners (antes TV Brand Dinners), possivelmente a melhor comida ruim já produzida, e eu digo isso como o mais sincero dos elogios. Os TV dinners forneciam uma refeição completa em bandeja de alumínio compartimentada. Só o que se tinha a acrescentar era faca e garfo e um pedacinho de manteiga no purê, e eis uma refeição completa que em geral conseguia (pelo menos em nossa casa) oferecer uma gama interessante de experiências com a temperatura através dos compartimentos, de tépido e empapado (frango frito) a escaldante de sair gritando (sopa ou vegetais), passando pelo ainda parcialmente congelado (purê de batatas), e tudo com um curioso gosto de metal, embora, sabe-se lá como, bastante satisfatório, talvez apenas porque fosse novo e não houvesse nada igual. Então algum outro gênio inovador produziu bandejas dobráveis especiais para se comer enquanto se assistia a televisão, e essa foi a última vez em que qualquer criança — de fato, qualquer ser masculino — se sentou a uma mesa de jantar voluntariamente.

É claro que não era a tevê como a conhecemos agora. Por exemplo, os comerciais eram a maior parte das vezes colocados dentro dos programas, o que lhes conferia um charme enternecedor e ingênuo. Em *Burns and Allen*, meu programa favorito, um anunciante chamado Harry Von Zell aparecia no meio da história, caminhava até a cozinha de George e Gracie, e fazia um comercial para o leite evaporado Carnation ("O leite das vacas satisfeitas") na mesa da cozinha, enquanto George e Gracie pacatamente esperavam até que ele terminasse para continuar o divertido episódio daquela semana.

Só para ter certeza de que ninguém esqueceria que a tevê era uma atividade comercial, títulos de programas quase sempre incorporavam, generosos, o nome do patrocinador: *The Colgate Comedy Hour*, o *Lux-Schlitz Playhouse*, *The Dinah Shore Chevy Show*, *G. E. Theater*, *Gillette Cavalcade of Sports* e o abundantemente repetitivo *Your Kaiser-Fraser Dealer Presents Kaiser-Fraser Adventures in Mystery*. Os anunciantes dominavam cada aspecto da produção. Escritores que trabalhavam em programas patrocinados pelos cigarros Camel estavam proibidos de mostrar vilões fumando, de fazer qualquer menção, em qualquer contexto, a incêndios ou incendiários ou a qualquer coisa má relativa a fumaça e chamas, ou de botar alguém tossindo, pelo motivo que fosse. Quando um competidor no programa de auditório *Você confia na sua esposa?* respondeu que o signo de sua esposa era Câncer, escreve J. Ronald Oakley no excelente *Terra de Deus: a América nos anos 50*, "a companhia de tabaco que patrocinava o programa ordenou que ele fosse refilmado e que o signo da esposa mudasse para Áries". Mais memorável ainda, para uma transmissão de *Julgamento em Nuremberg*, numa série intitulada Playhouse

90, o patrocinador, a Associação Americana de Gás, conseguiu remover do roteiro todas as referências a câmaras de gás e à intoxicação dos judeus.

Só uma coisa ultrapassava o apego da América à televisão: o amor pelo automóvel. Nunca um país ficou mais fissurado por carros do que a América nos anos 1950.

Quando a guerra acabou, havia mais de 30 milhões de carros nas estradas americanas, mais ou menos o mesmo número que existira nos anos 1920, mas aí as coisas decolaram pra valer. Nas quatro décadas seguintes, como afirmou um escritor do *New York Times*, o país "pavimentou 78 523 quilômetros de rodovias interestaduais, comprou 300 milhões de carros e foi dar uma volta". O número de carros novos comprados por americanos saltou de apenas 69 mil, em 1945, para mais de 5 milhões quatro anos depois. Em meados dos anos 1950, os americanos estavam comprando 8 milhões de carros novos por ano (isso em uma nação de aproximadamente 40 milhões de lares).

Eles não apenas queriam, eles *tinham de*. Sob a presidência de Eisenhower, a América gastou três quartos dos dólares destinados ao transporte federal com a construção de rodovias, e menos de 1% em transporte de massa. Se você quisesse chegar a qualquer lugar, cada vez mais tinha de fazê-lo no próprio carro. Em meados dos anos 1950, a América já estava se tornando uma nação de dois carros. Como um anúncio da Chevrolet de 1956 exultava: "A família com dois carros resolve o dobro dos problemas, e aí sobra mais tempo de lazer para se desfrutar juntos!".

E que carros. Pareciam, nas palavras de um observador, que iam se acender e começar a tocar. Muitos exibiam atrativos que davam a entender que poderiam levantar vôo. Os Pontiacs vinham com motores V8 Strato-Streak e câmbios Strato-Flight Hydra-Matic. Chryslers ofereciam câmbio PowerFlite e suspensão Torsion-Aire, enquanto o Chevrolet Bel-Air tinha um atrativo da pesada chamado Turbina Tripla TurboGlide. Em 1958, a Ford produziu um Lincoln com mais de seis metros. Por volta de 1961, o americano comprador de carros tinha mais de 350 modelos para escolher.

As pessoas estavam tão enamoradas dos carros que tentavam mais ou menos morar neles. Jantavam em restaurantes drive-in, passavam as noites em cinemas drive-in, deixavam as roupas em lavanderias drive-in. Meu pai não queria ter nada a ver com isso. Ele achava meio inconveniente. Não comia em restaurante que não tivesse poltronas estofadas e jogos americanos em cada mesa (nem, convenhamos, comia em lugar algum que tivesse algo melhor que poltronas e jogos americanos). Então, minhas experiências em drive-in se deram quando saí com Ricky Ramone, que não tinha pai, mas cuja mãe tinha um Pontiac Star Chief conversível vermelho e *adorava* dirigir depressa, com a capota abaixada e a música lá em cima, e adorava ir ao drive-in da A&W, bem longe, através da área para feiras estaduais no lado leste da cidade, então eu a adorava. Tenho certeza de que Ricky foi concebido num carro, provavelmente entre lanchinhos em um A&W.

Lá pelo fim da década, a América tinha quase 74 milhões de carros nas estradas, quase o dobro de dez anos antes. Los Angeles tinha mais carros do que a Ásia, e a General Motors era uma entidade econômica maior que a Bélgica, e mais animada também.

Tevê e carros caminhavam juntos perfeitamente. A tevê mostrava um mundo de coisas tentadoras — bombas atômicas em Las Vegas, gatinhas em esquis aquáticos em Cypress Gardens, Flórida, paradas do dia de Ação de Graças em Nova York — e os carros possibilitavam chegar lá.

Ninguém entendeu isso melhor do que Walt Disney. Quando ele abriu a Disneylândia em 25 hectares de terra perto dos cafundós de Anaheim, 37 quilômetros ao sul de Los Angeles, em 1955, as pessoas acharam que ele tinha enlouquecido. Parques de diversão estavam moribundos na América dos anos 1950. Eram um refúgio de gente pobre, imigrantes, marinheiros de folga e outras pessoas humildes e desvalidas. Mas é claro que a Disneylândia era diferente já de cara. Primeiro, não havia meio de alcançá-la por nenhuma forma de transporte público, portanto gente de recursos modestos não podia chegar lá. E se de algum modo desse um jeito de chegar aos portões, não poderia, afinal, pagar para entrar.*

Mas o golpe de mestre de Disney foi explorar tudo o que a televisão podia oferecer. Um ano antes de o parque ser de fato inaugurado, Disney lançou uma série de televisão que era, na essência, um comercial semanal de uma hora para as empresas Disney. O programa se chamou *Disneylândia* nos quatro primeiros anos, e muitos episódios da série, incluindo o primeiríssimo, foram dedicados a celebrar e a martelar o fascínio desse paraíso de fantasia e empolgação que estava surgindo velozmente nos laranjais dos nevoentos rincões da Califórnia.

Quando o parque abriu, as pessoas mal podiam se conter. Em dois anos já atraía 4,5 milhões de visitantes por ano. O freqüentador médio, de acordo com a revista *Time*, gastava 4,90 dólares por um dia na Disneylândia — 2,72 dólares em condução e entradas, dois dólares em comida e dezoito centavos em suvenires. Isso agora me parece bem razoável — é duro imaginar

---

* Acho que é eloqüente o fato de que o estacionamento da Disneylândia, que cobre quarenta hectares, era maior do que o parque em si, com 25 hectares. Cabiam 12 175 carros — por coincidência, quase exatamente o mesmo número de laranjeiras que foram arrancadas para a construção.

que não era razoável na época —, mas, evidentemente, eram preços absurdos. A maior queixa dos freqüentadores da Disney nos primeiros dois anos do parque, a *Time* relatou, era o custo.

No nosso bairro só se ia à Disneylândia se o pai fosse neurocirurgião ou ortodontista. Para todos os outros, ficava longe e caro demais. Completamente fora de questão em nosso caso. Meu pai era fanático por nos empilhar no carro e ir para lugares distantes, mas só se as viagens fossem baratas, educativas e celebrassem algum aspecto desconhecido do passado glorioso da América, que geralmente envolvesse matança, dificuldades incomuns ou entrega de correspondência a galope. Andar de xícaras giratórias a quinze centavos por vez não se encaixava em nada disso.

O ponto baixo do ano em nossa casa vinha na metade do inverno, quando meu pai se retirava para o quarto e sumia dentro de um enorme amontoado de mapas rodoviários, guias, volumes bolorentos de história americana e brochuras de comunidades surpresas e gratas pelo interesse dele para selecionar o destino de nossas próximas férias de verão.

"Bem, pessoal", anunciava ao emergir após umas duas noites de estudo, "neste ano acho que vamos excursionar por campos de batalha da pouco conhecida Guerra dos Domésticos Filipinos." Ele nos encarava com um olhar que pedia gritos de aprovação extática.

"Ah, nunca ouvi falar disso", minha mãe dizia cautelosamente.

"Bem, na verdade foi mais uma matança do que uma guerra", ele admitia. "Acabou em três horas. Mas é bem conveniente para o Museu Nacional de Implementos Agrícolas em Haystacks. Aparentemente, eles têm mais de setecentas enxadas."

Ao falar, espalhava um mapa do Oeste dos Estados Unidos e apontava para algum canto ressecado do Kansas ou das Dakotas que nenhum forasteiro jamais visitara de livre e espontânea vontade. Quase sempre íamos para o Oeste, mas nunca tão longe como a Disneylândia e a Califórnia, ou mesmo as montanhas Rochosas. Havia muitas casas de turfa em Nebraska para serem vistas antes.

"Tem também um museu do motor a vapor em West Windsock", prosseguia ele, todo feliz, e estendia uma brochura que ninguém pegava. "Eles dão um bilhete especial de dois dias para famílias, o que parece ser bem razoável. Você já viu um piano a vapor, Billy? Não? Não me surpreende. Pouca gente viu!"

O pior de ir para o Oeste era que isso significava parar em Omaha no caminho de volta para visitar os parentes excêntricos da minha mãe. Omaha era um suplício para todo mundo, inclusive para aqueles que estávamos visitando, então eu nunca entendia por que íamos lá, mas sempre dávamos uma parada. Pode ser que meu pai ficasse atraído pela idéia de café grátis.

Minha mãe cresceu notavelmente pobre, numa casa minúscula, que na verdade era uma choça, na borda dos vastos e famosos currais de Omaha. A casa tinha um pequeno quintal nos fundos, que terminava em um penhasco brusco, sob o qual, espalhados até onde a vista pudesse alcançar (ou assim parece na memória), ficavam os enevoados currais. Toda vaca em mil quilômetros era levada para lá para mugir histericamente e fazer uns cocôs moles antes de ser levada para virar hambúrguer. Não pode haver cheiro pior, como o que subia dos currais, especialmente num dia quente, ou um clamor mais infeliz. Era infindável e ensurdecedor — o som quase afastava as nuvens — e obrigava a examinar duas vezes todos os produtos com carne por cerca de um mês.

O pai da minha mãe, um irlandês católico de bom coração chamado Michael McGuire, foi trabalhador braçal nos currais durante toda a sua vida adulta, com um salário vil. Sua esposa, mãe da minha mãe, morreu quando minha mãe era pequena, e ele criou cinco crianças mais ou menos por conta própria, com minha mãe e Frances, sua irmã mais jovem, cuidando da maior parte das tarefas domésticas. No último ano de ginásio, minha mãe venceu um concurso municipal de oratória, que tinha como recompensa uma bolsa na Universidade Drake, em Des Moines. Ali ela estudou jornalismo e passou os verões trabalhando no *Register* (onde conheceu meu pai, um jovem cronista esportivo de sorriso amplo e pendor por gravatas espetaculares, se velhas fotografias servirem de guia) e nunca voltou para casa, algo a cujo respeito creio que ela sempre se sentiu meio culpada. Frances por fim também saiu de casa e se tornou uma freira de temperamento tímido e nervoso. O pai delas morreu bem jovem, muito antes de eu nascer, deixando a casa para os três irmãos incrivelmente inativos de minha mãe, Joey, Johnny e Leo.

Foi um espanto para mim, mesmo quando ainda muito jovem, pensar que minha mãe e seus irmãos tinham vindo da mesma linhagem genética. Creio que ela mesma pode ter se perguntado isso também. Meu pai chamava os irmãos dela de Três Patetas, embora isso talvez sugira vivacidade e *joie de vivre*, para não falar da tendência divertida de cutucar uns aos outros nos olhos com dedos espetados, qualidades que neles estavam inteiramente ausentes. Eram os três seres humanos mais desinteressantes que eu já encontrara. Passaram a vida inteira nessa casa minúscula, onde praticamente devem ter tido de compartilhar uma só cama. Não sei se algum deles trabalhava ou mesmo se saía muito de casa. O mais novo, Leo, tinha uma guitarra elétrica e um pequeno amplificador. Se lhe pedissem que tocasse — não havia nada que ele amasse mais — ele desaparecia no quarto durante vinte minutos e emergia, surpreendentemente, num traje de caubói cheio de lantejoulas. Só sabia duas canções, ambas utilizando os mesmos acordes tocados na mesma ordem, então felizmente seus recitais não duravam muito. Johnny passou a vida inteira sentado a uma mesa desguarnecida bebendo quieto — ele tinha um nariz vermelho fantástico; digo, fantástico mesmo —, e Joey não tinha nenhuma qualidade redentora. Quando morreu, não creio que alguém tenha se importado muito. Acho que devem ter apenas rolado seu corpo da beira do penhasco. Enfim, não havia nada para fazer nas visitas. Não me recordo nem de eles terem uma tevê. Certamente não havia por ali brinquedos ou bolas de futebol para chutar. Não havia sequer cadeiras suficientes para todos sentarem ao mesmo tempo.

Anos depois, quando Johnny morreu, minha mãe descobriu que ele tinha uma esposa "não oficial" que nunca mencionara a minha mãe. Acho que essa esposa na verdade pode ter estado no armário ou sob as tábuas do assoalho ou algo assim quando íamos lá. Daí não é nada surpreendente que eles sempre parecessem ansiosos pela nossa saída.

Então, em 1960, pouco antes do meu nono aniversário, uma coisa realmente inesperada aconteceu. Meu pai anunciou que iríamos para umas férias de *inverno*, nos feriados de Natal, mas não diria aonde.

Fora um outono esquisito, mas bom, especialmente para papai. Meu pai foi o melhor cronista de beisebol de sua geração — foi mesmo — e, no outono de 1960, acho que ele provou isso. Num período em que a maioria da crônica esportiva era pesadona ou parecia escrita por pessoas de catorze anos, entusiasmadas mas muito pouco dotadas, ele escrevia prosa cuidadosa, instruída e relativamente sofisticada. "Esmerada, mas não afetada", sempre dizia, com certo rasgo de satisfação, ao puxar a última folha da máquina de escrever. Ninguém se comparava a ele ao escrever com prazo exíguo, e, no dia 13 de outubro de 1960, no

Campeonato Mundial em Pittsburgh, ele pôs a questão fora de qualquer dúvida.

O campeonato terminou com um daqueles momentos dramáticos em que o beisebol parecia se especializar naqueles dias: Bill Mazeroski, do Pittsburgh, acertou um *home run* no nono *inning* que arrebatou o triunfo dos Yankees e o transferiu de forma miraculosa e inesperada para os humildes Pirates. Quase todos os jornais do país deram a notícia com o mesmo tom maçante, correto, duma falta de inspiração desconcertante. Eis, por exemplo, o parágrafo de abertura da história que saiu na primeira página do *New York Times* na manhã seguinte:

> Hoje os Pirates trouxeram a Pittsburgh seu primeiro campeonato mundial em 35 anos, quando Bill Mazeroski rebateu um *home run* no nono *inning*, bem acima do muro esquerdo do histórico Forbes Field.

E eis o que as pessoas em Iowa leram:

> O pertence mais consagrado na história do beisebol de Pittsburgh saiu, com escolta policial, do Forbes Field na noite da última quinta sob a forma de uma jaqueta esporte cinza e suja. Era, claro está, a base principal, na qual Bill Mazeroski completou seu eletrizante *home run*, enquanto o árbitro Bill Jackowski, costas largas retesadas e braços estendidos, continha a turba por tempo suficiente para que Bill tornasse o feito válido.
>
> As antigas siderúrgicas de Pittsburgh não teriam feito mais barulho do que a multidão nesse antigo estádio, quando Mazeroski golpeou o segundo arremesso do Yankee Ralph Terry no nono *inning*. No momento em que a bola planou acima da parede de tijolos coberta de hera, o arroubo das arquibancadas começou, e esses loucos de ocasião ameaçaram impedir Maz de tocar a base com a corrida que superou os altivos Yankees rumo ao título.

Tenha em mente que a história não foi escrita com calma, mas em meio ao estrondo e à correria de uma cabine de imprensa abarrotada, na imediata e tonitruante seqüência do jogo. Nem poderia uma única idéia ou frase esmerada (como "costas largas retesadas e braços estendidos") ter sido preparada de antemão e por acaso jogada no texto. Como o *home run* de Mazeroski abruptamente revirou as expectativas confiantes do país na vitória dos "altivos Yankees", todo cronista presente tinha de descartar o que tivesse em mente, até mesmo uma jogada antes, e começar do zero. Procure onde quiser, você não encontrará arquivada, em lugar nenhum, uma crônica melhor do Campeonato Mundial, a não ser que seja outra do meu pai.*

Mas eu não fazia idéia disso na época. Tudo o que sabia era que meu pai voltou do campeonato com um bom humor fora do comum e revelou seus espantosos planos de nos levar para viajar a alguma localidade misteriosa no Natal.

"Espere só. Você vai gostar. Você vai ver", era tudo o que dizia para quem perguntasse. Toda essa idéia era indizivelmente empolgante — não éramos o tipo de gente que fizesse algo tão arrojado, tão precipitado, tão *fora de época* —, mas também enervante, e pelas mesmas razões. Então, na tarde de 16 de dezembro, quando Greenwood, minha escola primária, despachou suas hordas felizes pelas ruas nevadas para iniciar três gloriosas semanas de descanso natalino (e os feriados escolares naqueles dias, deixe-me dizer, tinham duração adequada e generosa), o Rambler da família estava esperando do lado de fora, fumegando to-

---

* É claro que é possível que eu exagere as coisas — é meu pai, afinal —, mas, se assim for, não é uma opinião inteiramente particular. No ano 2000, escrevendo na *Columbia Journalism Review*, Michael Gartner, um ex-presidente da NBC News que cresceu em Des Moines, escreveu que meu pai, o Bill Bryson original, "pode ter sido o melhor cronista de beisebol de todos os tempos, em qualquer lugar".

do extravagante, ardente até, e pronto para picar uma trilha pelas pradarias nevadas. Fomos para o Oeste, como de costume, atravessamos o poderoso rio Missouri em Council Bluffs e deixamos Omaha para trás. E aí continuamos seguindo. Dirigimos durante o que pareciam (foram, na verdade) dias através das planícies infindáveis, ceifadas, varridas pela neve. Passamos por belos desvios, um após o outro — estações do Pony Express, salinas de búfalos, uma rochona — sem nada mais que um olhar de esguelha do meu pai. Minha mãe começou a parecer timidamente preocupada.

Na terceira manhã, tivemos a primeira visão das montanhas Rochosas — a primeira vez na minha vida que eu via algo no horizonte além de um horizonte. E seguimos adiante, montanhas ásperas acima, até sair do outro lado. Emergimos na Califórnia, no calor e na luz solar, e passamos uma semana vivenciando suas maravilhas — os poderosos bosques de sequóias, o viçoso Imperial Valley, Big Sur, Los Angeles — e a sensação esquisita e deliciosa do calorzinho do sol no rosto e nos braços nus em dezembro: um inverno sem inverno.

Eu poucas vezes — o que digo?, vez nenhuma — vira meu pai tão generoso e despreocupado. Numa lanchonete em San Luis Obispo ele me convidou — me *instou* — a tomar um sundae dos grandes, com calda quente, e quando eu disse "Pai, tem *certeza*?", ele disse "Vá em frente, só se vive uma vez" — uma opinião que nunca passara antes por seus dentes, com certeza não em ambiente comercial.

Passamos o dia de Natal caminhando numa praia de Santa Mônica, e no dia seguinte entramos no carro e nos dirigimos ao sul em uma auto-estrada serpenteante em meio do lugar nenhum enevoado, quente e infindável de Los Angeles. Por fim paramos num enorme estacionamento quase comicamente vazio — éramos apenas um numa meia dúzia de carros, todos de fora do estado — e caminhamos um pouco até uma entrada grandiosa, onde ficamos de mão no bolso olhando para o alto, para um fabuloso arranjo de ferro trabalhado.

"Bem, Billy, você sabe onde isto fica?", meu pai perguntou, sem necessidade. Não havia criança no mundo que não conhecesse aqueles portões lendários.

"É a Disneylândia", eu disse.

"Com certeza", ele concordou e encarou os portões apreciativo, como se fossem uma encomenda particular sua.

Matutei um minutinho se era somente para isso que tínhamos vindo — admirar os portões — e se num minuto voltaríamos para o carro e nos mandaríamos para outro lugar. Mas, em vez disso, ele nos disse para ficarmos onde estávamos, caminhou decidido até uma cabine de ingressos, onde conduziu uma transação breve, mas admiravelmente alegre. Foi a única vez na vida em que eu vi duas notas de vinte dólares saírem da carteira do meu pai ao mesmo tempo. Enquanto ele esperava na janelinha, nos deu um sorrisão e um acenozinho.

"Eu tenho leucemia ou um negócio assim?", perguntei a minha mãe.

"Não, amor", ela respondeu.

"Papai tem leucemia?"

"Não, amor, todo mundo está bem. É que seu pai está tomado pelo espírito natalino."

Em nenhum momento em toda a minha vida, antes ou depois, terei ficado mais estupefato, mais gratificado, mais feliz do que naquele dia inteiro. Tínhamos o parque quase que só para nós. Fizemos de tudo — giramos felizes em xícaras do tamanho de gente, embarcamos em Dumbos voadores, nos maravilhamos com os incríveis banheiros na Futura Casa de Plástico da Monsanto na Terra do Amanhã, desfrutamos um passeio de submarino e um safári de bote, tomamos um foguete para a Lua (as cadeiras tremiam de verdade. "Opa!", dissemos todos, num susto deliciado). A Disneylândia daquele tempo era uma maravilha consideravelmente menos lustrosa e arrumadinha do que seria depois, mas era assim mesmo a coisa mais legal que eu já tinha visto. Meu pai ficou encantado com o lugar, com sua limpeza, salubridade e charme de fotografia, e ficava se perguntando de modo retórico por que o mundo todo não podia ser assim. "Só que mais barato, é claro", acrescentou, reassumindo reconfortado o seu papel e nos desviando habilmente de uma loja de suvenires.

Na manhã seguinte, entramos no carro e começamos a viagem de 1600 quilômetros através de deserto, montanha e pradaria até Des Moines. Foi uma longa jornada, mas todos estávamos felicíssimos. Não paramos em Omaha — nem sequer reduzimos a marcha — e seguimos em frente. E se há um jeito melhor de encerrar umas férias do que não parar em Omaha, então eu não conheço.

5. A busca do prazer

Em Detroit, a sra. Dorothy Van Dorn, divorciando-se na justiça, reclamou que seu marido 1) colocava toda a comida em um refrigerador, 2) mantinha o refrigerador trancado, 3) fazia-a pagar por qualquer alimento que comesse e 4) cobrava-lhe os 3% de imposto de vendas de Michigan.

Revista *Time*, 10 de dezembro de 1951

Diversão era um negócio diferente nos anos 1950, principalmente porque não havia muita. Isso não é, vou logo dizendo, uma coisa má. Não é ótima, talvez, mas má também não. Aprendia-se a esperar pelos prazeres, e a apreciá-los quando vinham. Minha experiência mais prazerosa naqueles anos ocorreu num dia quente de agosto de 1959, pouco depois de minha mãe me informar que aceitara por mim um convite para ir ao lago Ahquabi passar o dia com Milton Milton e sua família. Essa aceitação irrefletida com certeza absoluta *não* era parte de minha felicidade, pois Milton Milton era o pentelho mais chato, mais repulsivo, mais *pegajoso* que o mundo já produzira, e seus pais e irmãs eram ainda piores. Barulhentos, discutiam de maneira imbecil, contavam piadas estúpidas e comiam com a boca tão aberta que dava para ver lá nas suas úvulas, e um pouco além. O sr. Milton tinha um pomo-de-adão do tamanho de uma rolha de champanhe e uma semelhança tão incrível com o Pateta da Disney quanto possível para quem não era na verdade um cachorro de desenho animado. A mulher era que nem ele, porém mais cabeluda.

Para eles, regalar-se era fazer circular um prato de Fig Newtons, o único cookie autenticamente horroroso já feito. Eles se esgoelavam quando riam — o que lhes dava a oportunidade de mostrar como fica um Fig Newton mastigadão nos momentos finais antes do desaparecimento (negros, pegajosos, horríveis). Uma hora com os Miltons era que nem uma visita ao segundo círculo do inferno. Desnecessário dizer, eu os alvejei repetidas vezes com a VisãoTrovão, mas eram estranhamente inerradicáveis.

Na vez anterior em que eu experimentara a hospitalidade deles, uma festa do pijama em que eu era o único convidado, ou talvez o único que tenha aparecido, a sra. Milton me fez — vou repetir: me fez — comer carne desfiada na torrada, um prato inspirado de perto no vômito, e então nos mandou dormir às 8h30, depois que Milton apagou na metade de *I've got a secret*, exausto depois de dezesseis horas imitando uma escavadeira a vapor.

Quando então minha mãe me informou que havia, em sua amável demência, me comprometido com mais um período na companhia deles, meu desalento não teve limites.

"Me diga que isso não está acontecendo", falei, e comecei a andar em círculos pequenos e aflitos em volta do tapete. "Me diga que isso é só um sonho dos ruins."

"Pensei que você gostasse do Milton", disse minha mãe. "Você foi a uma festa do pijama na casa dele."

"Mãe, foi a pior noite da minha *vida*. Não lembra? A senhora Milton me fez comer vômito assado. E depois me fez dividir a escova de dentes com o Milton porque você se esqueceu de mandar uma."

"Esqueci?", disse minha mãe.

Concordei, com uma espécie de estoicismo cansado. Ela pegara o nécessaire da minha irmã por engano. Continha dois absorventes embrulhados em papel e uma touca de banho, mas não minha escova de dentes ou o banquete secreto da meia-noite que me prometera sem falta. Passei o resto da noite tocando tambor com os absorventes na cabeça letárgica do Milton.

"Nunca tive tanto tédio na minha vida. Eu já *contei* isso para você."

"Contou? Honestamente, não me lembro."

"Mãe, eu tive que dividir uma escova de dentes com o Milton Milton depois que ele comeu Fig Newtons."

Ela ouviu com um esgar compadecido.

"Por favor, não me faça ir ao lago Ahquabi com eles."

Ela ponderou brevemente. "Bem, está certo", disse. "Mas temo então que terá que vir conosco visitar a Irmã Gonzaga."

A Irmã Gonzaga era uma tia-avó de aparência formidável e mais uma das muitas freiras na família pelo lado da minha mãe. Tinha um metro e oitenta e era apavorante. Na família havia uma suspeita antiga de que ela na verdade fosse um homem. Você sentia que debaixo de todo aquele engomado havia um montão de cabelos no peito. No verão de 1959, a Irmã Gonzaga estava morrendo em um hospital local, embora nem de longe rápido o bastante, se você quiser minha opinião. Passar uma tarde no quarto da Irmã Gonzaga, no Lar das Freiras Moribundas (não tenho certeza de que esse era o nome real), era possivelmente a única coisa pior do que um dia com os Miltons.

Fui então para o lago num estado de submissão sombria, apertado no velho e insignificante Nash dos Miltons, um carro com o conforto e a bossa de uma geladeira portátil, esperando, e já vivendo, o pior. Ficamos uma hora perdidos e furibundos nas imediações do edifício do capitólio estadual — algo quase impossível para qualquer família normal em Des Moines — e quando afinal chegamos ao Ahquabi, passamos mais noventa minutos, com muita contestação adicional, descarregando o carro e fincando acampamento em um gramado sombreado junto à pequena praia artificial. A sra. Milton distribuiu sanduíches feitos de alguma pasta rosa que parecia, e pelo que sei era, o troço que minha avó usava para firmar as dentaduras nas gengivas. Fui dar uma voltinha com meu sanduíche e o deixei com um cachorro que não quis saber daquilo. Mesmo uma fileira de formigas, percebi depois, tinha desviado um metro para evitá-lo.

Comida na barriga, tínhamos de ficar tranqüilos, sentados por 45 minutos antes de nadar, de modo a não ter câimbras e morrer horrivelmente em dez centímetros de água, distância máxima em que os rapazinhos se aventuravam, devido aos constantes rumores de que as profundezas cor de café do Ahquabi abrigavam perversas tartarugas mordedoras que confundiam os pintos dos menininhos com comida. A sra. Milton marcou esse tempinho com um pequeno relógio de cozinha e tentou nos convencer a fechar os olhos e dar um cochilinho até a hora de nadar.

Lá longe no lago ficava ancorada uma grande plataforma de madeira, na qual se erguia um trampolim improvável de tão alto — uma espécie de Torre Eiffel de madeira. Era, estou seguro, a maior estrutura de madeira de Iowa, se não do Meio-Oeste. A plataforma ficava tão longe da margem que dificilmente alguém a visitava. Só de vez em quando alguns adolescentes intrépidos nadavam até lá para dar uma conferida. Às vezes, subiam as muitas escadas até o trampolim e chegavam a subir nele, mas sempre recuavam quando viam a distância suicida em que estava a água. Nunca se soube de nenhum ser humano que tivesse pulado dela.

Foi então uma baita surpresa quando, no que o relogiunho anunciou nossa libertação, o sr. Milton se levantou, começou a relaxar o pescoço e a alongar os braços, e anunciou que pretendia dar uma mergulhada do trampolim. O sr. Milton fora meio que um astro do mergulho no Ginásio Lincoln, como ele nunca deixava de informar a qualquer um que passasse mais de três minutos em sua companhia, mas isso foi num trampolim de três metros, em piscina coberta. Ahquabi era, de modo geral, de uma ordem diferente de magnitude. É óbvio que ele endoidara, mas a sra. Milton estava admiravelmente imperturbada. "Tá bem, mô", ela retorquiu, debaixo de um chapéu absurdo. "Vou lhe dar um Fig Newton quando você voltar."

Comentários a respeito da intenção insana do homem que parecia o Pateta começaram a se espalhar pela praia quando o sr. Milton deu uma corridinha para dentro da água e nadou com braçadas homogêneas até a plataforma. Ele era apenas um tracinho quando chegou lá, mas, mesmo daquela distância, o trampolim parecia ficar a centenas de metros acima dele — com efeito, parecia quase roçar as nuvens. Ele levou no mínimo vinte minutos para vencer o ziguezague de escadas até o alto. Uma vez no cume, caminhou para cima e para baixo do trampolim, que era compridíssimo — tinha de ser, para passar da beirada da plataforma lá embaixo —, quicou nela experimentalmente duas ou três vezes, deu umas respiradas fundas e por fim assumiu posição na parte fixa, com os braços esticados ao longo do corpo. A postura e a segurança deixavam claro que ele ia em frente.

A essa altura, todas as pessoas na praia e na água — centenas, no total — haviam parado o que faziam e observavam em silêncio. O sr. Milton permaneceu em pé um tempo razoável e então, com um bom toque teatral, ergueu os braços, correu feito o diabo pelo longo trampolim — imagine um ginasta olímpico desembestado e você pegou um pouco o espírito da coisa —, deu uma quicada enorme e se lançou para cima e adiante em mergulho perfeito. Foi uma coisa linda de se contemplar, devo dizer. Ele caiu com encanto impecável durante o que pareceram minutos inteiros. Era tal a beleza do momento, e o silêncio ansioso da multidão observadora, que o único som ouvido do outro lado do lago era o assoviozinho do corpo rasgando o ar rumo à água lá, lá embaixo. Pode ser só a minha imaginação, mas depois de um tempo parecia que ele começava a avermelhar-se, como um meteoro entrando na atmosfera. Ele estava *de fato* emocionado.

Sei lá o que aconteceu — se ele perdeu a coragem ou percebeu que estava se aproximando da água a uma velocidade assassina, sei lá —, mas a três quartos da descida pareceu ter pensando bem naquela coisa toda e de repente começou a agitar-se, como alguém emaranhado na roupa de cama durante um sonho ruim ou cujo pára-quedas não abriu. Quando estava a uns dez metros da água, desistiu de movimentar-se e tentou uma conduta nova. Abriu bem braços e pernas, em formato de X, evidentemente torcendo para que a exposição de uma quantidade máxima de superfície de algum modo retardasse sua queda.

Não retardou.

Ele atingiu a água — *impactou* é a real palavra — a mais de novecentos quilômetros por hora, com um estrondo tão alto que fez pássaros voarem de árvores a cinco quilômetros de distância. Não acredito que o sr. Milton a tenha sequer penetrado, apenas quicou uns cinco metros, membros subitamente muito soltos, e depois ficou deitado nela, parado, como uma folha de outono, girando suavemente. Foi rebocado até a margem por dois pescadores de passagem num barco a remo, e carregado até uma área gramada por meia dúzia de espectadores que cuidadosamente o deitaram num cobertor velho. Ali ele ficou o resto da tarde de costas, braços e pernas ligeiramente dobrados e elevados. Cada pedacinho de superfície frontal, dos fios de cabelo escassos à unha do pé, tinha uma aparência descarnada e esfolada, como se ele tivesse sofrido alguma desgraça inimaginável envolvendo um lixador industrial. Volta e meia aceitava golinhos d'água, mas, de resto, estava traumatizado demais para falar.

Depois, naquela mesma tarde, Milton Milton se cortou com uma machadinha que lhe disseram para não pegar em hipótese alguma, então ele acabou ficando machucado e encrencado ao mesmo tempo. Foi o melhor dia da minha vida.

* * *

Claro que isso não é dizer muita coisa quando se considera que o melhor dia da minha vida antes disso fora quando o sr. Sipkowicz, um professor de quem não gostávamos muito, lambeu uma Tora Lincoln. Toras Lincoln eram toras de madeira para brincar com as quais se podiam construir fortes, ranchos, paliçadas, alojamentos, currais e muitas outras estruturas de interesse e utilidade para caubóis, de acordo com as criativas ilustrações na caixa cilíndrica, embora, na verdade, os materiais fornecidos mal dessem para fazer uma cabinezinha retangular com uma porta e uma janela (mas a janela podia ser colocada à direita ou à esquerda da porta, a gosto).

O que eu e Buddy Doberman descobrimos é que, quando mijadas, as Toras Lincoln embranqueciam. Por conta disso, criamos, num período de semanas, a primeira cabine de Toras Lincoln albina do mundo, levada para a escola como parte de um projeto sobre os anos iniciais de Abraham Lincoln. Naturalmente, declinamos de dizer como tínhamos embranquecido as toras, instigando tanto pupilos quanto professores a examiná-las avidamente em busca de pistas.

"Aposto que vocês fizeram com suco de limão", disse o sr. Sipkowicz, que era vibrante, impetuoso e odioso, e tinha um gosto desgraçado para gravatas berrantes, e que, por apenas um semestre, teve a distinção de ser o único professor homem de Greenwood. Antes que pudéssemos detê-lo — não que tivéssemos alguma intenção ou desejo de, é claro —, pôs para fora uma língua comprida de réptil e passou-a, delicada, investigativamente — com vagar, revirando os olhinhos —, sobre a tora mais comprida da parede traseira, que por acaso havíamos preparado naquela mesma manhã, ainda molhadinha de leve, portanto.

"Sinto gosto de limão, não sinto?", disse, com um olhar sabichão e satisfeito.

"Não exatamente!", gritamos, e ele tentou de novo.

"Não, é limão, sim", insistiu. "Sinto o azedinho." Deu outra lambida, saboreando o gosto com uma intensidade tão profunda, concentrada e contraída que por um instante pensamos que ele tivesse entrado em estado de choque e estivesse prestes a tombar, mas era apenas o seu jeito de apreciar o momento. "Limão, com certeza", disse, convencido, e nos devolveu a cabine com grande satisfação estampada no rosto.

A lambida não solicitada do sr. Sipkowicz deu prazer, é claro, mas a verdadeira alegria da experiência foi saber que éramos os primeiros meninos na história a conseguir extrair diversão autêntica das Toras Lincoln, pois as Toras Lincoln eram totalmente sem sentido e bobas — característica que compartilhavam com quase todos os outros brinquedos da época.

Difícil dizer qual o brinquedo mais idiota ou decepcionante dos anos 1950, já que a maioria era uma coisa ou outra, exceto aqueles que eram ambos. O que sempre me vem à cabeça como o mais incontestavelmente insatisfatório era a Geleca, um plástico oleoso rosa que não fazia nada a não ser rolar errático uma dúzia de vezes mais ou menos antes de desaparecer bueiro abaixo (isso, na verdade, era a melhor coisa nele). Outros, contudo, podem optar pelo majestosamente sem graça Sr. Cabeça de Batata, uma caixa com pedaços de plástico que permitia confirmar às crianças a verdade fundamental de que, mesmo com orelhas, membros e sorriso apatetado, um tubérculo inanimado é um tubérculo inanimado.

Também notável pelo êxtase negativo era a mola maluca, uma mola de metal que se podia tacar de cabeça para baixo pela escadaria, mas, de resto, não fazia nadinha, embora até se redimisse um pouco, porque, se você arrumasse alguém para segurar uma ponta — Montinho Kowalski era sempre ótimo para esse fim — e esticasse a outra até o lado oposto da rua e no meio de uma ladeira, e depois soltasse, ela batia nesse alguém feito uma bala de canhão. Bem parecidos eram os bambolês, esses anéis que, em outros contextos duma inutilidade suprema, adquiriam um valorzinho quando usados como argolas para capturar e dar rasteira em criancinhas passantes.

Talvez nada seja mais eloqüente a respeito da modesta extensão de prazeres da época que o fato de os doces mais populares de minha infância serem feitos de cera. Podia-se escolher dentes de cera, garrafinhas de cera, tonéis de cera e crânios de cera, cada um cheio de uma pequena quantidade dum líquido colorido com gosto próximo a uma dosezinha de xarope para tosse. Engolia-se isso com interesse, ainda que não exatamente com satisfação, depois se mastigava a cera por dez ou doze horas. Agora você pode pensar que deve haver algo de errado com o conceito de prazer quando se paga dinheiro autêntico para mastigar cera incolor, e você sem dúvida teria razão. Mas nós mastigávamos, e curtíamos, porque não tínhamos noção de que podia haver coisa melhor. E havia, diga-se, algo de bom, algo de saudavelmente equilibrado em se comer um produto que não tinha nem sabor nem valor nutritivo.

Também era possível arrumar pequenos cones artificiais de sorvete feitos de um material esfarelento parecido com giz, canudos contendo um açúcar arenoso tão azedo que o rosto de quem comia era sugado de verdade para dentro da boca, como areia desmoronando num buraco, *root beer* em tonéis,* bolas de canela em brasa, rodas e varas de alcaçuz, balas de goma ensebadas, gelatinas borrachentas com gosto de frutas desconhecidas (e, de fato, desagradáveis), mas que tinham bom custo-benefício, já que se levava mais de três horas para comer cada uma (e mais três para remover os restos peguentos dos molares, às vezes com as

---

* Espécie de refrigerante. (N. T.)

obturações grudadas), e torrões de doce do tamanho e da densidade de bolas de bilhar, que eram a melhor relação custo-benefício de todos, já que duravam até três meses e tinham estratos multicoloridos que davam às línguas cores novas e interessantes à medida que as camadas escamosas se dissolviam.

No Bishop's, onde havia junto à registradora uma farta e altamente considerada seleção de doces baratinhos, podia-se também descolar um relativamente saboroso petisco de alcaçuz conhecido, com sensibilidade refinada, como "negrinhos" — embora ninguém realmente usasse esse termo, exceto minha avó. Vez por outra, quando vinha de visita de Winfield, sua cidade natal, e jantava conosco no Bishop's, ela me passava uma moeda e mandava buscar um doce para nós dois compartilharmos depois.

"E não se esqueça de pegar uns NEGRINHOS!", berrava ela, para minha intensa mortificação, através de meio hectare do salão de jantar entupido, fazendo uns cem fregueses erguerem os olhos.

Cinco minutos depois, ao voltar com a compra, esmagado furtivo contra a parede na tentativa vã de escapar da detecção, ela me descobria e gritava: "Ah, aí está você, Billy. Lembrou de pegar uns NEGRINHOS? Porque eu gosto bastante desses... NEGRINHOS!".

"Vó", sussurrava feroz, "não deve falar isso."

"Não devo falar o quê — NEGRINHOS?"

"Sim. Eles se chamam alcaçuzinhos."

"Negrinhos é meio ofensivo", explicava a minha mãe.

"Ó, perdão", dizia minha vó, maravilhando-se com a delicadeza da gente da cidade. Então, na próxima vez em que íamos ao Bishop's, ela dizia: "Billy, toma uma moeda. Vá trazer alguns daqueles — cumé que vocês chamam? — NEGRINHOS DE ALCAÇUZ!".

O outro lugar para se arrumar doces baratinhos era a Grund's, uma pequena mercearia na avenida Ingersoll. A Grund's era uma das últimas mercearias de família na cidade, e com certeza a última no nosso bairro. Era tocada por um casal alquebrado, adoravelmente minucioso e de antigüidade incalculável chamado sr. e sra. Grund. Nada no estoque fora renovado — ou, aliás, vendido — desde cerca de 1929. Havia coisas ali que não eram vistas no mundo do varejo desde que Gloria Swanson era atraente — alvejante para a pele Othine, sabão Fels-Naptha, caixas de tônico capilar Wild Root com uma foto de Joe E. Brown na frente. Tudo estava coberto por uma espessa camada de pó, incluindo a sra. Grund. Ela provavelmente estava morta havia alguns anos. O sr. Grund, contudo, estava vivíssimo e ficava encantado quando o sino sobre a porta soava anunciando a chegada de novos fregueses, ainda que fossem sempre crianças e que estivessem lá por um único propósito nefando: roubar do seu enorme estoque envelhecido de doces baratinhos.

Este é possivelmente o episódio mais vergonhoso da minha infância, mas eu o compartilho com mais de 12 mil outras ex-crianças. Todo mundo sabia que se podia roubar dos Grunds e nunca ser pego. Aos sábados, garotos apareciam de todo o Meio-Oeste, alguns chegando em ônibus fretados, se me lembro corretamente, para fazer o pacotão do fim de semana. O sr. Grund era duma cegueira imperturbável para a conduta indevida. Você podia tirar os óculos dele, desabotoar a gravatinha-borboleta, gentilmente livrá-lo de suas calças, e ele não suspeitaria de nada. Às vezes fazíamos compras pequenas, mas isso era só para fazê-lo virar-se e incumbir-se de sua antiga registradora, de modo que centenas de mãos voadoras pudessem mergulhar nos potes enormes e servir-se de mais. Alguns garotos maiores levavam até os potes. Ainda assim, há que ser dito que animávamos o dia dele, até que, por fim, o levamos à falência.

Pelo menos doce dava prazer verdadeiro. A maioria das coisas consideradas divertidas acabava não sendo nem um pouco divertida. Construir modelos, por exemplo. Construir modelos tinha a reputação de ser altamente gostoso, mas era na realidade apenas uma provação misteriosa pela qual se tinha de passar de tempos em tempos como parte do processo de meninice. Os kits de modelos sempre *pareciam* divertidos, é claro. As ilustrações nas caixas retratavam em detalhes belos caças arrotando chamas vermelhas e amarelas das armas nas asas e metidos em escaramuças vibrantes. No fundo havia sempre um Messerchmitt atingido caindo em espiral rumo ao solo, com um alemão horrorizado na cabine gritando insultos amargos através do painel. Mal se podia esperar para recriar tais cenas vívidas em três dimensões.

Mas, quando se levava o kit para casa e se abria a caixa, o conteúdo se mostrava uniformemente cinza-chumbo ou verde-oliva, consistindo de cerca de 60 mil partes minúsculas, algumas não maiores que um próton, todas afixadas de algum jeito orgânico e inseparável aos suportes plásticos, como palitos de coquetel. As bisnagas de cola, em contraste, eram do tamanho de bisnagões de pastelaria. Por mais que fossem delicadamente comprimidas, sempre expeliam meio litro de gosma viscosa clara, que seguia seu único instinto, o de ligar-se a algum objeto exterior — um dedo humano, as cortinas da sala, o pêlo de um animal passante — e virar um fio infinitamente comprido.

Qualquer tentativa de quebrar o fio resultava na criação de mais fios. Logo, logo você estava ligado a centenas de linhas penduradas, todas conectadas a algo que não tinha nada a ver com maquetes de aeroplanos ou com a Segunda Guerra Mundial. A única coisa em que a cola não grudava, interessante, era numa peça de plástico do modelo; aí, ela se tornava somente um lubrificante escorregadio que deixava quaisquer dois pedaços deslizar sem fim um sobre o outro, sem nunca secar. No fim das contas, depois de uns quarenta minutos de empenho intenso porém confuso, você e suas redondezas estavam cobertos de uma brilhosa teia de aranha de cola, com uma fuselagem cinza e uma asa ao contrário no miolo, e um piloto acidental porém irremediavelmente unido ao teto da cabine pelo casquete. Felizmente, a essa altura, você tinha ficado tão irritado com a cola que não estava mais nem aí para piloto, modelo e tudo o mais.

Coisa interessante pra valer, quanto a decepções recreativas nos anos 1950, era que as decepções nunca eram previstas. Isso porque os anúncios eram brilhantes demais. A astúcia dos anunciantes era inaudita. Conseguiam fazer qualquer porcariazinha vagabunda parecer fantástica. Nunca, antes ou depois, afagos comerciais tiveram tom tão aveludado, tão capaz de insinuar felicidade orgásmica a partir duns materiais simples. Mesmo hoje posso ver diante de meus olhos uma série de anúncios em *Boy's Life* da Companhia A. C. Gilbert, de New Haven, Connecticut, prometendo a alegria mais absoluta advinda de seus engenhosos Pequenos Químicos, dos kits de microscópio e dos mundialmente famosos Jogos de Armar. Estes eram brinquedos de aparafusar com os quais se faziam todas as maravilhas da engenharia — pontes, guindastes industriais, brinquedos de parques de diversão, robôs motorizados — a partir de vigas de aço e demais componentes varonis. Não eram coisas que você construía em cima da mesa e colocava numa gaveta no final da brincadeira. Eram produtos que precisavam de alicerce sólido e *muito* espaço. Tenho quase certeza de que um dos anúncios mostrava um garoto no alto de uma escada de seis metros dando acabamento numa roda-gigante na qual seu irmãozinho já estava dando uma voltinha.

O que os anúncios não diziam era que só seis pessoas no planeta — os netos de A. C. Gilbert, presume-se — tinham dinheiro e mansões espaçosas o bastante para desfrutar dos brinquedos. Lembro que, certo Natal, meu pai deu uma olhada na etiqueta de uma grande armação à mostra na seção de brinquedos da Younkers e gritou: "Puxa, quase dá para comprar um *Buick* com isso!". Então começou a deter outros passantes a esmo, e logo tinha um clubinho de homens espantados. Aí logo percebi que jamais ganharia um Jogo de Armar.

Pra compensar, fiz pressão para ganhar um jogo de química apresentado num vistoso folheto bicolor, em página dupla, na *Boy's Life*. Segundo o anúncio, esse kit supimpa e cientificamente avançado me permitiria realizar excitantes experimentos com energia atômica, confundir o mundo dos adultos com escrita invisível, tornar-me um mestre de técnicas de digitais do FBI e produzir os fedores mais fabulosos (na verdade, não prometia os fedores, mas isso estava implícito em cada jogo de química vendido).

O jogo, quando aberto na manhã de Natal, era só do tamanho aproximado de uma caixa de charutos — o mostrado na revista tinha as dimensões de um grande baú —, mas, devo dizer, era engenhosamente embalado com troços promissores: tubos de ensaio arrumados numa armação, um funil, pinças, rolhas, uns vinte potinhos de produtos químicos coloridos, vários dos quais tinham cheiros promissores, e um livreto de instruções bojudo. Nem preciso dizer que fui direto para a página da energia atômica, na expectativa de ter uma pequena nuvem de cogumelo privativa crescendo sobre minha bancada de trabalho já pela hora do almoço. Na verdade, o que o livro de instruções me dizia, se bem me lembro, era que todos os materiais são feitos de átomos e que todos os átomos têm energia, portanto *tudo* tem energia atômica. Junte duas coisas numa proveta — duas coisas quaisquer —, dê uma sacudida e, tchã-tchã-tchã-tchã, você tem uma reação atômica.

Todos os experimentos se revelaram mais ou menos assim. O único que funcionou, ainda que de leve, foi um de minha maquinação, que envolvia a mistureba de todos os produtos químicos do jogo com o detergente Babbo, aguarrás, um pouco de bicarbonato de sódio, duas colheradas de pimenta-branca, uma pitadinha de raiz-forte fresca e uma generosa esguichada de loção de barbear Electric-Shave. Combinados, de imediato aumentaram mil vezes e saíram pelos lados da proveta, e daí para nossa pia novinha, onde começaram a assobiar, ondular e fumegar, deixando um calombo vermelho-rosado ao longo da junta da fórmica, que seria para sempre tema de dor e estupefação para meu pai: "Não consigo entender", dizia, perscrutando a beirada da pia. "Devo ter misturado mal o adesivo."

Contudo, o pior brinquedo da década, talvez o pior já construído, era o futebol elétrico. Futebol elétrico era um jogo que todos os meninos eram obrigados a aceitar como presente de Natal em algum momento dos anos 1950. Consistia numa caixa com as costumeiras ilustrações excitantes e totalmente enganadoras, contendo uma chapa de lata mais ou menos do tamanho de uma bandeja de café-da-manhã, pintada de modo a parecer um campo de futebol americano. Vibrava com intensidade quando ligada, fazendo 22 homenzinhos se moverem de maneira curiosamente rija e frenética. Levava uma eternidade para armar cada jogada, porque os homens eram coisinhas de nada e ficavam caindo, e também porque você discutia o tempo todo com seu adversário a respeito de quais formações eram válidas e de quem era a vez de posicionar o último jogador da defesa, já que era óbvia a vantagem de esperar até o último instante possível, e daí mover de supetão o seu corredor para a beira do campo, onde não havia defesa para incomodá-lo. Tudo isso acabava em discussão braba, entremeada de avanços e de pancadas nos jogadores favoritos do adversário, às vezes repetidamente, com um piparote.

Importava pouquíssimo a maneira como ficavam dispostos, porque jogadores de futebol elétrico nunca iam na direção desejada. Na prática, o que acontecia era que metade deles logo caía e ficava estremecendo, como se sofresse de algum desarranjo gástrico sério, enquanto os outros debandavam em tantas direções diferentes quanto houvesse jogadores em pé, até finalmente se amontoarem num canto, onde empurravam os lados fixos, como vítimas de um incêndio de boate diante da saída trancada. A exceção era o corredor, que só tremia cinco ou seis minutos no mesmo lugar, então se virava devagar e deslizava leve e solto para a linha de fundo errada, até ser derrubado com um dedo na linha de duas jardas por seu supervisor aflito, gerando mais briga.

Nesse ponto, você desligava a energia, endireitava todos os homens caídos e meticulosamente repetia o processo de preparação. Depois de três jogadas como essa, um dos dois dizia: "Ei, quer acertar o Montinho Kowalski com uma mola maluca esticada?", e você empurrava o jogo para debaixo da cama, de onde nunca mais sairia.

Se havia algo que produzia empolgação de verdade eram os gibis. Essa realmente foi a era dourada dos gibis. Quase 100 milhões eram produzidos a cada mês lá pelo meio da década. É quase impossível imaginar a importância deles na vida da juventude nacional — e, na verdade, na de muitos já passados da juventude. Uma pesquisa da época revelou que não menos que 12% dos professores do país eram leitores fiéis de gibis (e esses eram os que admitiam, é claro).

Na condição de Kid Trovão, eu lia gibis como médicos lêem o *New England Journal of Medicine* — para ficar a par dos progressos na área. Mas eu era um seguidor fiel, em todo caso, e os teria devorado mesmo sem a necessidade profissional de manter minhas capacidades sobrenaturais azeitadas e produtivas.

Mas, quando estávamos entrando no clima dos gibis, deu-se a crise. As vendas começaram a claudicar, espremidas entre os custos de produção crescentes e a competição da tevê. Número considerável de garotos achava então que, se dava para ver o Super-Homem e o Zorro na tevê, por que se sobrecarregar lendo palavras numa página? Nós, no Curral da Meninada, ficamos felizes em ver partir uma turma tão volúvel, francamente, mas para a indústria foi um golpe quase mortal. Em dois anos, o número de títulos de gibis caiu de 650 para apenas 250.

Os produtores tomaram algumas medidas desesperadas para tentar reanimar o interesse. As heroínas de repente se tornaram despudoradamente sexy. Lembro de sentir um aquecimento hormonal, inesperado mas superagradável, ao ver pela primeira vez a Dama Amianto, cujos peitos ogivais e quadris poderosos mal cabiam nas tirinhas de cetim em que algum gênio artístico a retratara.

Não havia espaço para sentimento nessa nova era. Bucky, companheiro adolescente do Capitão América, foi despachado para o hospital com um ferimento à bala num certo número, e essa foi a última vez que ouvimos falar dele. Se morreu ou ficou mais pra lá do que pra cá, passando os anos restantes em cadeira de rodas, não sabíamos nem queríamos saber. Logo depois, em seu lugar, o Capitão América foi assessorado por uma sílfide pernuda chamada Garota Dourada, logo acompanhada da Garota Sol, da Dama Lótus, da Dama Fantasma, de cabeleira negra como a asa da graúna, e de mais um bando de mulheres altamente sedutoras.

Nada bom assim podia durar. O dr. Fredric Wertham, um psiquiatria alemão de Nova York, começou uma campanha aberta para livrar o mundo da influência deletéria dos gibis. Num livro extremamente popular e influente de desanimar chamado *A sedução do inocente*, argumentou que os gibis promoviam violência, tortura, criminalidade, consumo de drogas e masturbação desenfreada, embora, ao que tudo indica, não ao mesmo tempo. Sombrio, observou como um menino que ele entrevistara confessou que, após ler gibis, "quis ser um maníaco sexual", esquecendo que, para a maioria dos meninos, "sexo", "mania" e "querer" eram palavras que andavam juntas confortavelmente, com ou sem gibis.

Wertham via sexo literalmente em toda sombra. Indicou como, num quadrinho de um gibi de ação, o sombreado no ombro de um homem, quando virado num certo ângulo e visto com uma olhadela criativa, parecia exatamente com as partes pudendas de uma mulher (parecia mesmo, nem adiantava discutir). Wertham anunciou também o que a maioria de nós sabia no íntimo, mas estava relutante em admitir: que muitos dos super-heróis não eram 100% homens, no sentido viril e pega-mulher do termo. Destacou Batman e Robin, em particular, como um "sonho de dois homossexuais morando juntos". Uma acusação irresponsável. Bastava olhar para as calças apertadinhas deles.

Wertham consolidou sua fama e influência ao testemunhar perante um comitê do Senado que examinava punições para a delinquência juvenil. Naquele mesmo ano, Robert Linder, um psicólogo de Baltimore, sugerira que adolescentes modernos sofriam de "uma forma de doença mental coletiva" devido ao rock and roll. Agora vinha o Wertham culpando os gibis pelas tristes e espinhentas fraquezas dos meninos.

"Já em 1955", segundo James T. Patterson no livro *Grandes expectativas*, "treze estados haviam aprovado leis regulando a publicação, a distribuição e a venda de gibis." Alarmada e temerosa de mais sanções e regulações, a indústria dos gibis abandonou a paixonite por gatas curvilíneas, matança sangrenta, sombras escrutáveis e tudo o mais que era emocionante. Foi um golpe brutal.

Para horror dos puristas, o Curral da Meninada começou a ficar lotado de gibis anódinos estrelados por Archie e Moleza, ou por personagens de Disney como o Pato Donald e seus sobrinhos Huguinho, Zezinho e Luizinho, que usavam camisa e chapéu mas não tinham nadinha embaixo da cintura, coisa que não parecia correta, nem absolutamente saudável. O Curral da Meninada começou a atrair menininhas, que ficavam lá matraqueando a respeito dos últimos números da Luluzinha ou do Gasparzinho, o fantasminha camarada, como se estivessem num chazinho. Algum tolo rematado chegou a pôr Gibis dos Clássicos lá — aqueles que recontavam obras famosas da literatura em formato de gibi. Esses foram expulsos na hora, é claro.

Nem preciso dizer que vaporizei o Wertham, mas já era tarde. O estrago fora feito. Seria mais difícil que nunca obter prazer, e o tipo de que mais precisávamos era o mais difícil de todos. Me refiro, é claro, à luxúria. Mas essa é uma outra história e um outro capítulo.

6. Sexo e outras distrações

Londres, Inglaterra (AP) — *Um júri do superior tribunal de justiça concedeu quarta-feira ao artista Liberace 8 mil libras (22 400 dólares) de indenização em um processo contra o* Daily Mirror *londrino. Os jurados decidiram, após 31 horas e meia de deliberação, que uma história de 1956, de autoria do jornalista William N. Connor, do* Daily Mirror, *sugeria que o pianista era homossexual. Entre as frases que Liberace citou em seu processo estava a descrição que Connor fez dele como "tudo que ele, ela ou isso pode querer". Ele também descreveu o artista como "frutinha".*

Des Moines Tribune, 18 de junho de 1959

*I dreamed
I went
to work
in my
maidenform bra*

CHANSONETTE* with famous 'circular-spoke' stitching

Notice <u>two</u> patterns of stitching on the cups of this bra? Circles that uplift and support, spokes that discreetly emphasize your curves. This fine detailing shapes your figure <u>naturally</u>—keeps the bra shapely, even after machine-washing. The triangular cut-out between the cups gives you extra "breathing room" as the lower elastic insert expands. In white or black: A, B, C cups. **2.00**
Other styles: Broadcloth: Cotton, "Dacron" Polyester 2.50; Lace, 3.50; with all-elastic back, 3.00; Contour, 3.00; Full-length, 3.50.
*REG. U.S. PAT. OFF. ©1964 BY **Maidenform, Inc.**, makers of bras, girdles, swimwear, and active sportswear.

Em 1957, a fita *Peyton Place*, o filme mais quente dos últimos tempos, ou pelo menos assim os trailers candidamente nos convidavam a imaginar, foi lançado para uma nação expectante, e minha irmã decidiu que iríamos assistir. Por que eu era considerado parte da aventura, não faço idéia. Talvez fornecesse algum tipo de álibi. Talvez o único momento em que ela podia dar uma saidinha despercebida de casa fosse quando me pajeava. Só sei que fui informado de que iríamos caminhar até o cinema Ingersoll no sábado depois do almoço e que era para eu não dizer a ninguém. Era muito excitante.

No caminho, minha irmã disse que muitos personagens do filme — provavelmente a maioria — estariam fazendo sexo. Minha irmã àquela altura era a principal autoridade mundial em assuntos sexuais, pelo menos no que me dizia respeito. Sua especialidade particular era detectar celebridades homossexuais. Sal Mineo, Anthony Perkins, Sherlock Holmes e o dr. Watson, Batman e Robin, Charles Laughton, Randolph Scott, Liberace, é claro, e um homem na terceira fileira da Orquestra de Lawrence Walk que me parecia bem normal — foram todos desmascarados pelo seu olhar penetrante. Ela me disse que Rock Hudson era gay em 1959, muito antes que qualquer um tivesse adivinhado. Ela sabia que Richard Chamberlain era gay antes dele, acho. Ela era do outro mundo.

"Você sabe o que é sexo?", perguntou, assim que passamos para o recesso do bosque, caminhando em fila indiana pelas árvores, ao longo da trilha estreita. Era um dia invernal, e eu lembro com clareza que ela usava um casaco novo de lã vermelha, bacana, e um chapéu branco felpudinho, amarrado no queixo. Eu a achava muito bacana e madura.

"Não, acho que não sei", eu disse, ou algo similar.

Então ela contou, em tom grave e com o tipo de fraseado cuidadoso que deixava claro tratar-se de informações privilegiadas, tudo o que havia para saber sobre sexo, embora, como ela tivesse apenas onze anos naquela época, seu conhecimento talvez fosse um tantinho menos enciclopédico do que me pareceu. Enfim, a essência do negócio, como entendi, era que o homem botava a coisa dele na coisa dela, deixava lá um tempinho, e daí eles tinham um bebê. Lembro de matutar o que seriam essas coisas inespecíficas — dedo dele na orelha dela? Chapéu dele na caixa dela? Como saber? Enfim, faziam essa coisa particular, nus, e quando você se dava conta eram pais.

Para falar a verdade, eu não dava muita bola para o modo como os bebês eram feitos. Estava bem mais interessado na aventura secreta, empreendida às escondidas de nossos pais, e pela andança no Bosque — a *Schwarzwald* mais ou menos ilimitada que ficava entre a Elmwood Drive e a avenida Grand. Aos seis anos, dava para me aventurar discretamente no bosque de quando em quando, brincar de guerra à vista da rua e então sair novamente (em geral depois que Bobby Stimson pegava o sumagre-venenoso e se debulhava de chorar) com uma sensação de contentamento — ou de franco alívio — por adentrar o dia claro e a luz do sol. O bosque dava aflição. O ar lá era mais denso, mais sufocante; os barulhos, diferentes. Podia-se entrar no bosque e não sair mais. Nunca se consideraria usá-lo como passagem. Era vasto demais para esse propósito. Ser conduzido através dele, então, por uma confidente toda bacana, enquanto recebia informação privada, ainda que esta fosse de todo inexpressiva para mim, era de arrepiar. Passei a maior parte da longa caminhada admirando a majestade sombria do bosque e atento a lobos e casinhas feitas de doces.

Como se não fosse excitação bastante, quando chegamos à avenida Grand minha irmã me levou para um caminho secreto entre dois prédios de apartamentos, passando pelos fundos da Drogaria Bauder, na Ingersoll — nunca me ocorrera que a Drogaria Bauder *tivesse* fundos —, de onde emergimos quase do lado contrário ao do cinema. Isso era tão impossivelmente estiloso que eu mal podia suportar. Sendo a Ingersoll uma rua muito movimentada, minha irmã pegou-me a mão e nos guiou com habilidade para o outro lado — tarefa que também me pareceu incrível. Duvido que eu jamais tenha ficado tão orgulhoso em estar associado a outro ser humano.

No guichê, quando a moça dos ingressos hesitou, minha irmã lhe disse que tínhamos um primo da Califórnia fazendo um papel no filme e que havíamos prometido a nossa mãe, uma mulher ocupada, de certa importância ("ela é colunista do *Register*, né?"), que iríamos assistir ao filme como representantes dela e que providenciaríamos um relatório completo depois. Talvez não fosse a mais convincente das histórias, mas minha irmã tinha um rosto de anjo, jeito sagaz e aquele chapéu felpudinho e inocente — uma combinação da qual não se podia duvidar. Então a vendedora, após um momento de incerteza alvoroçada, deixou-nos entrar. Também fiquei orgulhosíssimo de minha irmã por isso.

Depois de tanta aventura, a fita em si foi um pouco anticlimática, especialmente quando minha irmã contou que não tínhamos na verdade um primo no filme, ou mesmo na Califórnia. Ninguém ficava pelado e não havia dedos em orelhas ou dedos do pé em caixas de chapéu, nem nada. Apenas montes de gente infeliz falando com abajures e cortinas. Saí e tranquei as portas das privadas no banheiro masculino, mas, como só havia duas no Ingersoll, até isso foi meio decepcionante.

Por acaso, logo depois tive uma experiência adicional que lançou mais uma luzinha no assunto *sexo*. Chegando da brincadeira certo sábado, e descobrindo minha mãe ausente de seus domínios costumeiros, decidi impulsivamente recorrer a meu pai. Naquele dia ele acabara de voltar de uma longa viagem à Costa Oeste — o Campeonato Mundial entre White Sox e Dodgers, se bem me lembro — e tínhamos bastante coisa para botar em dia. Então, corri para o quarto dele, esperando encontrá-lo desarrumando a mala. Para minha surpresa, as venezianas estavam abaixadas e meus pais estavam na cama engalfinhando-se sob os lençóis. Mais espantoso ainda, minha mãe vencia. Meu pai estava obviamente em algum apuro. Fazia um ruído, como um animalzinho preso.

"O que você está fazendo?", perguntei.

"Ah, Billy, sua mãe está examinando meus dentes", meu pai respondeu rápido, ainda que de modo não muito convincente.

Ficamos todos quietos por um momento.

"Vocês estão nus aí debaixo?", perguntei.

"Ora essa, sim, estamos."

"Por quê?"

"*Bem*", disse meu pai, como se essa fosse uma história que iria longe, "ficamos com calor. Dá calor isso de dentes, gengivas, coisa e tal. Olha, Billy, estamos quase acabando aqui. Por que não vai para baixo? Já, já descemos."

Acho que é para ficar traumatizado com essas coisas. Não lembro de ficar nem um pouco perturbado, embora lá se fossem alguns anos até eu deixar minha mãe olhar a minha boca de novo. Foi uma surpresa, quando eu enfim me liguei, perceber que meus pais faziam sexo — sexo entre os pais de alguém sempre parece levemente inacreditável, claro —, mas também senti uma espécie de alívio, porque fazer sexo não era fácil nos anos 1950. No casamento, com o homem por cima e a mulher rangendo os dentes era legalmente admissível, mas quase todo o resto era proibido na América daqueles tempos. Quase todo estado tinha leis proibindo qualquer forma de sexo considerada remotamente fora dos padrões: sexo oral e anal, evidente; homossexualidade, óbvio; até sexo normal e polido entre casais aquiescentes, porém não casados. Em Indiana dava até catorze anos de prisão ajudar ou instigar um menor de 21 anos a "cometer masturbação". A Arquidiocese Católica Romana do mesmo estado declarou, mais ou menos nessa época, que sexo fora do casamento não apenas era pecaminoso, sujo e favorecedor da reprodução mas também fomentava o comunismo. Nunca se especificou como uma transa no monte de feno ajudava a marcha incansável do marxismo, mas pouco importava. A questão era que, uma vez que a ação fosse considerada fomentadora do comunismo, sabia-se que não dava para chegar nem perto.

Já que os legisladores não se punham a discutir esses assuntos às claras, volta e meia não era possível saber o que exatamente estava sendo banido. Kansas tinha (e pelo que sei, ainda tem) um estatuto dedicado a punir, severamente, qualquer um "condenado pelo crime detestável e abominável contra a natureza cometido com humano ou com animal", sem indicar sequer de maneira vaga que crime detestável e abominável contra a natureza poderia ser esse. Terraplanar uma floresta? Chicotear a mula? Não havia jeito de saber.

Quase tão mau quanto fazer sexo era pensar em sexo. Quando Lucille Ball, em *I love Lucy*, ficou grávida por quase toda a temporada de 1952-3, o programa não pôde usar a palavra "grávida", com medo de incitar à ginástica isométrica de sofá espectadores suscetíveis, à maneira do sr. Kiessler, nosso vizinho de St. John's Road. Em vez disso, descrevia-se Lucy como "esperando" — uma palavra, parece, menos emocional. Mais perto de casa, em 1953, em Des Moines, a polícia invadiu o Ruthie's Lounge, na rua Locust, 1311, e acusou a dona, Ruthie Lucille Fontanini, de entregar-se a um ato obsceno. Era um ato tão perturbador que dois suboficiais e um capitão da polícia, Louis Volz, fizeram uma viagem especial para vê-lo, como na verdade fazia a maioria dos homens em Des Moines vez por outra, ou assim parecia. O ato obsceno de Ruthie, descobriu-se, é que ela, com o devido estímulo de um recinto cheio de beberrões felizes, equilibrava dois copos no seu peitoril de blusa justíssima, enchia-os com cerveja e os conduzia sem entornar até uma mesa julgadora.

Tudo indicava que Ruthie em seus bons tempos era jogo duro. "Foi casada dezesseis vezes com nove homens", segundo George Mills, ex-repórter do *Des Moines Register*, num maravilhoso livro de memórias, *Olhando por janelas*. Um dos casamentos de Ruthie, relatou Mills, terminou apenas dezesseis horas depois, quando Ruthie acordou e encontrou o novo marido vasculhando sua bolsa em busca da chave do cofre. Seu hábito de usar o peito como bandeja pareceria um talento menor numa época em que o correio era entregue por foguete, mas tornou-a nacionalmente famosa. Um par de montanhas na Coréia foi chamado "as Ruthies" em sua homenagem, e o diretor hollywoodiano Cecil B. De Mille visitou o Ruthie's Lounge para observá-la em ação.

A história tem final feliz. O juiz Harry Grund retirou as acusações de obscenidade, Ruthie por fim casou-se com um bom homem chamado Frank Bisignano e estabeleceu-se numa pacata vida de dona de casa. As últimas informações davam conta de que foram casados e felizes por mais de trinta anos. Gostaria de imaginá-la trazendo-lhe ketchup, mostarda e outros condimentos no peito toda noite, mas é claro que é só conjectura.*

Para aqueles de nós que tinham interesse em ver mulher pelada, é claro que havia fotos na *Playboy* e em outros periódicos masculinos de reputação inferior, mas estes era quase impossível adquirir legalmente, mesmo se você pedalasse até uma das mercearias caidaças no lado leste, abaixasse a voz duas oitavas e jurasse por Deus ao funcionário impassível que nascera em 1939.

Às vezes, na drogaria, se seu pai estivesse ocupado com o farmacêutico (e essa era a única vez em que eu ficava sinceramente grato à complexa mecânica da ginástica isométrica), você podia dar uma rápida folheada nas páginas, mas era uma operação aflitiva, pois a estante das revistas era vista de muitos cantos da loja. Além disso, ficava logo na entrada e visível da rua através de uma grande vidraça, o que o deixava vulnerável em todas as frentes. Uma das amigas da sua mãe podia passar, vê-lo e dar o alarme — havia uma linha para a polícia num orelhão bem na frente, talvez colocado ali com esse objetivo — ou um empacotador de supermercado espinhento segurar seu ombro por trás e denunciá-lo alto e bom som, ou seu próprio pai alcançá-lo de forma inesperada enquanto você estava distraído, tentando freneticamente localizar as páginas em que Kim Novak era vista relaxando num tapete felpudo, ventilando sua graciosa epiderme — então, na prática, havia quase nenhum prazer e pouquíssimo esclarecimento nesse exercício. Essa era uma época, não se esqueça, na qual se podia ser preso por carregar cerveja embaixo

---

* A imprensa freqüentemente descrevia Ruthie como ex-stripper. Ela reclamou que nunca fora stripper, pois nunca tirara as roupas em público. Por outro lado, ela com freqüência subira ao palco sem muitas.

da camisa ou cometer um crime inespecífico contra a natureza. Inconcebíveis, então, as conseqüências de te pegarem segurando fotografias de mulher pelada numa drogaria de família, mas você podia ter certeza de que envolveria o espocar de lâmpadas, a unidade móvel de cena do crime da WHO-TV, manchetes no jornal e muitos milhares de horas de serviço comunitário.

No geral, portanto, era preciso se virar com propagandas de roupa íntima em catálogos do correio, ou com anúncios lustrosos em revistas, com certeza o fim da picada, mas ao menos resguardado pela lei. Maidenform, um fabricante de sutiãs, divulgou nos anos 1950 uma série bem conhecida de anúncios, nos quais mulheres se imaginavam semivestidas em lugares públicos. "Sonhei que estava em uma joalheria vestindo o meu sutiã Maidenform", dizia o cabeçalho dum, acompanhado por uma foto mostrando uma mulher usando chapéu, saia, sapatos, jóias e um sutiã Maidenform — tudo, em suma, menos uma blusa — numa vitrine da Tiffany's, ou um lugar desses. Havia algo profundamente erótico — e, suponho, nada saudável — nessas fotos. Era lamentável, mas Maidenform tinha instinto infalível para escolher modelos um tanto entradas em anos e não superatraentes, para começo de conversa, e, em todo caso, os sutiãs da época estavam mais para utensílios cirúrgicos do que para incitações à fantasia. O desperdício de um conceito erótico tão promissor dava desespero.

Apesar das deficiências, a proposta era muitíssimo imitada. Sarong, um fabricante de cintas tão pesadonas que pareciam à prova de bala, seguiu linha similar com uma série de anúncios mostrando mulheres apanhadas por golpes de vento inesperados, revelando suas cintas *in situ*, para espanto horrorizado delas, mas para deleite furtivo de todos os machos num raio de cinqüenta metros. Tenho aqui um anúncio de 1956 mostrando uma mulher que acaba de desembarcar de um vôo da Northwest Airlines, e cujo casaco de pele se abriu de forma inconveniente com uma lufada (resultado de um siroco extremamente localizado, ocorrido em algum ponto debaixo e no meio de suas pernas) e revelou-a vestindo um modelo 124 da cinta Sarong em náilon e marquisete bordado (disponível em todas as casas do ramo por 13,95 dólares). Mas — e eis o que me perturba desde 1956 — a mulher claramente não usa camisa ou nenhuma outra coisa entre a cinta e o casaco, o que levanta questões prementes relativas ao modo como estava vestida quando embarcou no avião. Terá voado sem saia todo o trajeto de (digamos, para fins de argumentação) Tulsa a Minneapolis, ou terá tirado a saia no caminho — e por quê?

Anúncios da Sarong tinham certo séquito no meu círculo — meu amigo Doug Willoughby era um grande admirador —, mas eu sempre os considerei estranhos, ilógicos e um tanto pervertidos. "A mulher não pode ter viajado metade do país sem saia, com certeza", eu observava repetidamente, até meio inflamado. Willoughby acolheu a observação sem objeções, mas insistiu que era exatamente isso o que tornava os anúncios da Sarong tão insinuantes. Enfim, você há de convir que a época é mesmo triste quando o mais estimulante que pode haver é um instantâneo de uma mulher horrorizada, de cinta, entrevista nas revistas da sua mãe.

Por acaso, tínhamos a estátua mais erótica do país em Des Moines. Fazia parte do grande monumento estadual à Guerra Civil no terreno do capitólio. Chamada "Iowa", mostrava uma mulher sentada segurando os seios desnudos nas mãos, colhidos por baixo de um jeito espantosamente provocante. Diziam que o gesto procurava representar um oferecimento simbólico de alimento, mas o que ela faz mesmo é convidar todo homem que passa a ter vontade de escalar a mulher e agarrá-la. Às vezes íamos de bicicleta até lá nos sábados para encará-la por baixo. "Erguida em 1890", dizia uma placa na estátua. "E os deixando erguidos desde então", costumávamos zombar. Mas era muito chão a pedalar só para ver umas tetas de cobre.

A outra única opção era espionar as pessoas. Um menino chamado Rocky Koppel, cuja família fora transferida de Columbus para Des Moines, morou um tempo num apartamento do Hotel Commodore, e descobriu, nos fundos do quarto de dormir dele, um buraco na parede através do qual ele podia observar a empregada no cômodo ao lado se vestindo e, vez por outra, participando de uma honesta troca de fluidos com um dos zeladores. Koppel cobrava 25 centavos para espiar pelo buraco, mas perdeu um bom bocado do negócio quando correu a história de que a empregada parecia Adlai Stevenson, porém com menos cabelo.

Um lugar onde, sabia-se, nunca se veria carne feminina nua era nos filmes. As mulheres se despiam nos filmes de tempos em tempos, é claro, mas elas sempre passavam para trás de um biombo para fazê-lo, ou vagavam para outro quarto depois de tirar os brincos e, distraídas, soltar o botão de cima da blusa. Mesmo se a câmera acompanhasse a mulher, sempre baixava o enquadramento timidamente no momento crítico, daí tudo o que se via era um roupão caindo pelos tornozelos e um pé entrando na banheira. Não dá sequer para dizer que era decepcionante, porque não havia expectativas a serem decepcionadas. Não havia como existir nudez.

Quem tinha irmãos mais velhos tinha ouvido a respeito de um filme chamado *Mau Mau*, lançado em 1955. Em sua edição original, era um documentário respeitável sobre o levante Mau Mau no Quênia, sobriamente narrado pelo apresentador televisivo Chet Huntley. Mas o distribuidor, um homem chamado Dan Sonney, decidiu que o filme não era comercial o bastante. Então contratou um time de atores e técnicos locais e filmou cenas adicionais num laranjal do sul da Califórnia. Elas mostravam mulheres "nativas" de topless esquivando-se de homens com facões. Essas cenas extras ele emendou mais ou menos a esmo na fita para dar ao filme um animozinho extra. O resultado foi uma sensação comercial, particularmente entre os garotos de doze a quinze anos. Infelizmente, eu só tinha quatro anos em 1955, então perdi o único saracoteio nu em película da década.

Certa vez, quando eu tinha uns nove anos, construímos uma casa na árvore dentro do bosque — uma casa bem boa, feita de material de primeira, retirado de uma construção na River Oaks Drive — e de cara, e mais ou menos automaticamente, a usamos para tirar tudo na frente uns dos outros. Isso não era lá muito excitante, visto que o grupo consistia em cerca de 24 menininhos e só uma garota, Patty Hefferman, que já aos sete anos pesava mais que uma escavadeira das grandes (ela viria a se tornar famosa como Patty Carnuda), e não era, nem com a maior boa vontade deste mundo, a idéia de Madame Eros de ninguém. Ainda assim, por uns biscoitos Oreo, estava disposta a ser examinada de qualquer ângulo pelo tempo que qualquer um quisesse, o que lhe conferia certo valor antropológico.

A única garota na vizinhança que todos realmente queriam ver nua era Mary O'Leary. Era a criança mais linda em milhões de milhões de galáxias, mas não tirava a roupa. Brincava conosco alegremente na casa da árvore enquanto a diversão fosse saudável, mas, quando as coisas ficavam suculentas, partia escada abaixo e dizia, com uma fúria contida que era quase de chorar, que éramos grosseiros e odiosos. Isso me fez admirá-la muito, muito mesmo, e com freqüência eu largava a brincadeira também (pois, na verdade, não dava para encarar a Patty Hefferman muito tempo e depois ainda comer a comida da minha mãe) e a acompanhava até em casa, louvando-a com ênfase por sua virtude e modéstia.

"Esses caras na verdade são nojentos", eu dizia, convenientemente não admitindo que em geral eu mesmo era um deles.

A recusa dela em participar era, dum jeito esquisito, a coisa mais estimulante em toda aquela experiência. Eu adorava, venerava Mary O'Leary. Costumava sentar ao seu lado no sofá quando ela assistia a tevê e a encarava em segredo. Era a coisa mais perfeita que eu já tinha visto — tão macia, limpa, sorriso em flor, cheia de luz rósea. E não havia nada mais perfeito e jubiloso na natureza do que aquele rosto no microinstante anterior a sua risada.

Naquele verão, minha família foi passar o Quatro de Julho na casa dos meus avós, onde mais uma vez eu viveria a experiência desanimadora de observar tio Dee transformar comida benfazeja em reboco voador. Pior ainda, a televisão dos meus avós estava fora de combate aguardando uma peça nova — o bobo alegre do homem do conserto dali era incapaz de ver lógica em manter válvulas sobressalentes no estoque, descuido que lhe custou, desnecessário dizer, uma dose carbonizante de VisãoTrovão — e então eu tive de passar o longo fim de semana lendo na modesta biblioteca dos meus avós, que consistia, na maior parte, de condensações das *Seleções*, alguns romances de Warwick Deeping e uma caixona de papelão cheia de *Ladies' Home Journals* que retrocederia até 1942. Foi um fim de semana árduo.

Quando voltei, Buddy Doberman e Arthur Bergen estavam esperando perto de casa. Mal cumprimentaram meus pais, tão ansiosos estavam para uma conversa particular comigo. Ali, esbaforidos, disseram que na minha ausência a Mary O'Leary fora para a casa da árvore e tirara a roupa — cada pedaço de pano. Fizera-o livremente, até mesmo com uma espécie de despojamento sonhador.

"Foi como se ela estivesse em transe", disse Bergen carinhosamente.

"Um transe *feliz*", acrescentou o Buddy.

"Foi legal mesmo", disse Bergen, seu estoque de memórias carinhosas nem de longe esgotado.

É claro que me recusei a acreditar numa palavra sequer. Tiveram de jurar por Deus uma dúzia de vezes e pela morte da mãe em uma pilha de bíblias, entre outras juras solenes, antes que eu estivesse preparado para suspender um pouquinho a minha descrença natural. Acima de tudo, tiveram de descrever cada etapa do acontecimento, algo que Bergen foi capaz de fazer com clareza admirável. (Ele tinha, como se gabaria anos depois, uma memória pornográfica.)

"Ora", disse eu, entusiasmado como você pode imaginar, "vamos pegá-la e fazer de novo."

"Ah, não", Buddy explicou. "Ela disse que não iria fazer mais. Tivemos que jurar que nunca pediríamos de novo. Esse foi o trato."

"Mas", eu disse, espumando e horrorizado, "isso não é justo."

"O engraçado", continuou Bergen, "é que ela disse que vinha pensando em fazer isso fazia um tempão, mas um dia em que você não estivesse porque não queria te ver zangado."

"Zangado? Zangado? Você está de gozação? Zangado? Tá de gozação? Tá de gozação?"

Ainda dá para ver o chanfro na calçada onde eu bati a cabeça pelas catorze horas seguintes. Fiel à palavra, Mary O'Leary nunca mais chegou perto da casa da árvore.

Pouco depois, num momento inspirado, tirei todas as gavetas do armário do meu pai para ver o que havia, se é que havia, nos fundos. Eu costumava desmantelar seu quarto duas vezes por ano, primavera e outono, quando ele ia para o treinamento de primavera e para o Campeonato Mundial, à cata de cigarros perdidos, dinheiro solto e provas de que eu era mesmo do planeta Electro — talvez uma carta do rei Volton ou do Congresso de Electro prometendo alguma recompensa polpuda por me criar em segurança e confirmando que meus menores caprichos deveriam ser realizados.

Nessa ocasião, como eu tinha mais tempo disponível que de hábito, tirei as gavetas até o fim para ver se havia algo embaixo ou atrás, e então achei a modesta muamba de brotinhos do meu pai, compreendendo duas revistas finas, uma chamada *Dude*, a outra *Nugget*. Eram superbregas. As mulheres pareciam Pat Nixon ou Mamie Eisenhower — o tipo de mulher que você paga para *não* ver pelada. Fiquei horrorizado, não porque meu pai tivesse revistas masculinas — um progresso completamente bem-vindo, a ser encorajado de todas as maneiras possíveis —, mas porque escolhera muito mal. Parecia tragicamente típico de meu pai que sua mão-de-vaca incapacitante se estendesse até a escolha de revistas masculinas.

Ainda assim, eram melhores do que nada e mostravam, afinal, mulheres despidas. Levei-as à casa da árvore, onde foram muito valorizadas na ausência de Mary O'Leary. Quando as devolvi ao lugar de origem, dez dias depois, ou por aí, logo antes que ele voltasse para casa do treinamento de primavera, estavam visivelmente manuseadas. Com efeito, difícil não perceber que haviam sido desfrutadas por um público mais amplo. Faltava a página de uma e quase todas as ilustrações agora traziam comentários à margem ou balõezinhos, muitos de natureza cândida, feitos por uma multiplicidade de mãos jovens. Nos anos que se seguiram, muitas vezes imaginei o que meu pai fazia com essas emendas espirituosas, mas, por alguma razão, nunca parecia a hora certa para perguntar.

7. Bum!

***Mobile, Ala.** (AP)* — *A suprema corte do Alabama confirmou ontem a sentença de morte dada a Jimmy Wilson, 55, um serviçal negro, por roubar 1,95 dólar da sra. Esteele Barker ano passado em sua casa. A sra. Barker é branca.*

Embora roubo seja um crime capital no Alabama, ninguém nunca foi executado no estado por um furto menor do que cinco dólares. Um funcionário do tribunal sugeriu que o júri foi influenciado pelo fato de que a sra. Barker lhes disse que Wilson falou com ela de maneira desrespeitosa.

Um porta-voz da Associação Nacional para o Progresso das Pessoas de Cor chamou a sentença de morte de "uma mancha triste na nação", mas disse que a organização é incapaz de ajudar o condenado porque é vetada no Alabama.

Des Moines Register, 23 de agosto de 1958

Às 7h15 da manhã, hora local, no dia 1º de novembro de 1952, os Estados Unidos explodiram a primeira bomba de hidrogênio no atol de Eniwetok (ou Enewetak, ou muitas outras variantes), nas ilhas Marshall, do Pacífico Sul, muito embora não fosse de fato uma bomba, assim como não era, de jeito nenhum, portátil. A menos que um inimigo pudesse ficar parado atenciosamente enquanto construíssemos um refrigerador de oitenta toneladas para resfriar grandes volumes de trítio e deutério líquidos, passássemos vários quilômetros de cabos e conectássemos montes de detonadores elétricos, não tínhamos jeito de explodir ninguém com ela. Foram precisos 11 mil soldados e civis para fazer o aparelho funcionar em Eniwetok, logo, dificilmente esse seria o tipo de coisa que se poderia armar na praça Vermelha sem despertar suspeitas. Com mais propriedade, era um "artefato termonuclear". Ainda assim, era tremendamente potente.

Como nada parecido fora tentado antes, ninguém sabia quão grande seria o estouro. Mesmo as estimativas mais conservadoras, para uma explosão de cinco megatons, representavam poderio destrutivo maior que todo o poder de fogo usado por todas as partes envolvidas na Segunda Guerra Mundial, e alguns físicos nucleares imaginaram que a explosão poderia chegar até cem megatons — uma detonação tão desmedida que os cientistas podiam apenas conjecturar qual seria a cadeia de conseqüências. Uma possibilidade era a de que incendiaria todo o oxigênio na atmosfera. Mas quem não arrisca não aniquila, como o Pentágono poderia ter dito, e, na manhã de 1º de novembro, alguém acendeu o pavio e, como eu gosto de imaginar, correu feito o capeta.

A explosão foi de pouco mais de dez megatons, relativamente administrável, mas ainda assim suficiente para varrer do mapa uma cidade mil vezes maior que Hiroshima, embora, é claro, cidades tão grandes não haja na Terra. Uma bola de fogo de oito quilômetros de altura e seis de comprimento se estendeu sobre Eniwetok em segundos, encrespou-se em uma nuvem de cogumelo que atingiu o limite atmosférico a cinqüenta quilômetros acima da Terra e se espalhou por mais de 1500 quilômetros para todos os lados, expelindo no caminho uma precipitação enegrecida de resíduos empoeirados, antes de se dissipar lentamente. Era a maior coisa de qualquer tipo já criada por humanos. Nove meses depois, os soviéticos surpreenderam as forças ocidentais ao explodir um aparato termonuclear de fabricação própria. A corrida para destruir a vida estava valendo — e como estava. Agora, havíamos mesmo nos tornado a Morte, a destruidora de mundos.

Então talvez não surpreenda que, enquanto isso acontecia, eu estava sentado em Des Moines, Iowa, me borrando bem quietinho. Tinha pouca escolha. Só tinha dez meses.

O apavorante na expansão da bomba não era tanto a expansão em si, mas sim as pessoas encarregadas da tarefa. Semanas após o teste de Eniwetok, os figurões do Pentágono estavam pensando ativamente em maneiras de pôr essa bichinha para funcionar. Uma idéia, considerada a sério, era construir um aparato em algum lugar perto das linhas de frente da Coréia, induzir grandes quantidades de tropas norte-coreanas e chinesas a irem dar uma olhada e depois acioná-lo.

James E. Van Zandt, deputado da Pensilvânia, proponente de primeiro time da devastação, prometeu que logo teríamos um aparato de, no mínimo, cem megatons — que poderia consumir todo o nosso ar respirável. Ao mesmo tempo, Edward Teller, o semi-alucinado físico húngaro que foi um dos gênios encabeçando o desenvolvimento da bomba H, sonhava com empolgantes usos pacíficos para os aparatos nucleares. Teller e seus acólitos na Comissão de Energia Atômica previram o uso de bombas H para viabilizar gigantescos projetos de engenharia civil em escala jamais concebida — criar minas onde antes havia montanhas, alterar o curso de rios em nosso favor (assegurando que o Danúbio, por exemplo, suprisse apenas países capitalistas), detonar impedimentos chatos ao comércio e à navegação, como a Grande Barreira de Corais da Austrália. Animados, relataram que apenas 26 bombas enfileiradas sobre o istmo do Panamá escavariam um canal do Panamá maior e melhor mais ou menos duma vez, e ainda proveriam, de quebra, um belo espetáculo. Sugeriram até que artefatos nucleares poderiam ser usados para alterar o clima da Terra ao ajustar a quantidade de poeira na atmosfera, banindo para sempre os invernos do Norte dos EUA, mandando-os de forma permanente para a União Soviética. Quase de passagem, Teller propôs que poderíamos usar a Lua como alvo gigante para testar ogivas. As explosões seriam visíveis da Terra, por binóculos, e forneceriam entretenimento saudável para milhões. Em suma, os criadores da bomba de hidrogênio queriam embalar o mundo em camadas imprevisíveis de radiação, destruir ecossistemas completos, espoliar a face do planeta e provocar e peitar nossos inimigos a toda hora — e esses eram seus sonhos *pacíficos*.

Mas é claro que a ambição real era fazer uma bomba transportável gigantesca e feroz, que pudéssemos largar na cabeça dos russos e de outros irritantes similares quando nos apetecesse. Esse sonho se tornou uma realidade encantadora em 1º de março de 1954, quando a América detonou quinze megatons de cabum experimental sobre o atol de Bikini (um lugar tão delicioso que serviu para batizar um maiô), nas ilhas Marshall. A explosão ultrapassou todas as expectativas por margem considerável. O brilho foi visto em Okinawa, a 4 mil quilômetros de distância. Lançou precipitação visível sobre uma área de 12 mil quilômetros quadrados — toda ela flutuando exatamente na direção oposta à prevista. Estávamos nos aprimorando não apenas em fazer explosões imensas, mas em criar conseqüências além da nossa capacidade de manejo.

Um soldado lotado na ilha de Kwajalein descreveu em carta para casa como pensou que a explosão iria devastar seu alojamento. "De repente, o céu se iluminou de laranja-claro, e pareceu que ficou assim alguns minutos... Ouvimos estrondos muito altos, como trovões. Então todo o alojamento começou a sacudir, como num terremoto. Isso veio junto com um vento muito forte", que fez todos os presentes se agarrarem em algo sólido e segurarem firme. E isso em um lugar a quase trezentos quilômetros do local da explosão, então só Deus sabe como foi a experiência para aqueles que estavam ainda mais perto — e havia muitos, entre eles os humildes residentes nativos da ilha vizinha de Rongelap, aos quais foi dito para esperar um clarão brilhante e uma explosão bem forte logo antes das sete de manhã, mas a quem não foram dados outros avisos, nenhuma dica de que a explosão poderia derrubar suas casas e deixá-los para sempre surdos, e nenhuma instrução sobre como lidar com os efeitos subseqüentes. À medida que a cinza radioativa chovia neles, os ilhéus perplexos a provaram para ver do que era feita — sal, aparentemente — e a escovaram do cabelo.

Em poucos minutos perceberam que não estavam se sentindo muito bem. Ninguém exposto à precipitação tivera apetite algum para o café-da-manhã naquele dia. Em poucas horas muitos tiveram náusea severa e pelotas fartas onde quer que a cinza tivesse tocado a pele nua. Ao longo dos dias seguintes, o cabelo caiu em magotes e alguns começaram a sangrar por dentro.

Também foram apanhados pela precipitação 23 pescadores perplexos, num barco japonês chamado, com um toque de ironia que não escapou a ninguém, dragão da sorte. Na viagem de volta para o Japão, a maioria dos tribulantes estava profundamente indisposta. A pescaria foi descarregada por terceiros e enviada ao mercado, onde sumiu em meio a milhares de outras pescas desembarcadas em portos japoneses naquele dia. Sem poder dizer quais peixes haviam sido contaminados e quais não, os consumidores japoneses evitaram todo peixe por semanas, quase afundando a indústria.

Como nação, os japoneses não estavam nem um pouco felizes com tudo isso. Em menos de dez anos haviam recebido a indesejável distinção de terem sido as primeiras vítimas tanto da bomba atômica quanto da de hidrogênio, e, naturalmente, ficaram meio chateados e quiseram uma desculpa. Nós nos desobrigamos de fornecê-la. Em vez dela, Lewis Strauss, um ex-vendedor de sapatos que ascendera até se tornar presidente da Comissão de Energia Atômica (era esse tipo de época), respondeu sugerindo que os pescadores japoneses eram na verdade agentes soviéticos.

Cada vez mais, os Estados Unidos passaram seus testes para Nevada, onde, como vimos, as pessoas eram bem mais compreensivas. Todavia, não os fazíamos apenas em Nevada e nas ilhas Marshall. Também acionamos bombas nucleares na ilha do Natal e no atol Johsnton, no Pacífico, acima e embaixo d'água no oceano Atlântico Sul, e no Novo México, Colorado, Alasca e Hattiesburg, Mississippi (logo nesse lugar), nos primeiros anos de testes. Ao todo, entre 1946 e 1962, os Estados Unidos detonaram um pouquinho mais que mil ogivas nucleares, incluindo umas trezentas ao ar livre, arremessando inumeráveis toneladas de poeira radioativa na atmosfera. URSS, China, Inglaterra e França detonaram mais um monte.

Ocorre que as crianças, com seu corpinho delicado e amor ao leite, eram particularmente sujeitas a absorver e manter o estrôncio 90, o principal produto radioativo da precipitação. Era tal a nossa afinidade com o estrôncio que, em 1958, a criança média — o que significa eu e outros 30 milhões de pessoinhas — carregava dez vezes mais estrôncio do que no ano anterior. Estávamos decididamente incandescentes com o troço.

Os testes foram então transferidos para o subsolo, mas isso também não funcionou muito bem. No verão de 1962, funcionários da Defesa detonaram uma bomba de hidrogênio enterrada bem no fundo, sob o deserto do Frenchman Flat, Nevada. A explosão foi tão forte que a terra ao redor subiu uns noventa metros e se esgarçou, como um furúnculo, deixando uma cratera de 250 metros de diâmetro. Entulho da explosão foi parar em todo lugar. "Às quatro da tarde", escreveu o historiador Peter Goodchild, "a nuvem de poeira radioativa era tão espessa em Ely, Nevada, a trezentos quilômetros do marco zero, que as luzes da rua tiveram que ser ligadas." A precipitação visível vagou por seis estados do Oeste e duas províncias do Canadá — embora ninguém admitisse oficialmente o fiasco e nenhum alerta público fosse dado avisando as pessoas para não tocarem no resíduo fresco nem deixarem os filhos revolver-se nele. Com efeito, todos os detalhes do incidente permaneceram secretos por duas décadas até que um jornalista curioso abriu processo, amparado pelo Ato de Liberdade de Informação, para descobrir o que acontecera naquele dia.*

Enquanto esperávamos os políticos e os militares nos darem uma Terceira Guerra Mundial verdadeira, os gibis se compraziam em providenciar uma imaginária. Ofertas mensais, com os títulos *Guerra atômica!* e *Combate da Era Atômica*, começaram a aparecer e eram avidamente disputados pelos peritos no Curral da Meninada. Engenhosas, as mentes visionárias por trás desses gibis tiraram as armas atômicas dos generais e de outros oficialões e as puseram nas mãos dos praças comuns, permitindo que hordas inexauríveis de tropas russas e chinesas marchantes fossem explodidas com foguetes atômicos, canhões atômicos, granadas atômicas e até rifles atômicos carregados com balas atômicas. Balas atômicas! Que conceito! A carnificina era emocionante. Até que a Dama Amianto se imiscuísse na minha vida, capturando meu jovem coração e meus quadris espasmódicos, os gibis de guerra atômica eram a forma de distração mais satisfatória que havia.

Enfim, as pessoas tinham coisas muito piores com que se preocupar nos anos 1950 do que com a aniquilação nuclear. Tinham de se preocupar com a pólio. Tinham de se preocupar em ficar por cima da carne-seca. Tinham de se preocupar com os que se

---

* Os testes nucleares chegaram a um ápice ruidoso em outubro de 1961, quando os soviéticos explodiram um artefato de cinqüenta megatons no Ártico, ao norte do país (cinqüenta megatons é o equivalente a 50 milhões de toneladas de TNT — mais de 3 mil vezes a força da explosão de Hiroshima em 1945, que matou, no final das contas, 200 mil pessoas). O número de armas nucleares, no auge da Guerra Fria, era de 65 mil. Hoje são cerca de 27 mil, todas de longe mais poderosas do que as soltas sobre o Japão em 1945, divididas entre, possivelmente, nove países. Mais de cinqüenta anos depois dos primeiros testes atômicos, Bikini permanece inabitável.

mudavam para a vizinhança. Tinham de se preocupar com óvnis. Acima de tudo, tinham de se preocupar com os adolescentes. Isso mesmo. Os adolescentes viraram o medo número 1 dos cidadãos americanos nos anos 1950.

É claro que sempre houve, desde tempos imemoriais, seres humanos semicrescidos, de má índole e detestáveis, mas, como fenômeno social, a adolescência era uma coisa novíssima (a palavra *adolescente* fora cunhada apenas em 1941). Quando os adolescentes passaram, então, a aparecer em cena, como mutantes num dos muitos e notáveis filmes de ficção científica da década, os adultos ficaram desconfortáveis. Adolescentes fumavam, desafiavam os adultos e se acariciavam nos bancos traseiros dos carros. Usavam termos desrespeitosos para com os mais velhos, tais como "tiozinho" e "velhinho". Davam sorrisinhos. Faziam infindáveis circuitos de carro em torno dos centros comerciais mais próximos. Chegavam a passar catorze horas por dia penteando o cabelo. Ouviam rock and roll, um tipo de música explosiva claramente planejada para botar os jovens no clima da fornicação e da maconha. "Sabemos que muitos disc-jóqueis são doidões", escreveram os autores do popular livro *EUA confidencial*, mostrando um orgulhoso domínio do jargão das ruas. "Muitos outros são comunas, esquerdistas ou contestadores das convenções sociais."

Filmes como *O selvagem, Juventude transviada, Sementes de violência, Ginásio confidencial, Onda de crime adolescente, Garota do reformatório* e (se me permitem um favorito pessoal) *Adolescentes do espaço sideral* davam impressão de que a juventude nacional estava por todos os cantos numa espécie de alvoroço sombrio e perturbado. O *Saturday Evening Post* chamou o crime juvenil de "vergonha da América". *Time* e *Newsweek* deram matérias de capa sobre os novos jovens vadios do país. Sob o comando de Estes Kefauver, o subcomitê do Senado para delinqüência juvenil abriu uma série de audiências emocionais a propósito da ascensão das gangues de rua e da má conduta correlata.

Mas, no duro, os jovens nunca tinham sido tão bonzinhos ou conservadores tão dedicados. Mais de metade deles, segundo J. Ronald Oakley, em *País de Deus: a América nos anos 50*, eram mostrados em pesquisas como crentes de que a masturbação era pecaminosa, de que as mulheres deveriam ficar em casa e de que a teoria da evolução não era digna de confiança — opiniões que muitos dos mais velhos teriam aplaudido com ardor. Os adolescentes também trabalhavam pesado e contribuíam significativamente para o bem-estar nacional com empregos no fim de semana e depois do horário escolar. Em 1955, o típico adolescente americano tinha tanta renda disponível quanto a família média de quatro pessoas tivera quinze anos antes. Em conjunto, valiam 10 bilhões de dólares por ano para o balancete nacional. Portanto, os adolescentes não eram maus sob nenhum prisma. Ainda assim é verdade, quando se olha para eles hoje, que sem dúvida deveriam ter sido eliminados.

Só uma coisa chegava perto de se equiparar ao medo em relação aos adolescentes nos anos 1950, e isso, é claro, era o comunismo. A preocupação com o comunismo era um assunto exaustivo nos anos 1950. O perigo vermelho espreitava em todo canto — livros e revistas, setores do governo, ensinamentos escolares, todo lugar de trabalho. A indústria cinematográfica era especialmente suspeita.

"Grandes quantidades de filmes saídos de Hollywood trazem a linha comunista", gravemente entoou em 1947 o deputado J. Parnell Thomas, de Nova Jersey, presidente do Comitê de Atividades Não Americanas (HUAC) da casa, diante de meneios aprovadores, embora, na verdade, ninguém pudesse realmente pensar em qualquer filme de Hollywood que parecesse simpático, mesmo um pouquinho, ao pensamento marxista. Parnell nunca especificou quais filmes tinha em mente, só que aí não teve muita oportunidade de fazê-lo, pois logo depois foi acusado de desfalcar uma boa grana do governo na forma de salários para empregados-fantasma. Foi condenado a dezoito meses numa prisão em Connecticut, onde teve o inesperado prazer de ficar junto com duas das pessoas, Lester Cole e Ring Lardner Junior, que seu comitê trancara por se recusarem a testemunhar.

Insuperável, Walt Disney alegou, em testemunho ao HUAC, que a associação dos cartunistas em Hollywood — dirigida por vermelhos comunistas e seus companheiros de viagem, relatou — tentara tomar seu estúdio durante uma greve em 1941, com a intenção de fazer de Mickey Mouse um comunista. Nunca forneceu nenhuma prova, embora tivesse de fato identificado um de seus ex-funcionários como comunista porque ele não ia à igreja e certa época estudara arte em Moscou.

Era um período especialmente maravilhoso para ser um imbecil espaventoso. Billy James Hargis, um evangelista roliço da pesada de Sapulpa, Oklahoma, alertou a nação, em suarentos sermões semanais, que comunistas haviam se insinuado, e de fato tomado, o Banco Central, o Ministério da Educação, o Conselho Nacional de Igrejas e quase todas as demais organizações de porte nacional que se pudessem nomear. Seus pronunciamentos eram transmitidos por quinhentas estações de rádio e 250 de televisão, e atraíam um imenso cortejo, assim como seus muitos livros, cujos títulos eram do tipo *Comunismo: a mentira rematada* e *Será a escola o lugar correto para ensinar sexo nu e cru?*

Embora não tivesse qualificação nenhuma (fora eliminado por reprovação da Faculdade da Bíblia de Ozark, uma rara distinção, supõe-se), Hargis fundou diversos estabelecimentos educacionais, inclusive a Universidade Jovem da Cruzada Cristã Anticomunista (eu adoraria ter ouvido o hino escolar). Quando perguntado o que se ensinava nas suas escolas, respondeu: "Anticomunismo, anti-socialismo, anti-Estado de bem-estar social, anti-Rússia, anti-China, uma interpretação literal da Bíblia e dos direitos dos estados". Hargis no fim das contas foi por água abaixo quando veio à tona que fizera sexo com vários de seus estudantes, homens e mulheres, durante momentos de fervor divino. Um casal, segundo o *The Economist*, fez a mútua descoberta quando, ambos ruborizados, confessaram o delito na noite de núpcias.

No auge do Pavor Vermelho, 32 dos 48 estados tinham juramentos de lealdade de um tipo ou outro. Em Nova York, observa Oakley, era necessário fazer um juramento de lealdade para receber uma licença de pescaria. Em Indiana, juramentos de lealdade eram ministrados a lutadores profissionais. O Ato de Controle Comunista de 1954 tornou violação federal a comunicação de pensamentos comunistas por quaisquer meios, incluindo semáforos. Connecticut tornou ilegal a crítica ao governo, ou a difamação do exército ou da bandeira americana. No Texas podia-se mandar alguém a vinte anos de prisão por ser comunista. Em Birmingham, Alabama, era ilegal apenas ser visto conversando com um comunista.

O HUAC lançou milhões de panfletos intitulados "Cem coisas que você deve saber sobre o comunismo", detalhando o que investigar no comportamento dos vizinhos, amigos e família. Billy Graham, o estimado evangelista, declarou que mais de mil organizações americanas de aparência decente eram na verdade fachadas para iniciativas comunistas. Rudolph Flesch, autor do best-seller *Por que Johnny não sabe ler*, insistia que o fracasso no ensino de fonética nas escolas estava minando a democracia e pavimentando o caminho para o comunismo. Westbrook Pegler, um colunista sindicalizado, sugeriu que qualquer um que se descobrisse ter sido comunista em algum momento da vida deveria simplesmente ser morto. A suscetibilidade era tamanha, segundo David Halberstam, que quando a General Motors contratou um desenhista de automóveis chamado Zora Arkus-Duntov, o descreveu em releases, numa ficção completa, como sendo de "origem belga".

Ninguém explorou o medo com melhores resultados que Joseph R. McCarthy, senador republicano de Wisconsin. Em 1950, discursando em Wheeling, West Virginia, alegou ter no bolso uma lista de 205 comunistas trabalhando no Departamento de Estado. No dia seguinte, alegou ter outra lista com 57 nomes. Pelos quatro anos seguintes, McCarthy brandiu muitas listas, cada uma pretendendo mostrar um número diferente de ativistas comunistas. No decorrer de suas divagações espirituosas, ajudou a arruinar muitas vidas sem jamais aparecer com sequer uma das listas prometidas. Não aparecer com as provas estava se tornando uma espécie de moda.

Outros trouxeram à baila preconceitos adicionais. John Rankin, um deputado sênior do Mississippi, sabiamente observou: "Lembrem-se, o comunismo é iídiche. Estou a par de que cada membro do Politburo em torno de Stálin ou é iídiche ou é casado com um, e isso inclui o próprio Stálin". Comparados com tais homens, McCarthy parecia quase moderado e bastante são.

Tamanha era a histeria que, na verdade, não era preciso fazer algo errado para se meter em confusão. Em 1950, três ex-agentes do FBI publicaram um livro chamado *Canais vermelhos: o relatório da influência comunista no rádio e na televisão*, acusando 151 celebridades — entre elas Leonard Bernstein, Lee J. Cobb, Burgess Meredith, Orson Welles, Edward G. Robinson e a stripper Gypsy Rose Lee — de vários atos sediciosos. Entre os chocantes delitos de que os artistas eram acusados estava pronunciar-se contra a intolerância religiosa, opor-se ao fascismo e apoiar a paz mundial e as Nações Unidas. Nenhum tinha conexão alguma com o partido comunista ou demonstrara simpatias comunistas. Mesmo assim, muitos não conseguiram achar trabalho por anos a fio, a menos (como Edward G. Robinson) que concordassem em aparecer perante o HUAC como testemunha "amigável" e desse nomes.

Fazer qualquer coisa para ajudar comunistas se tornou ilegal na essência. Em 1951, o dr. Ernest Chain, um bretão naturalizado que ganhara um prêmio Nobel seis anos antes por ajudar a desenvolver a penicilina, foi impedido de entrar nos Estados Unidos porque, pouco tempo antes, viajara à Tchecoslováquia sob os auspícios da Organização Mundial de Saúde para ajudar a montar uma fábrica de penicilina. Ajuda humanitária só era permissível, assim parecia, enquanto os que fossem salvos acreditassem em mercados livres. Americanos também se viam impedidos de viajar. Linus Pauling, que ganharia dois prêmios Nobel, foi detido no aeroporto de Idlewild, em Nova York, enquanto embarcava para a Grã-Bretanha, onde seria homenageado pela Royal Society, e teve o passaporte confiscado sob alegação de que uma ou duas vezes expressara publicamente um pensamento liberal.

Era ainda pior para os que não eram americanos de nascença. Após tomar conhecimento de que um cidadão de origem finlandesa chamado William Heikkilin filiara-se brevemente, na juventude, ao partido comunista, os funcionários do Serviço de Imigração o rastrearam até São Francisco, prenderam-no no caminho do trabalho para casa e despacharam-no num avião destinado à Europa, sem nada além de um dólar trocado e as roupas do corpo. Apenas quando seu avião aterrissou, no dia seguinte, os oficiais informaram à esposa fora de si que o marido fora deportado. Recusaram-se a lhe dizer para onde o haviam mandado.

No momento talvez mais surreal de todos, Arthur Miller, o dramaturgo, enquanto encarava a censura do Congresso e a possibilidade de prisão por se recusar a trair os amigos e associados do teatro, soube que as acusações contra ele seriam retiradas se permitisse que o presidente do HUAC, Francis E. Walter, fosse fotografado com sua esposa famosa e apetitosa, Marilyn Monroe. Miller recusou.

Em 1954, McCarthy finalmente se aniquilou. Ele acusou de traição o general George Marshall, o homem por trás do Plano Marshall e uma pessoa de retidão inquestionável, acusação cujo ridículo foi logo demonstrado. Então foi para cima de todo o exército dos Estados Unidos, ameaçando expor montes de quadros subversivos no Estado-Maior, os quais, segundo ele, o exército, com conhecimento de causa, abrigava em suas fileiras. Numa série de audiências televisivas que duraram 36 dias na primavera de 1954, conhecidas como as audiências Exército-McCarthy, ele se mostrou um bufão intimidador e vociferante de primeiro time, sem um fiapo de prova contra ninguém — embora na verdade sempre tivesse aparentado isso. É que levou esse tempão para a maioria do país perceber.

Mais tarde, naquele ano, McCarthy foi severamente censurado pelo Senado — uma humilhação marcante. Morreu três anos depois em desgraça. Mas fato é que, tivesse sido um bocadinho mais esperto ou mais agradável, bem que poderia ter se tornado presidente. Em todo caso, a derrocada de McCarthy não enfraqueceu o ataque ao comunismo. No tardio 1959, o escritório nova-iorquino do FBI ainda tinha quatrocentos agentes trabalhando em tempo integral no esquadrinhamento de comunistas na vida americana, segundo Kenneth O'Reilly em *Hoover e os não-americanos*.

Graças a nossa desbragada preocupação com o comunismo, em casa e no exterior, os Estados Unidos se tornaram a primeira nação da história moderna a construir uma economia de guerra em tempos de paz. Gastos com a defesa nos anos 1950 oscilaram entre 40 bilhões e 53 bilhões por ano — mais do que os gastos *totais* do governo em qualquer coisa no cair da década. No todo, os EUA botariam 350 bilhões na defesa durante os oito anos da presidência de Eisenhower. Mais ainda, 90% de nossa ajuda estrangeira era para despesas militares. Não queríamos apenas nos armar; queríamos garantir que todo mundo fosse armado também.

Em geral, tudo o que era necessário para granjear a inimizade da América e cair de cara em um problemão era atrapalhar nossos interesses econômicos. Nos anos 1950, a Guatemala elegeu um governo reformista — "o mais democrático que a Guatemala já teve", segundo o historiador Howard Zinn — capitaneado por Jacobo Arbenz, um proprietário de terras culto e de boas intenções. A eleição de Arbenz foi um golpe para a companhia americana United Fruit, que dirigia a Guatemala como um feudo privado desde o século XIX. A companhia possuía quase tudo de importante no país — portos, ferrovias, redes de comunicação, bancos, lojas e cerca de 220 mil hectares de terras —, pagava poucos impostos e podia confiar no apoio de uma seqüência de ditadores repressores.

Cerca de 85% das terras da United Fruit estavam mais ou menos permanentemente ociosas. Isso mantinha altos os preços das frutas e pobres os guatemaltecos. Arbenz, que era filho de imigrantes suíços e um tanto idealista, considerou isso injusto e decidiu refazer o país em linhas mais democráticas. Estabeleceu eleições livres, acabou com a discriminação racial, encorajou uma imprensa livre, introduziu a semana de quarenta horas, legalizou os sindicatos e acabou com a corrupção no governo.

Desnecessário dizer que a maioria do povo o amava. Numa tentativa de reduzir a pobreza, delineou um plano para nacionalizar, a preço justo, muito da terra ociosa — inclusive 690 hectares de sua propriedade — e para redistribuí-la na forma de pequenas propriedades a 100 mil camponeses sem terra. Para esse propósito, o governo de Arbenz expropriou 162 mil hectares de terra da United Fruit e ofereceu como compensação a soma que a companhia alegava que a terra valia para fins de imposto: 1,185 milhão de dólares.

A United Fruit decidiu então que a terra na verdade valia 16 milhões — quantia que o governo da Guatemala não podia bancar. Quando Arbenz recusou a exigência da United Fruit por um nível mais alto de compensação, a companhia reclamou com o governo dos Estados Unidos, que respondeu subscrevendo um golpe.

Arbenz fugiu da terra natal em 1954, e um novo líder, mais complacente, chamado Carlos Castillo, foi instalado. Para ajudá-lo em sua tarefa, a CIA lhe deu uma lista de 70 mil "indivíduos questionáveis" — professores, médicos, funcionários do governo, sindicalistas, padres — que haviam apoiado as reformas na crença de que a democracia na Guatemala era algo bom. Milhares deles nunca mais foram vistos.

E, com esse lembrete edificante, voltemos ao Mundo Infantil, onde os habitantes podem ser pequenos e, com freqüência, estúpidos até não poder mais, mas ao menos são relativamente civilizados.

8. Dias escolares

Em Pasadena, Califórnia, o estudante Edward Mulrooney foi preso após jogar uma bomba na casa de seu professor de psicologia e deixar um bilhete dizendo: "Se você não quer a casa bombardeada ou as janelas cheias de bala, dê notas justas e ponha as tarefas no quadro — ou isso é pedir demais?".

Revista *Time*, 16 de abril de 1956

Greenwood, minha escola primária, era um prédio antigo e maravilhoso, enorme para uma criancinha, como um castelo feito de tijolos. Construído em 1901, ficava fora da avenida Grand, na extremidade de uma rua com casas excepcionalmente vastas e elegantes. Toda a vizinhança recendia, suculenta, a dinheiro velho.

Ingressar na Greenwood pela primeira vez foi o acontecimento mais assustador e empolgante dos primeiros cinco anos da minha vida. As portas frontais pareciam umas vinte vezes mais altas que as portas normais, e tudo dentro era construído em similar escala imponente, inclusive os professores. Tudo nela intimidava e emocionava ao mesmo tempo.

Creio que era a escola primária mais bonita que já vi. Quase tudo — as fontes de cerâmica bacanas, os corredores refinados, os vestiários e seus cabides antigos e ordeiramente espaçados, os aquecedores gigantes e estrepitosos, com seus intrincados ornamentos em relevo, como veias de ferro, os guarda-louças com frente de vidro, tudo — tinha um agradável rangido de venerabilidade sólida, classuda e funcional. Era um prédio feito por artesãos em uma época em que a qualidade era importante, e gerações de dedicado ensino infantil inundavam o ar. Se eu não tivesse tido de passar tanto tempo pulverizando professores, teria adorado o lugar.

    Ainda assim eu era muito afeiçoado ao prédio. Uma das glórias da vida naquele antigo mundo perdido dos meados do século XX era que os ambientes projetados para as crianças eram, com freqüência, versões menores das coisas do mundo adulto. Você não imagina o quão mais esplêndidas elas ficavam desse jeito. Nosso campo de beisebol infantil, por exemplo, era um estádio real, com tribunas, banquinha de vendas e setor de imprensa, e autênticos vestiários de subsolo, que eram, como pede o nome, parcialmente subterrâneos (deixe pra lá o fato de que se enchiam de poças toda vez que chovia e que os jogadores mais baixinhos não podiam ver sobre a amurada e, portanto, tendiam a vibrar nas horas erradas). Quando você subia aqueles três degraus cediços e corria campo adentro, podia imaginar seriamente que estava no Yankee Stadium. Uma infra-estrutura superior proporciona fantasias mais alentadas, acredite. Greenwood continha isso tudo de montão.

    Tinha, por exemplo, um auditório que era como um teatro verdadeiro, com um palco com cortinas e holofotes, além de camarins nos fundos. Então, por piores que fossem as produções da escola — e as nossas eram sempre extremamente ruins, em parte porque não tínhamos talento, em parte porque a dona De Voto, a professora de música, era meio velhusca e com freqüência cochilava no piano —, a gente se sentia parte de um empreendimento profissional bem articulado (mesmo quando você ficava lá sustentando uma nota comprida, esperando o queixo da dona De Voto encostar no teclado, um acontecimento que sempre a catapultava de volta à ação, com entusiasmo de dar gosto, exatamente no mesmo ponto em que saíra um minuto ou dois antes).

Greenwood tinha também o melhor ginásio do mundo. Ficava no andar de cima, nos fundos da escola, o que lhe conferia um ar agradavelmente inesperado. Quando você abria a porta, esperava encontrar uma sala de aula comum e, no lugar, havia — ei! uau! — uma gigantesca abóbada cúbica de madeira polida. Era um espaço para ser desfrutado: tinha janelas de catedral, um teto que bola nenhuma alcançava, alqueires de madeira envernizada esmaecida num brilho cor de mel por décadas de tênis guinchantes e por suaves gotas de suor infantil, e o fino da acústica, que fazia cada bola rebatida soar habilmente manuseada, além de atlética pacas. Quando o tempo estava bom e éramos levados para jogar lá fora, o caminho para o pátio nos conduzia por uma saída de incêndio bamba feita de metal. Aflitiva, mas grandiosa. A vista do topo abarcava quilômetros de telhados e de campo ensolarado, chegando quase ao Missouri, ou assim parecia.

Contudo, em geral jogávamos em ambientes fechados, pois quase sempre lá fora era inverno. Claro que os invernos naqueles dias, como em todos os invernos da infância, eram muito mais longos, nevados e gelados do que hoje. Costumávamos ter até três metros de neve de uma só vez — raro ter menos, na verdade — e semanas de um clima ártico tão áspero que dava para mijar pingentes de gelo.

Em conseqüência, costumavam manter a escola aquecida mais ou menos na temperatura do interior de um forno de olaria, de modo que os pupilos e professores subsistiam em estado de torpor permanente e inapelável. Mas, ao mesmo tempo, o calorzinho aconchegante do recinto tornava tudo deliciosamente animado e confortável. Até o bolinho diário nas calças do Montinho Kowalski tinha cheirinho de assado e era, por estranho que pareça, meio adorável (durante seis meses no ano as calças dele chegavam a fumegar). Por outro lado, os aquecedores ficavam tão quentes que se você por descuido apoiasse o cotovelo neles chegava a deixar nacos de carne presos. A atividade aquecedora mais infame era, é claro, mijar no aquecedor de um dos banheiros dos meninos. Isso criava um enorme fedor azedo que permeava alas inteiras da escola por dias a fio e não podia ser eliminado por nenhuma escovação ou ventilação. Por esse motivo, qualquer um pego mijando num aquecedor era sumariamente executado.

O dia escolar era na maior parte tomado com o tira-e-põe roupa. Um processo tedioso à exaustão. Levava um tantão da manhã para tirar a roupa de rua e um tantão da tarde para botar de novo, considerando que fosse possível encontrar algo em meio à pilha de peças amaçarocadas e misturadas que acarpetava o chão do vestiário com um metro de profundidade. A hora de se trocar era sempre uma cena de campo de refugiados, com no mínimo três meninos perambulando e chorando copiosamente porque tinham só uma bota ou nenhuma luvinha. Neca de professores nessas horas.

As botas naqueles tempos tinham umas fivelas estranhas e atrapalhadas que conseguiam espremer e lacerar ao mesmo tempo, produzindo alguns machucados realmente interessantes, ainda mais quando as mãos estavam dormentes pelo frio. Os fabricantes devem ter modelado as fivelas inspirados em navalhas. Letais como eram, você acabava deixando-as desafiveladas, o que dava um ar mais macho, mas isso também fazia entrar grandes volumes de neve. Portanto, passava-se muito do dia com meias empapadas, que aí ficavam três vezes maiores que os pés. Pelo fato de estarem constantemente úmidas e hipotérmicas, o nariz de todas as crianças escorria de outubro a abril e era tratado como uma espécie de remédio em conta-gotas.

A Greenwood não possuía lanchonete. Logo, todos tinham que ir para casa almoçar, o que signficava pôr e tirar a roupa quatro vezes em cada dia letivo — seis, se o professor fosse tolo o bastante para incluir um intervalo ao ar livre em algum momento.

Meu querido e obtuso amigo Buddy Doberman passou tanto tempo da vida trocando de roupa que freqüentemente se perdia e me perguntava se estávamos agora pondo ou tirando o chapéu. Ficava sempre agradecidíssimo pelo auxílio.

Entre os muitos milhares de coisas que as mães nunca entendem bem — a virilidade implícita em manchas de barro, a satisfação de um arroto supimpa ou de outras eructações gasosas, a necessidade de, vez por outra, soprar em canudos, assim como de sugá-los —, a vestimenta invernal sempre foi, talvez, a mais tragicamente patente. Todas as mães nos anos 1950 viviam num pavor de frentes frias se insinuando do Canadá e, portanto, insistiam que suas crianças vestissem quantidades enormes de roupas isolantes por no mínimo sete meses do ano. Isso ocorria quase sempre na forma de roupa de baixo — roupa de baixo de algodão, roupa de baixo de flanela, roupa de baixo comprida, roupa de baixo térmica, roupa de baixo acolchoada, roupa de baixo reforçada, roupa de baixo de costas acolchoadas, e possivelmente mais; havia *muita* roupa de baixo na América dos anos 1950 — para que não se pudesse, de jeito nenhum, perecer durante qualquer dos dez minutos por dia passados na rua.

O que elas deixavam de levar em consideração era que você ficava tão mumificado pela roupa extra que não tinha nenhuma flexão dos membros e, se caísse, nunca ia se levantar, a menos que alguém ajudasse, coisa com a qual não se podia contar. Roupa de baixo em camadas, ademais, tornava as idas ao banheiro um desafio aflitivo. Os fabricantes até colocavam uma abertura em diagonal em cada peça, mas estas nunca se encaixavam bem, e, enfim, se seu pênis é só do tamanho de uma bolota recém-germinada, seria pedir demais conseguir enfiá-lo através de sete ou oito camadas de roupa de baixo e ainda manter uma posição competente. Em toda visita ao banheiro, ouvia-se no mínimo um choro angustiado vindo de alguém que perdera o apoio em pleno fluxo e estava agora cavucando freneticamente atrás do apêndice perdido.

As mães também não percebiam que certas roupas em certos momentos da vida geravam uma sova. Se, por exemplo, você usasse calças de neve além dos seis anos, levava uma sova. Se usasse um chapéu com abas sobre as orelhas ou, pior, uma tira sob o queixo, a sova era certa ou, no mínimo dos mínimos, dois punhados de neve nas costas. A coisa mais tola, a mais bocó de todas, era usar galochas. Galochas não tinham estilo nem eficácia, e até o nome já soava idiota e incontornavelmente humilhante. Se sua mãe o fizesse usar galochas em qualquer momento do ano, era uma sentença de morte. Conheci garotos que não arrumaram parceiras para o baile de formatura do ginásio porque toda garota que convidavam se lembrava de que eles haviam usado galochas na terceira série.

Eu não era um aluno popular com os professores. Só a dona De Voto gostava de mim, e ela gostava de todas as crianças, em grande medida porque não sabia quem era quem. Escreveu: "Billy canta com entusiasmo" em todos os meus boletins, exceto uma ou duas vezes, quando escreveu: "Bobby canta com entusiasmo". Mas eu a desculpei por isso, pois ela era gentil, bem-intencionada e cheirava bem.

As outras professoras — todas mulheres, todas solteironas — eram grandonas, desagradáveis, desconfiadas, frustradas, ditatoriais e rudes. Tinham um cheiro peculiar, também — uma mistura de cânfora, balas mentoladas e a crença curiosa (que bem pode ter contribuído para sua solteirice) de que um generoso polvilhado de talco era tão bom como um banho. Algumas desses mulheres andaram se empoando por anos, e, pode acreditar, não funcionava.

Elas insistiam em saber coisas estranhas, o que me desorientava. Quando você pedia para ir ao banheiro, queriam saber se você planejava fazer o Número 1 ou o Número 2, curiosidade que não me parecia inteiramente saudável. Além do mais, esses termos não eram usados em nossa casa. Lá, ia-se ao peniquinho ou tinha-se uma EI (de evacuação intestinal), mas geralmente só se ia "ao banheiro" e não se davam declarações públicas relativas a planos. Portanto eu não tinha a mínima idéia, da primeira vez que pedi permissão para ir, do que a professora estava falando quando me perguntou se eu ia de Número 1 ou Número 2.

"Bem, não sei", respondi com franqueza e clareza. "Preciso fazer uma grande EI. Pode chegar até o três ou quatro."

Fui mandado para o vestiário por isso. Fui mandado bastante para o vestiário, com freqüência por motivos que não entendi inteiramente, mas nunca me importei pra valer. Era uma punição curiosa, no fim das contas, ser colocado num lugar onde se ficava sozinho com todos os lanchinhos e bens pessoais dos colegas, e onde ninguém podia ver o que você estava aprontando. Era também um ótimo momento para fazer umas leituras particulares.

Como acadêmico causei pouco impacto. Meu primeiríssimo boletim, do primeiro semestre da primeira série, tinha apenas um comentário do professor: "Billy fala baixo". Só isso. Nada sobre meu caráter ou conduta, meu jeitinho com fonética, meu sorriso cativante ou atitude segura, apenas um sucinto e enigmático "Billy fala baixo". Não dava nem para dizer se era uma queixa ou apenas uma observação. Depois do segundo semestre o boletim dizia: "Billy ainda fala baixo". Todos os meus demais boletins — todinhos, exceto o fiel registro que a dona De Voto fazia de minha entusiástica produção de ruídos — vinham em branco na seção de comentários. Era como se eu não estivesse lá. Na verdade, era comum que eu não estivesse.

O jardim-de-infância, minha experiência de estréia na Greenwood, funcionava apenas meio dia. A criança freqüentava ou o período da manhã ou o da tarde. Eu estava designado para o grupo da tarde, uma sorte, porque naquela época eu não acordava muito antes do meio-dia (éramos notívagos em casa). Uma das minhas primeiríssimas experiências de jardim-de-infância foi chegar à tarde, ávido por mandar brasa na pintura a dedo, e receber ordem de deitar um pouco num tapetinho para uma soneca. Descansar era algo que tínhamos de fazer muito nos anos 1950; acredito que era, de algum modo, ligado à crença de que isso impediria a pólio. Mas, como eu acabara de me levantar para ir à escola, parecia meio excêntrico deitar de novo. O ano seguinte foi ainda pior, porque éramos esperados às 8h45 da manhã, que não era uma hora que eu escolheria para estar ativo.

Meu melhor período era tarde da noite. Costumava assistir ao jornal das dez com Russ Van Dyke, o melhor repórter televisivo do mundo (melhor até que Walter Cronkite), e depois *Aventura submarina*, estrelando Lloyd Bridges (algum gênio na KRNT-TV decidiu que 10h30 da noite era uma boa hora para passar um programa assistido por crianças, no que estava correto), antes de me acomodar com uma pilha grandona de gibis. Era raro adormecer muito antes da meia-noite. Quando, então, minha mãe me chamava de manhã, eu em geral achava inconveniente levantar. Daí não ia à escola, se pudesse.

Provavelmente não teria ido mesmo, não fosse pelo papel mimeografado. De todas as perdas trágicas desde os anos 1950, o papel mimeografado talvez seja a maior. Com sua tinta azul-clara de fragrância arrebatadora e docemente aromática, o papel mimeografado era intoxicante de verdade. Duas respiradas profundas numa apostila recém-preparada em mimeógrafo e eu passava a ser o escravo voluntário do sistema educacional por até sete horas. Vá a qualquer casa onde se vende crack e pergunte às pessoas onde começaram seus problemas de dependência e irão lhe dizer, estou seguro, que foi com papel mimeografado na segunda série. Eu costumava quicar da cama na segunda de manhã porque esse era o dia em que apostilas de mimeógrafo quentinhas eram distribuídas. Eu as enrolava no rosto e pairava até um lugar privado, onde os campos eram verdes, todos andavam descalços e o suave gorjeio das flautas de Pã flutuava no ar. Mas, na maior parte do resto da semana, eu ou me desgarrava no meio da manhã, ou nem ia. Temo que os professores tenham levado isso para o lado pessoal.

Eles nunca iriam gostar de mim, em todo caso. Havia algo em mim — meus devaneios e esquecimentos inapeláveis, minha falta de fofura, minha permanente expressão-padrão de dubiedade sofrida — que os irritava. Eles não gostavam de criança nenhuma, é claro, em especial de menininhos, mas, dentre as crianças de que não gostavam, creio que me davam a primazia. Eu sempre fazia tudo errado. Esquecia de levar os formulários oficiais de volta na hora. Esquecia de levar biscoitos para as festinhas da sala e cartões de Natal e de Dia dos Namorados nas datas apropriadas. Sempre aparecia de mãos abanando para o mostre-e-conte. Lembro de certa vez, no jardim-da-infância, numa espécie de desespero, ter apenas mostrado os dedos.

Se fôssemos numa excursão da escola, eu nunca lembrava de trazer permissão de casa, mesmo tendo sido avisado diariamente por semanas. Então, no dia da viagem, todo mundo tinha de ficar um período interminável sentado de mau humor no ônibus enquanto a secretária do diretor tentava rastrear minha mãe para conseguir seu consentimento por telefone. Mas minha mãe sempre tinha saído para o cafezinho. Toda a porra do departamento feminino estava sempre fora para o cafezinho. Se não tivessem saído para o cafezinho, tinham saído para o almoço. É um milagre que conseguissem publicar uma seção, francamente. A secretária por fim me olhava com um sorriso triste e tínhamos de encarar o fato de que eu não iria.

Então o ônibus partia sem mim e eu passava o resto do dia na biblioteca da escola, com o que eu não me importava nem um pouco. Não é que estivesse perdendo uma viagem ao Grand Canyon ou ao cabo Canaveral. Isso era Des Moines. Só havia dois lugares aonde iam as excursões de escola em Des Moines — a fábrica da Wonder Bread, na Segunda Avenida com a University, onde você podia observar produtos fresquinhos viajando em esteiras ao redor de um quarto enorme, sob a supervisão fraquinha de sujeitos morosos usando chapéus de papel (e era perdoável pensar que o propósito das visitas escolares era dar aos morosos algo para encarar), e o museu da Sociedade Histórica do Estado de Iowa, o prédio mais silencioso e monótono do mundo, onde você descobria que não muita coisa acontecera em Iowa: nada mesmo, excluídas as eras do gelo.

Uma humilhação mais corriqueira era esquecer de trazer dinheiro para selos de poupança. Selos de poupança eram como títulos de poupança, mas comprados um pouquinho de cada vez. Você dava à professora vinte ou trinta centavos (dois dólares se o pai fosse advogado, cirurgião ou ortodontista) e ela dava um número proporcional de selos de cara patriótica — um para cada dez centavos —, que levavam um cuspezinho e eram postos em quadrados do tamanho de selos num livro de selos de poupança. Quando se enchia um livro, tinha-se dez dólares em economias, e a América estava, na mesma medida, mais próxima de cuspir no comunismo. Ainda hoje consigo ver os selos: eram de um vermelho rosado, com o retrato de um miliciano de chapéu de três bicos, mosquete e cara decidida. Era dever patriótico sagrado comprar selos de poupança.

Um dia a cada semana — hoje eu não poderia dizer qual; não poderia dizer qual nem na época — a srta. Rabugice, ou a srta.

Lesbos, ou a srta. Curta e Grossa anunciavam que era hora de coletar dinheiro para os Selos de Poupança dos EUA, e toda criança na sala de aula exceto eu de imediato metia a mão na mesinha ou na mochila e tirava um envelope branco contendo dinheiro e formava uma fila na mesa da professora. Para mim era um milagre semanal todos esses outros alunos *saberem* qual o dia em que deveriam trazer dinheiro e daí *lembrarem* mesmo de trazê-lo. Isso era no mínimo um grau acima da esperteza plausível para um Bryson.

Certo ano eu tive quatro selos no meu livro (dois colados de cabeça para baixo); em todos os outros, tive zero. Eu e minha mãe não nos lembráramos uma vez sequer. Todos os garotos Butter tinham mais selos do que eu. A cada ano a professora exibia meu livro pateticamente desolador como exemplo para todos os outros alunos de como não apoiar o seu país, e todos riam — esse zurro peculiar que só existe quando as crianças são convidadas pelos adultos a se divertirem à custa de outra criança. É a risada mais cruel do mundo.

Apesar desses sofrimentos auto-infligidos, aproveitei bastante a escola, em especial a leitura. Ensinavam-nos a ler com livrinhos de Dick e Jane, sólidos volumes de capa dura encadernados em robusto tecido vermelho ou azul. Tinham frases curtas com letra grande e montes de aquarelas bonitas mostrando uma família feliz, próspera, boa-pinta, obediente, mas interessantemente estranha. Nos livros de Dick e Jane, o Pai sempre se chama Pai, nunca papai ou paizinho, e sempre veste terno, até para o almoço de domingo — inclusive para dirigir até a fazenda do Avô e da Avó para uma visita de fim de semana. A Mãe é sempre Mãe. Está sempre no comando das coisas, sempre arrumadinha num limpo avental de babados. A família não tem sobrenome.

Mora numa casa simpática, com cerca de madeira, numa rua agradável, mas não tem rádio nem tevê, e o banheiro não tem privada (então não há problema em se decidir entre o Número 1 e o Número 2 na casa *deles*). Os filhos — Dick, Jane e a pequena Sally — têm apenas os brinquedos mais simples e eternos: bola, carrinho, pipa, barquinho de madeira.

Ninguém nunca berra, sangra ou chora copiosamente. Refeições não queimam, bebidas não derramam (nem intoxicam). O pó não se acumula. O sol sempre brilha. O cachorro nunca caga no gramado. Não há bombas atômicas, garotos Butter, cigarras-matadoras. Todos estão sempre limpos, saudáveis, fortes, confiáveis, trabalhadores, americanos e brancos.

Cada história de Dick e Jane fornecia alguma lição simples, porém importante — respeite seus pais, divida seus bens, seja polido, seja honesto, seja prestativo e, acima de tudo, trabalhe duro. Trabalho, segundo o *Crescendo com Dick e Jane*, foi a 18ª palavra nova que aprendemos. Surpreende-me que eles tenham demorado tanto. Trabalhar era o que se fazia no nosso mundo.

Eu ficava encantado com a família de Dick e Jane. Era tão diferente da minha, dum jeito maravilhoso e fascinante. Lembro-me em particular de uma ilustração na qual todos os membros da família de Dick e Jane, por diversão, ficam numa perna só, mantêm a outra esticada e tentam agarrar um dedo do pé estendido sem perder o equilíbrio e cair. Se divertem às maravilhas fazendo isso. Eu olhava e olhava essa imagem e percebia que não havia circunstância, mesmo sob a mira de um revólver, em que se pudesse botar todos os membros da minha família para tentar fazer isso juntos.

Como nossos livros de Dick e Jane em Greenwood eram de dez ou quinze anos atrás, descreviam um mundo já antigo. Os carros eram ultrapassados, os ônibus, idem. As lojas que as famílias freqüentavam eram de um tipo já inexistente — lojas de animais com cachorrinhos na janela, lojas de brinquedo com brinquedos de madeira, mercearias em que os produtos eram trazidos por um homem alegre de avental branco. Eu achava isso tudo encantador. Não havia sujeira nem dor no mundo deles. Qualquer um podia ir ao galinheiro da Avó pegar ovos e não engulhar com o fedor ou ficar furiosamente colado a uma maçaroca de merda de galinha. Era um mundo maravilhoso, um mundo perfeito, amigável, higiênico, seguro, melhor do que o real. Só havia uma coisa esquisitíssima nos livros de Dick e Jane. Quando qualquer dos personagens falava, não soava humano.

"Estamos na fazenda", diz o Pai, numa passagem típica, enquanto pula do carro (vestido, não por acaso, com um terno marrom), então acrescenta, meio robótico: "Olá, Avó. Estamos na fazenda".

"Olá", responde a Avó. "Veja quem está aqui. É a minha família. Veja, veja! Aqui está minha família."

"Ó, veja! Estamos na fazenda", acrescenta Dick, igualmente espantado em se achar num cenário rural habitado por entes queridos. Também ele parece ter uma espécie de disco quebrado mental. "Estamos na fazenda", continua ele. "Aqui está o Avô também! Estamos na fazenda."

Era assim em cada página. Todo personagem falava tal e qual gente de cérebro removido. Isso me perturbou por um bom tempo. Uma das grandes influências na minha vida nesse período foi o filme *Invasão dos ladrões de corpos*, que eu achava tão convincentemente apavorante que aceitava mais ou menos como real, e por cerca de três anos observei meus pais de muito perto em busca de sinais denunciadores de que haviam sido dominados por formas de vida alienígenas, antes que eu finalmente percebesse que seria impossível dizer se de fato tinham sido; que a primeira pista de que estavam virando extraterrestres seria eles se tornarem mais normais — e eu fiquei muito tempo imaginando se a família de Dick e Jane (quer dizer, pois eu não era completamente estúpido, os criadores da família de Dick e Jane) fora raptada e agora estava tentando nos atrair para nos tornarmos extraterrestres. Isso fazia sentido para mim.

Eu gostava tanto dos livros de Dick e Jane que os levava para casa e ficava com eles (havia estantes de exemplares extras no vestiário). Ainda os tenho e ainda dou uma olhada de tempos em tempos. E ainda procuro uma família que, unida, tentará tocar nos dedos do pé.

Uma vez que eu tinha os livros de Dick e Jane em casa e podia lê-los a meu bel-prazer, com uma tigela de sorvete ou com umas vistas d'olhos na televisão, não via muita necessidade de ir à escola. Então não ia muito. Na altura da segunda série era useiro e vezeiro em rejeitar as súplicas maternas diárias para levantar. Ela se exasperava a ponto de dar dois suspirões e uns cacarejos atônitos — o mais perto da fúria que já chegou —, mas percebi logo que se eu ficasse completamente flácido e indiferente e assumisse uma postura largada, me mexendo só de quando em quando para balbuciar que realmente estava me sentindo bem mal e precisava descansar, ela por fim desistiria e iria embora dizendo: "Seu pai ficaria *furioso* se estivesse aqui agora".

Mas o negócio é que ele não estava. Estava em Iowa City, ou Columbus, ou São Francisco, ou Sarasota. Estava sempre em algum lugar. Em conseqüência, só tomava conhecimento dessas questões duas vezes por ano, quando recebia meu boletim para inspecionar e assinar. Essas sempre viravam ocasiões em que minha mãe ficava nos mesmos maus lençóis que eu.

"Como ele pode ter vinte e seis quartos de ausência em um semestre?", ele dizia, num assombro sofrido. "E como, aliás, se consegue um quarto de ausência?" Olhava para minha mãe com mais assombro sofrido. "Você manda só umas partes dele para a escola às vezes? Guarda as pernas dele em casa?"

Minha mãe fazia uns barulhinhos aflitos que não chegavam a constituir uma fala.

"Não consigo entender", continuava meu pai, olhando para o boletim como se fosse uma conta por danos indevidos. "Já passou da brincadeirinha. Acho realmente que a única solução é uma academia militar."

Meu pai tinha atração estranha e profunda por academias militares. A idéia de punição permanente e sistematizada atraía certo lado negro de seu caráter. Grande número dessas instituições fazia propaganda no verso da *National Geographic* — por que ali, não sei —, e eu volta e meia encontrava essas páginas marcadas por ele. Os anúncios sempre mostravam um garoto preocupado em roupa militar cinza, um rifle no ombro, grande demais para ele, acima uma mensagem dizendo algo como:

Academia Militar do Campo Dureza
Ensinando garotos a matar desde 1867
Somos especializados em moldar o caráter e
em eliminar traços de viadagem.
Solicite detalhes na Caixa Postal 1,
Cu do Judas, Tennessee

Nunca dava em nada. Ele pedia um folheto — meu pai era danado para arrumar folhetos de todo tipo, e catálogos também, se fossem de graça — e descobria que as mensalidades davam para um esportivo Austin Healey ou uma viagem para a Europa, e abandonava esse papo, como alguém que larga uma travessa em brasa. Em todo caso, eu não estava convicto de que academias militares fossem muito ruins. A idéia de estar em um lugar onde rifles, baionetas e explosivos fossem o cerne do currículo tinha um apelo especial.

* * *

Uma vez por mês tínhamos um treinamento de defesa civil na escola. Uma sirene tocava — uma sirene especial, urgente, que indicava que aquilo não era um treinamento de incêndio ou um alerta de tempestade, e sim um ataque nuclear de agentes das forças negras do comunismo — e todo mundo se mandava das cadeiras e ia para baixo das mesas com as mãos dobradas sobre as cabeças, na posição de impacto para ataque nuclear. Devo ter faltado a algumas, pois, da primeira vez que ocorreu uma em minha presença, não tinha idéia do que estava rolando e me senti fascinado enquanto todos ao redor se largavam no chão e estacionavam feito carrinhos sob as mesas.

"Que é isso?", perguntei à bunda do Buddy Doberman, pois essa era a única parte dele ainda visível.

"Ataque de bomba atômica", fez a voz dele, levemente abafada. "Mas tudo bem. É só um treinamento, acho."

Lembro-me de ter ficado profundamente espantado de que todos supusessem que uma mesinha de madeira daria abrigo seguro no caso de uma bomba atômica ser lançada em Des Moines. Mas, era evidente, todos levavam a coisa a sério, pois até a professora, srta. Curta e Grossa, estava encaixada sob a mesa — ao menos o tanto que ela conseguia pôr lá embaixo, talvez uns 40%. Logo que vi que ninguém estava observando, optei por não participar. Já sabia como me meter embaixo de uma mesa e tinha confiança em que essa não seria uma habilidade que precisaria de revisão. Afinal, quais os riscos de que os soviéticos bombardeassem Des Moines? Ora, convenhamos.

Umas semanas depois ventilei esse assunto em conversa com meu pai enquanto jantávamos juntos no Jefferson Hotel em Iowa City, num de nossos fins de semana de viagem ocasionais, e ele respondeu com uma risadinha estranha que Omaha, a apenas treze quilômetros de Des Moines, era o quartel-general do Comando Aéreo Estratégico, de onde todas as operações americanas seriam geridas em caso de guerra. O CAE seria atingido por tudo o que os soviéticos conseguissem jogar, um bom tanto, óbvio. Nós em Des Moines estaríamos com o rabo cheio de resíduos dentro de noventa minutos, se o vento estivesse soprando para leste, contou meu pai. "Você estaria morto antes da hora de dormir", acrescentou, sabichão. "Estaríamos todos."

Não sei o que achei mais perturbador — que eu estivesse em grave risco, dum jeito que eu não tinha conhecimento, ou que meu pai achasse a perspectiva de nossa aniquilação tão divertida —, mas as duas coisas confirmavam minha convicção de que os exercícios nucleares não tinham sentido. A vida era muito curta e todos estaríamos mortos de qualquer jeito. O tempo seria mais bem gasto tocando, com desculpas porém com insistência, no peito em flor da Mary O'Leary. Em todo caso, parei de tomar parte nos exercícios.

Então talvez tenha sido uma infelicidade que, na manhã do meu terceiro ou quarto exercício, a sra. Peito Desumanamente Enorme, a diretora, acompanhada por um homem vestido com uniforme militar da Guarda Nacional de Iowa, fez uma inspeção na escola e me avistou sentado sozinho à minha mesa lendo um gibi de aventura, estrelando o Tocha Humana e aquela formosa gata da Dama Amianto, numa sala cheia de mesas abandonadas, e, de cada uma, brotando um par de pés para cima e um traseiro infantil.

Rapaz, eu estava em apuros. Na verdade, era pior que um simples apuro. Para começar, a srta. Curta e Grossa também estava em apuros por ter falhado em suas responsabilidades de supervisão, e então ficou profunda e irremediavelmente brava comigo, e ficaria para sempre.

Minha desgraça particular era quase incalculável. Eu envergonhara a escola. Eu envergonhara a diretora. Eu me degradara. Insultara a nação. Soberba para com a preparação nuclear era meio caminho para a traição. Eu não tinha mesmo salvação. Não só falava em voz baixa, faltava muito às aulas, deixava de comprar selos de poupança e volta e meia aparecia de calças cápri de menininha, mas claramente procedia de uma casa bolchevique. Passei mais ou menos o resto da minha carreira escolar primária no vestiário.

9. Homem trabalhando

Em Washington, DC, o pistoleiro John A. Kendrick atestou que lhe foram oferecidos 2500 dólares para assassinar Michael Lee, mas recusou o serviço porque "quando eu acabasse de pagar os impostos disso, o que me sobraria?".

Revista *Time*, 7 de janeiro de 1953

MARY McGUIRE

Typewriters rampant on field of editorship, deadlines and print . . . D club's own little sweetheart . . . tiny, crinkly-smiled . . . Mr. McGuire's gift to journalism.

Excluídos aqueles trabalhos em que as pessoas têm de examinar, tocar ou lidar de alguma forma com fezes ou vômito — trabalhadores de esgoto ou limpadores de comadres em hospitais, ou por aí —, ser um garoto vendedor de jornais vespertinos nos anos 1950 e 1960 era possivelmente o pior emprego da história. Para começar, você tinha de entregar os jornais da tarde seis dias por semana, de segunda a sábado, e então se levantar aos domingos antes do alvorecer e entregar também os jornais de domingo. Era assim para que os entregadores matinais habituais pudessem ter um dia de folga semanal. Por que eles mereciam um dia de descanso e nós não era uma questão que parece nunca ter ocorrido a ninguém, exceto aos garotos entregadores da tarde.

Enfim, ser um servo durante a semana inteirinha significava que você não podia fazer uma viagem rápida ou coisa divertida assim sem encontrar alguém para cumprir o roteiro em seu lugar, e isso dava infinitamente mais confusão do que valia a pena, porque o substituto em geral entregava nas casas erradas, se esquecia de aparecer ou apenas perdia o interesse a meio caminho e enfiava os últimos trinta jornais na caixona de correio dos EUA na esquina da rua 37 com St. John's Road, e você acabava lascado com os fregueses, o gerente de circulação do *Register* e da *Tribune* e as autoridades dos correios dos Estados Unidos — e tudo isso para que você pudesse ter seu primeiro dia livre em 160 dias. Não era nem um pouco justo.

Comecei como entregador aos onze anos. Você não tinha direito a um roteiro até os doze anos, mas meu pai, seco para me ver tomando rumo na vida e herniado antes da puberdade, mexeu uns pauzinhos no jornal e me adiantou um roteiro. O roteiro abarcava o bairro mais rico da cidade, em torno da escola Greenwood, um distrito guarnecido de mansões duma grandeza errante.* Isso tinha jeito de mamata, e assim me foi apresentado pelo gerente de roteiros, o sr. McTividade, homem de ética rasteira e cecê elevado, só que é óbvio que as mansões têm os estacionamentos mais compridos e os gramados mais extensos, então gastavam-se minutos inteiros — em alguns casos, muitos, muitos minutos inteiros — para entregar cada jornal. E os jornais vespertinos pesavam uma tonelada na época.

Além disso, eu era distraído. Naqueles dias, meu domínio do mundo real era na melhor das hipóteses ligeiro, mas a combinação de longas caminhadas, ar fresco e falta de distrações me deixava inapelavelmente vulnerável a qualquer fiapinho de fantasia ou de conjectura que resolvesse me levar. Eu podia, por

---

* E eram umas casonas. A casa conhecida como a Casa Wallace, uma enorme pilha de tijolos na esquina da rua 37 com a John Lynde Road, fora casa de Henry A. Wallace, vice-presidente de 1941 a 1945. Entre os muitos dignitários que dormiram lá, houve dois presidentes em exercício, Theodore Roosevelt e William Howard Taft, além do homem mais rico do mundo, John D. Rockefeller. Na época, eu a conhecia apenas como a casa de gente que dava umas gorjetinhas de Natal mixurucas.

exemplo, passar um tempinho pensando no Mundo Bizarro. O Mundo Bizarro era um planeta que aparecia em alguns números do gibi do Super-Homem. Os habitantes do Mundo Bizarro faziam tudo ao contrário — andavam para trás, dirigiam para trás, desligavam as televisões quando queriam vê-las e ligavam quando não queriam, furavam os sinais vermelhos mas paravam nos verdes, e por aí vai. O Mundo Bizarro me incomodava um horror porque era de uma inconsistência inviável. As pessoas na verdade não falavam ao contrário, mas conversavam em um inglês do tipo "mim não gosta dele", estilo homem das cavernas, o que não era a mesma coisa de modo algum. Enfim, viver ao contrário simplesmente não podia funcionar. No posto de gasolina eles teriam de tirar o combustível do carro ao invés de pôr, então como conseguiriam botar os carros para andar? Comer significaria sugar a caca pelo ânus, passá-la pelo corpo e ejetá-la em montinhos abocanháveis nos garfos e colheres. Não seria nem um pouco satisfatório.

Quando eu esgotava esse assunto, em geral dedicava uma boa fatia de tempo para questões de "se" — o que eu faria se pudesse ficar invisível (ir à casa da Mary O'Leary na hora do banho), ou se o tempo parasse e eu fosse a única coisa que se movesse na Terra (pegar um monte de dinheiro do banco e aí ir à casa da Mary O'Leary), ou se eu pudesse hipnotizar todos no mundo (idem), ou encontrasse uma lâmpada mágica e tivesse dois desejos (idem), ou na verdade qualquer coisa. Em última análise, todas as fantasias levavam a Mary O'Leary.

Então passava para os imponderáveis. Como podíamos ter certeza de que víamos todos as mesmas cores? Talvez o que eu veja como verde você veja como azul. Quem poderia dizer no duro? E quando os cientistas dizem que cães e gatos não enxergam as cores (ou enxergam — eu nunca conseguia lembrar o que era), como é que *sabem*? Que cachorro vai lhes dizer? Como os pássaros migradores sabem qual deve ser seguido? E se o pássaro da frente quiser apenas ficar sozinho? E quando se vêem duas formigas indo em direções opostas pararem para se conferirem mutuamente, que informações exatamente elas estão trocando? — "Ei, antenas jóias!", "Não entre em pânico, mas aquele garoto que está nos olhando tem fósforos e um isqueiro". E como sabem fazer o que quer que estejam fazendo? *Algo* lhes diz para sair e trazer de volta uma folha ou um grão de areia — mas quem, e como?

E então eu de repente percebia que não conseguia lembrar, na verdade não havia vivenciado conscientemente, nenhum dos últimos 47 terrenos visitados, e não sabia se deixara um jornal ou só andara até a porta, ficara um momento que nem um autômato rateando, dera meia-volta e de novo me afastara.

Não é fácil descrever a sensação de autodecepção que vem quando você chega ao final do roteiro e descobre que há dezesseis jornais não entregues na sacola e não tem a menor idéia — a mínima idéia — de para quem deveriam ter ido. Passei muito dos meus tempos pré-pubescentes primeiro fazendo um enorme roteiro de jornal, depois revisitando grandes porções dele. Às vezes duplamente.

Como se entregar jornais sete dias por semana não fosse suficiente, era preciso também recolher o dinheiro da assinatura. Então, no mínimo três tardes por semana, quando você bem que poderia estar largadão assistindo a *Combate* ou *A quinta dimensão*, tinha de dar as caras de novo e tentar jogar um papo para tirar um dinheirinho dos fregueses ingratos. Essa era de longe a pior parte. E a pior parte da pior parte era recolher da sra. Vandermeister.

A sra. Vandermeister tinha setecentos anos, talvez oitocentos, e estava presa o tempo todo a um andador de alumínio. Era encurvada, pequenininha, desmemoriada, de lentidão glacial, de futum interessante, praticamente surda. Emergia da casa uma vez por dia para dirigir até o supermercado num carro mais ou menos do tamanho de um porta-aviões. Levava duas horas para sair de casa e entrar no carro e depois outras duas para tirar o carro da garagem e seguir pela alameda. Em parte, isso ocorria porque a sra. Vandermeister nunca acertava a marcha que ela queria, em parte porque, quando manobrava, nunca se mexia para a frente ou para trás mais que meio centímetro por vez, e parecia só vagamente ciente da necessidade de girar a direção de vez em quando. Todos na alameda sabiam que era melhor não tentar ir a lugar algum entre as dez da manhã e o meio-dia, porque a sra. Vandermeister estaria tirando o carro.

Uma vez em estrada aberta, a fama da sra. Vandermeister se estendia por uma área bem mais ampla. Embora a viagem a Dahl's fosse só de um quilômetro, seu avanço criava cenas que remetiam às ruas de Pamplona quando os touros correm. Tanto motoristas quanto pedestres fugiam aterrorizados diante dela. E era, há que ser dito, uma visão aflitiva quando o carro da sra. Vandermeister vinha em sua direção pelas ruas. Para começo de conversa, parecia que não tinha motorista, tal era a pequenez extraordinária dela, e o carro ia mesmo como se não tivesse motorista, pois era raro estar por completo na rua, em particular quando esbarrava nas esquinas. Geralmente havia faíscas saindo do chassi decorrentes de algum objeto substancial — uma moto, uma lata de lixo, seu próprio andador — que ela coletara no percurso e agora levava aonde quer que fosse.

Tirar dinheiro da sra. Vandermeister era um pesadelo perene. A porta da frente tinha uma janelinha que deixava ver desde a entrada até a sala. Se você tocasse a campainha em intervalos de quinze segundos durante uma hora e dez minutos, ela finalmente perceberia que alguém estava na porta — "Mas que diacho é *isso*!", gritava para si mesma — e começava o processo, coisa de tarde inteira, de ir da cadeira até a porta da frente, a oito metros, batendo e empurrando o andador diante dela. Depois de uns vinte minutos, chegava à entrada e começava a aproximar-se da porta na velocidade do degelo. Às vezes esquecia aonde estava indo e começava a se desviar para a cozinha ou o banheiro, e aí você precisava tocar com fúria a campainha para colocá-la de volta no rumo. Quando finalmente chegava à porta, você precisava de meia hora extra para convencê-la de que não era um assassino.

"Sou o entregador, dona Vandermeister!", gritava pela vidracinha.

"Meu entregador é o Billy Bryson!", gritava ela de volta para a maçaneta.

"Eu *sou* Billy Bryson! Olhe para mim pela janela, dona Vandermeister! Olhe para cá! Você pode me ver se olhar para cá, dona Vandermeister!"

"Billy Bryson mora três casas para baixo!", gritava a sra. Vandermeister. "Você veio à casa errada! Não sei por que veio para cá!"

"Dona Vandermeister, estou arrecadando para o jornal! Você me deve três dólares e sessenta centavos!"

Quando finalmente era persuadida a entreabrir a porta, sempre ficava surpresa em encontrá-lo ali: "Ó Billy, você me deu um susto", dizia — e depois outra pequena eternidade enquanto ela saía, arrastando os pés, bamboleando e cantarolando o tema da canção de Alzheimer, para buscar a bolsa, mais meia hora enquanto voltava para perguntar de novo quanto era, outro desvio distraído para o banheiro ou a cozinha, e finalmente o anúncio de que não tinha tanto dinheiro assim e que eu teria de pedir novamente numa ocasião futura.

"Você não devia deixar passar tanto tempo", gritava ela. "Tem que ser um dólar e vinte a cada duas semanas. Diga ao Billy quando o encontrar."

Pelo menos a sra. Vandermeister tinha a desculpa de ser velha e demente. O que realmente era de enlouquecer era ser despachado por gente normal, em geral porque não se davam ao trabalho de desembolsar. Quanto mais ricas as pessoas, mais provável a despachada — sempre com um sorriso amarelo do tipo você-me-perdoa e um pedido de desculpa.

"Não, tudo bem, senhora. Estou muito feliz por ter caminhado dois quilômetros até aqui, através de um metro de neve na noite mais fria do ano e sair de mãos abanando porque você tem uns bolinhos na porra do forno e suas unhas estão secando. Sem problema!"

É claro que nunca disse nada assim, mas comecei a cobrar multas. Eu acrescentava cinqüenta ou sessenta centavos às contas de gente rica e lhes dizia que era porque o mês começara numa quarta e portanto havia meia semana extra para contar. Dava até para lhes mostrar, em seus calendários de cozinha, como havia uns diazinhos extras no início ou no fim do mês. Sempre funcionava, especialmente com homens, se eles tivessem tomado um ou dois coquetéis, e eles sempre tinham.

"Filho duma égua", diziam, meneando a cabeça, estupefatos, enquanto o dinheiro extra era embolsado.

"Sabe, talvez seu patrão não esteja lhe pagando a quantia certa todo mês", às vezes eu, cordato, acrescentava.

"É — ei, *é!*", diziam, e pareciam realmente inquietos.

O outro perigo com gente rica eram os cães. Gente pobre, pela minha experiência, tem cães brabos e sabe disso. Gente rica tem cães brabos e se recusa a assumir. Havia, além disso, milhares de cachorros naqueles dias, habitando todas as propriedades — cachorrões, cães rabugentos, cães idiotas, cachorrinhos mordiscadores irritantes, que você decididamente ansiava por transformar numa espécie de bola para embaixadinhas, cães que queriam cheirá-lo, cães que queriam sentar em você, cães que latiam para tudo que se mexia. E enfim havia o Dewey. Dewey era um labrador negro cujos donos eram uma família na Terrace Drive chamada Haldeman. Dewey era próximo do tamanho de um urso-negro, e me odiava. Com qualquer outro ser humano ele era apenas um pacotinho de meiguice babona. Mas Dewey queria me ver morto, por razões que se furtava a esclarecer e que eu acredito que nem ele soubesse. Ele apenas me declarou guerra. Os Haldeman rechaçavam às gargalhadas a idéia de que Dewey tivesse um pendor malévolo e serenamente ignoravam minhas sugestões no sentido de que ele devia ser mantido amarrado, como a lei na realidade exigia. Eles eram republicanos — republicanos do Nixon — e portanto não assinavam embaixo da noção de que as leis se aplicam a todos igualmente.

Eu odiava em particular as manhãs escuras de domingo, porque Dewey era preto e invisível, com exceção dos dentes, e era apenas eu e ele em um mundo adormecido. Dewey dormia onde quer que ele apagasse — às vezes na varanda da frente, às vezes na dos fundos, às vezes no velho canil da garagem, às vezes no caminho de pedra, mas sempre do lado de fora —, então ele sempre estava lá, e sempre a não mais que um milímetro de distância da vigília e do ataque. Eu levava séculos para me esgueirar, respiração presa, pela calçada da frente dos Haldeman e pelos cinco largos degraus de madeira rangedoura na varanda da frente, e muito, muito gentilmente colocar o jornal no capacho, sabedor de que, na hora do contato, ouviria, de algum lugar perto, porém não visível, um rosnado baixo, sombrio, ameaçador, que continuava até que eu me retirasse com respeitosos salamaleques. Vez por outra, com regularidade suficiente para me deixar sempre intimidado e assustado, Dewey dava um bote, latindo odioso, e eu tinha de me escafeder pelo quintal choramingando, mãos protegendo a bunda, pular na bicicleta e pedalar loucamente, colidindo em hidrantes e postes, e o mais das vezes sofrendo contusões muito piores do que se eu só tivesse deixado o Dewey me aprisionar e me roer um pouquinho.

Essa história toda era hedionda. Só pior do que sofrer um ataque era esperar pelo próximo. O único traço que redimia a vida com Dewey era a torrente de alívio quando tudo acabava, ao saber que não teria que encontrá-lo de novo por 24 horas. Aviadores voltando para casa depois de bombardeios perigosos reconhecerão a sensação.

Foi num estado de exultação similar, certa manhã fria e cintilante de março, que eu estava entregando um jornal numa casa a meio quarteirão, quando Dewey — subitamente com o dobro do tamanho normal e com ferocidade de fato injustificável — veio veloz para cima de mim, pelo lado da casa dos McManuse. Lembro de ter pensado, no microssegundo de reflexão disponível, que isso era muito injusto. Não era para ser assim. Essa era minha hora de júbilo.

Antes que eu pudesse concatenar uma reação, Dewey me mordeu forte na perna logo abaixo da nádega esquerda, me derrubando. Então me arrastou um pouco — lembro dos meus dedos raspando a grama — e depois de repente me soltou e deu um latido confuso, divertido, cachorral, e dirigiu-se para os arbustos de onde saíra. Irado e compreensivelmente desgrenhado, cambaleei para a rua até a iluminação mais próxima e baixei as calças para ver o estrago. Meu jeans estava rasgado, e na parte carnuda da coxa havia uma pequena perfuração e um sanguezinho. Na verdade não doía muito, mas no dia seguinte aflorou uma ferida maravilhosamente púrpura, que eu exibi na escola no banheiro dos meninos para muitos observadores apreciativos, incluindo o sr. Groober, o estranho e calado zelador da escola, que era quase certamente um fugitivo de *algum* lugar com muros altos e que antes nunca ficara assim extático a propósito de nada, e tive de ir ao médico depois da aula para tomar uma antitetânica, coisa que não apreciei muito, como se pode imaginar.

Apesar da prova do meu ferimento, os Haldeman se recusaram a crer que seu cachorro fora para cima de mim. "*Dewey?*", riram eles. "O Dewey não machucaria *ninguém*, querido. Ele não sairia do terreno no escuro. Ora, ele tem medo da própria sombra." E depois riram de novo. O cão que me atacara, me asseguraram, era algum *outro* cachorro.

Pouco mais de uma semana depois, Dewey atacou a mãe da sra. Haldeman, que estava de visita vinda da Califórnia. Jogou-a no chão e estava prestes a arrancar seu rosto do crânio, o que, com franqueza, teria dado uma ajuda infinita ao meu caso. Felizmente para ela, a sra. Haldeman saiu bem a tempo de salvar a mãe e perceber a chocante verdade sobre seu bichinho amado. Dewey foi levado num furgão e nunca mais foi visto. Acho que nada jamais me deu tanta satisfação. Nunca recebi desculpas. Contudo, eu costumava colar uma meleca secreta no jornal deles todo dia.

Pelo menos gente rica não se mudava sem avisar. Meu amigo Doug Willoughby tinha um roteiro de entregas na ponta mais ralé da avenida Grand, constituída na maioria de prédios residenciais com cheiro engraçado, cheios de malandros, reclusos e gente que conversava pelas paredes, nem sempre de maneira agradável. Todos os prédios dele eram tenebrosos e sem carpete, e todos os corredores tão compridos e mal iluminados que não se podia enxergar o final, e portanto não se sabia o que tinha lá. Era preciso força de vontade e coragem só para entrar neles. A toda hora Willoughby descobria que um freguês se mudara (ou fora levado algemado) sem lhe pagar, e Willoughby teria de compensar a diferença, pois era assim que funcionava. O *Register* nunca ficava desvalido; só o entregador. Willoughby certa vez me disse que, em sua melhor semana como entregador, tirava quatro dólares, e isso incluía as gorjetas natalinas.

Eu, por outro lado, estava prosperando firme, particularmente quando minhas multas eram computadas. Pouco antes do meu aniversário de doze anos eu pude pagar 102,12 dólares em dinheiro — uma quantia literalmente enorme; levou minutos inteiros para contá-la no caixa, pois estava, no grosso, em trocados — por uma televisão em preto-e-branco portátil da RCA com antena dobrável. Era um novo modelo elegante feito de plástico cinza-esbranquiçado, com os botões no alto — uma novidade empolgante — e, portanto, extremamente estilosa. Eu a carreguei para o quarto, liguei, e foi raro me ver de novo pela casa.

Eu jantava de bandeja no quarto toda noite e mal via meus pais depois disso, exceto em ocasiões especiais, como aniversários ou Ação de Graças. Nos esbarrávamos no corredor vez por outra, é claro, e ocasionalmente, em noites quentes de verão, eu me juntava a eles na varanda vedada para tomar um copo de chá gelado, mas no geral trilhávamos caminhos particulares. A partir desse ponto, então, nossa casa era mais como uma pensão — uma boa pensão, onde as pessoas convivem bem mas respeitam e prezam as privacidades alheias — do que uma casa de família.

Tudo isso me parecia normal à beça. Olhando em retrospecto, vejo que nunca fomos uma família superunida. Ao menos não no sentido convencional. Meus pais eram sempre amigáveis, até afetuosos, mas de um modo levemente vago e distraído. Minha mãe estava constantemente ocupada atracando-se com manchas no colarinho ou raspando batatas nos lados do fogão — sempre estava se atracando com alguma coisa — e meu pai ou estava fora cobrindo um evento esportivo para o jornal ou lendo no quarto. Muito de vez em quando iam ao cinema no Varsity Theater — volta e meia ele passava comédias de Peter Sellers, que eles adoravam sossegados — ou à biblioteca, mas no geral ficavam em casa alegremente ocupando quartos diferentes.

Toda noite, por volta das onze, ou um pouco depois, eu ouvia meu pai descendo a escada até a cozinha para fazer um lanchinho. Os lanchinhos do meu pai eram lendários. Levavam no mínimo trinta minutos para serem preparados e requeriam um arranjo de componentes dos mais específicos e metódicos — biscoitos de sal Ritz, um potão de mostarda, germe de trigo, rabanetes, dez biscoitos Hydrox, uma tigela enorme de sorvete de chocolate, várias fatias de carne do almoço, alface recém-lavada, Cheez Whiz, manteiga de amendoim, pé-de-moleque, um ou dois ovos cozidos, uma tigelinha de nozes, melancia (da estação), talvez uma banana —, tudo perfeitamente descascado, aparado, fatiado, picado, empilhado ou superposto de modo apropriado, arrumado de forma vistosa numa bandejona marrom e carregado para ser consumido durante horas. Nenhum desses lanches conteria menos que 12 mil calorias, 80% das quais em forma de colesterol e gorduras saturadas, e, no entanto, meu pai nunca engordou um grama.

Havia outra coisa notável na montagem de lanches do meu pai. Ele sempre estava de bunda de fora quando os preparava. Não que, digo logo, ele pensasse que botar a bunda de fora de algum modo proporcionasse um lanche melhor; é só que ele já estava de bunda de fora. Um de seus pequenos cacoetes era dormir nu da cintura para baixo. Acreditava que era mais confortável, e mais saudável, deixar a metade de baixo do corpo desobstruída à noite, então, na cama, usava somente uma camiseta sem mangas. E quando descia tarde da noite para engendrar um lanchinho, ia sempre assim vestido (ou desvestido). Só Deus sabe o que o sr. e a sra. Bukowski na casa ao lado devem ter pensado ao abrir as cortinas e ver do outro lado (como certamente devem ter visto) meu pai, bunda de fora, passeando pela cozinha, pegando louça no alto do armário e juntando as matérias-primas para seu festim noturno.

Seja qual for o assombro que possa ter causado na casa ao lado, nada disso tinha conseqüências em nossa casa, já que todos estavam ferrados no sono (no meu caso, deitado no escuro assistindo a tevê, quietão). Mas de uma feita aconteceu, por volta de 1963, de meu pai descer numa sexta à noite, quando minha irmã tinha visitas, sem que ele soubesse. Para ser mais específico, ela e suas boas amigas Nancy Ricotta e Wendy Spurgin estavam acampadas na sala com os namorados, assistindo a televisão no escuro e pincelando as vias respiratórias mútuas com a língua (ou assim sempre imaginei), quando se surpreenderam com uma luz vindo de cima pelo corredor, e com o som do meu pai descendo as escadas.

Como na maioria das casas americanas, a sala da nossa se comunicava com os quartos por meio de uma abertura sem porta, nesse caso um arco de uns dois metros de largura, o que significava que não oferecia praticamente nenhuma privacidade. Logo, o som de uma pisada de adulto era levado a sério. Posições de seriedade tomadas no ato, os seis jovens olharam para a entrada bem a tempo de ver as nádegas ligeiramente trêmulas do meu pai, iluminadas de leve pelo bruxuleio fantasmagórico da televisão, passando pelo corredor e rumando para a cozinha.

Durante 25 minutos ficaram sentados em silêncio, mortificados demais para falar, sabendo que meu pai retornaria pelo mesmo caminho e que, desta vez, o encontro seria frontal.

Felizmente (na medida em que tal palavra pode ser empregada aqui), meu pai deve tê-los percebido de viés quando passou, ou ouviu vozes, ofegos ou que tais, pois quando voltou com a bandeja estava vestido confortavelmente na capa de chuva bege da minha mãe, dando a impressão de que não apenas era depravadão como também um transformista noturno. Ao passar, emitiu um tímido porém amável boa-noite ao grupo e desapareceu escada acima.

Levou seis meses, acho eu, para minha irmã falar com ele de novo.

O interessante é que bem na época em que adquiri minha televisão percebi que, na realidade, não gostava muito de tevê, ou, com mais precisão, não gostava muito do que passava *na* tevê, embora gostasse de ficar com ela ligada. Eu gostava do palavrório e das falsas gargalhadas bobocas. Então em geral eu a deixava balbuciando no canto que nem um parente retardado e lia. Estava agora numa idade em que lia muito, o tempo todo. Uma ou duas vezes por semana descia à sala, onde havia duas enormes (ou assim me pareciam) estantes de livros embutidas ladeando a janela dos fundos. Estavam cheias com os livros dos meus pais, na maioria de capa dura, na maioria vindos do Clube do Livro do Mês, a maioria dos anos 1930 e 1940, e eu selecionava três ou quatro e levava para o meu quarto.

Eu era duma indistinção feliz nas minhas seleções porque fazia pouca idéia de quais livros tinham o apreço da crítica e quais eram besteirada popular. Li, dentre muitos outros, *Trader Horn*, *A ponte de San Luis Rey*, *Nossos corações eram jovens e felizes*, *Manhattan Transfer*, *Você me conhece, Al*, *A ninfa constante*, *Horizonte perdido*, os contos de Saki, várias antologias gaiatas, um emocionante balanço da vida na ilha do Diabo chamado *Guilhotina seca*, e mais ou menos as obras completas de P. G. Wodehouse, S. S. Van Dine e Philo Vance. Eu tinha uma quedinha especial por — e creio que possa ter sido o último ser humano a ler — *O chapéu verde*, de Michael Arlen, com seus nomes maravilhosamente inigualáveis: Lady Pynte, Venice Pollen, Hugh Cypress, Coronel Victor Duck e o insuperável Trehawke Tush. Numa dessas viagens coletoras me deparei, numa estante de baixo, com um anuário de 1936 da Universidade Drake. Folheando-o, descobri, para meu espanto — completo e absoluto —, que minha mãe fora rainha da "volta ao lar" naquele ano. Havia uma foto dela em um carro alegórico, radiante, luminosa, esbelta, jovem, usando uma tiara reluzente. Levei o livro para a cozinha, onde encontrei meu pai fazendo café. "Você sabia que mamãe foi rainha da volta ao lar na Drake?", perguntei.

"Claro."

"Como *isso* aconteceu?"

"Foi eleita pelos seus colegas, é óbvio. Sua mãe era bem jeitosa, sabe?"

"É mesmo?" Nunca me ocorrera que minha mãe parecesse nada a não ser maternal.

"Ainda é, claro", ele acrescentou, cavalheiresco.

Achei incrível, talvez até meio despropositado, que outros pudessem achar minha mãe atraente ou desejável. Então fui gostando da idéia. Minha mãe fora uma belezura. Imagina.

Devolvi o livro. Na mesma seção da estante havia oito ou nove livros intitulados *Melhores histórias esportivas de 1950*, e daí em diante por quase todos os anos até o presente, cada um consistindo em trinta ou quarenta das melhores crônicas esportivas daquele ano escolhidas por alguém bem conhecido, como Red Barber. Cada um desses volumes continha um trabalho — em alguns casos, dois — do meu pai. Com freqüência ele era o único jornalista de província incluído. Sentei na poltrona da janela entre as estantes e li vários deles ali mesmo. Eram maravilhosos. Eram mesmo. Uma frase brilhante depois da outra. Lembro que um deles contava como Jerry Burns, o treinador de futebol da Universidade de Iowa, percorreu de cima a baixo a borda do campo, desvalido, enquanto sua formação defensiva desafortunadamente permita que Ohio State marcasse *touchdowns* à vontade. "Era o caso de uma defesa vadiando enquanto Burns perambulava", escreveu, e fiquei espantado ao perceber que o velho bobão de bunda de fora era capaz de tais vôos de cintilação verbal.

À luz dessas descobertas encorajadoras, eu de pronto retifiquei a história do Kid Trovão. Eu *era* o rebento biológico deles, afinal, e satisfeito de sê-lo. Seu material genético era meu material genético, fora de dúvida. Pesando bem a coisa, o que deve ter ocorrido é que foi meu pai, não eu, a ser despachado do planeta Electro à Terra para preservar e propagar os interesses do rei Volton e de sua raça condenada. Isso fazia muitíssimo mais sentido quando eu pensava no assunto. Que lugar de nome mais sonoro, afinal, para um super-herói crescer que em Winfield,* Iowa? *Dali*, seguramente, era de onde se tencionava que Kid Trovão viesse.

Infelizmente, percebi então, a cápsula espacial do meu pai sofreu uma aterrissagem forçada e ele recebeu uma concussão que limpou sua memória e o deixou com um ou dois hábitos estranhos — os principais, uma mão-de-vaca de lascar e uma não-propensão a vestir cuecas depois do escurecer — e passou toda a vida tragicamente inconsciente de que tinha a capacidade inata de conjurar superpoderes. Em seu lugar, coube ao filho mais jovem fazer essa descoberta. Era por isso que eu precisava de roupas especiais para assumir meus poderes de Electron. Eu era terráqueo de nascimento, logo não herdara esses superdons naturalmente. Necessitava do Sagrado Suéter de Zás para tal.

É claro. Tudo fazia sentido agora. Essa história melhorava cada vez mais, na minha opinião.

---

* "Campo da vitória". (N. T.)

10. Caminho da roça

Mason City, Iowa — *A cosquinha brincalhona feita por uma bela loira em seu marido para que ele saísse da cama e ordenhasse as vacas levou célere à tragédia na manhã de quinta-feira. No mesmo dia, a sra. Jennie Becker Brunner, 22, disse, entre lágrimas, na cela do condado de Cerro Gordo, que atirou e matou o marido, Sam Brunner, 26, com a pistola dele, uma Colt calibre 45 do exército americano. A sra. Brunner disse que ela e o marido brigaram depois que ela lhe fez cosquinhas embaixo do braço para tirá-lo da cama.*

Des Moines Register, 19 de novembro de 1953

Descontado o ocasional assassinato coceguento, Iowa sempre foi um lugar pacífico e duma pacatez reconfortante. Nos cerca de 160 anos em que fora um estado, só um tiro foi oficialmente disparado de modo belicoso no solo de Iowa, e mesmo esse não foi dos mais raivosos. Durante a Guerra Civil, um grupo de soldados da União, por razões que suponho hoje bem esquecidas, disparou uma bala de canhão até o Missouri por sobre a divisa do estado. Aterrissou num campo no outro lado e tropicou inocentemente até parar. Eu não deveria me surpreender se os missourianos a pusessem em uma carreta e a trouxessem de volta. Em todo caso, ninguém se machucou. Esse não foi simplesmente o ponto alto da história militar de Iowa, foi o único ponto.

Iowa sempre foi orgulhosamente mediana em todos os seus assuntos. Fica no meio do continente, entre os dois poderosos rios centrais, o Missouri e o Mississippi, e durante minha infância sempre se situou no meião de tudo — tamanho, população, preferências eleitorais, ordem de entrada na União. Éramos um tantinho mais ricos, bem mais cumpridores da lei, e mais alfabetizados e escolarizados do que a média nacional, e comíamos mais Jell-O (bem mais — na verdade, para ser totalmente honesto, o comíamos todo), mas, isso à parte, nunca fomos exibidos demais. Enquanto os outros estados do Meio-Oeste despejavam um fluxo mais ou menos contínuo de figurões do primeiro time internacional — Mark Twain, Abraham Lincoln, Ernest Hemingway, Thomas Edison, Henry Ford, F. Scott Fitzgerald, Charles Lindbergh —, Iowa deu ao mundo Donna Reed, Wyatt Earp, Herbert Hoover e o cara que representou Fred Mertz em *I love Lucy*.

As principais preocupações de Iowa sempre foram cuidar da fazenda e ser amigável, coisas que fazemos melhor do que quase todo mundo, se me permitem dizê-lo. É a quintessência dos estados agrícolas. Tudo nele é perfeito para o cultivo. Ocupa apenas 1,6% da terra do país, mas contém 25% de sua camada de superfície padrão A. Esse solo chega a um metro de profundidade na maioria dos lugares, o que é, aparentemente, bem fundo. Ao passear por um campo agrícola de Iowa você imagina que irá afundar nele até a cintura. Certamente vai afundar até os tornozelos. É como caminhar em uma panela de brownies. O clima também é ideal, se você não se importa em remover toneladas de neve no inverno e escapulir de tornados o verão inteiro. Pelos padrões do resto do mundo, secas são, na essência, desconhecidas, e a chuva distribui-se com uma beneficência quase inacreditável — forte o bastante para dar uma encharcada salutar quando necessária, mas não tanto para maltratar a semeadura ou levar de enxurrada os nutrientes. Os verões são longos e agradavelmente ensolarados, mas raramente escorchantes. As plantas amam crescer em Iowa.

É, por conseqüência, uma das paisagens mais cultivadas da Terra. Alguém certa vez calculou que se Iowa contivesse apenas fazendas, cada uma de 65 hectares (presumivelmente o tamanho ideal para uma fazenda), haveria espaço para 225 mil delas. Em

1930, o ano de pico para o número de fazendas, havia 215 361 fazendas no estado — não muito longe do máximo absoluto. O número é muitíssimo menor hoje devido ao incansável avanço da fusão, mas 95% da paisagem de Iowa ainda é cultivada. A pequena fração restante é tomada por rodovias, bosques, lagos e rios dispersos, montes de cidadezinhas e umas cidadecas, e cerca de 12 milhões de estacionamentos do Wal-Mart.

Lembro de ter lido certa vez na Feira Estadual que as fazendas de Iowa produziam mais em valor todo ano do que todas as minas de diamante do mundo juntas — um fato que ainda me enche de orgulho. Iowa permanece o número 1 nacional na produção de milho, ovos, porcos e soja, e é o segundo na riqueza agrícola total, superado apenas pela Califórnia, que tem três vezes o seu tamanho. Iowa produz um décimo de toda a comida americana e um décimo de todo o milho mundial. Urraaa!

E, quando eu crescia, tudo isso estava melhor que nunca. Os anos 1950 têm sido freqüentemente chamados de última era dourada da fazenda familiar na América, e nenhum lugar era mais dourado que Iowa, e nenhum ponto tinha uma cintilação mais adorável que Winfield, a cidadezinha alegre e arrumadinha no canto sudoeste do estado, não distante do rio Mississippi, onde meu pai crescera e meus avós moravam.

Eu adorava tudo em Winfield — sua bela rua principal, sua tranqüilidade imperturbável, seus milharais sobrepostos, o cheiro salutar de cultivo em torno dela. Até o nome era sólido e justo. Montes de cidades em Iowa têm nomes que soam levemente remotos e solitários, e talvez um pouquinho endógenos — Mingo, Pisgah, Tingley, Diagonal, Elwood, Coon Rapids, Ricketts —, mas, neste canto verde e dourado do estado, os nomes de cidade eram dignos e bons, de confiança: Winfield, Mount Union, Columbus Junction, Olds, Mount Pleasant, a insuperavelmente radiante Morning Sun.

Meu avô era um entregador de correio rural por profissão, mas tinha uma fazendinha na ponta da cidade. Ele alugava a terra para outros fazendeiros, exceto um ou dois hectares que mantinha para pomares e verduras. A propriedade incluía um grande celeiro vermelho e o que me pareciam ser uns gramados gigantescos em todos os lados. Os fundos da casa eram dominados por um imenso carvalho com um banco branco circundante. Parecia ter sempre uma brisa privada correndo através de sua copa. Era o ponto mais fresco em 150 quilômetros. Era aqui que você podia sentar para descascar ervilhas, debulhar vagens ou girar uma manivela para fazer sorvete no tranqüilo cair do dia, na hora da janta.

A casa dos meus avós era bem-arrumada e pequena — tinha só dois quartos, um em cima e um embaixo, mas era muitíssimo confortável e sempre me pareceu espaçosa. Anos depois voltei a Winfield e me espantei com o quão minúscula ela na verdade era.

De distância segura, o celeiro parecia o lugar mais divertido do mundo para brincar. Não fora utilizado durante anos, exceto para armazenar móveis velhos e badulaques que nunca seriam usados novamente. Era cheio de portas em que se podia balançar, depósitos secretos e escadas dando em montes escuros de feno. Mas na realidade era horrível, porque era nojento, escuro e letal, e cada centímetro dele fedia. Você não podia passar cinco minutos no celeiro do meu avô sem dar caneladas em algum maquinário duro, cortar o braço numa lâmina velha, travar contato com no mínimo três tipos diferentes de merda velha de animal (antiga de anos, mas ainda macia no meio), bater a cabeça numa viga cheia de pregos e retroceder até uma barafunda de teias pegajosas, se roçar, da nuca ao traseiro, em um feixe de arame farpado, se espetar todo com farpas do tamanho de palitos de dente. O celeiro era como um treinamento integral para o sistema imunológico.

O pior medo de todos era que uma das portas pesadas se fechasse às suas costas e você ficasse para sempre aprisionado em uma escuridão fedorenta, longe demais da casa para que suas lamúrias fossem ouvidas. Eu costumava imaginar minha família sentada à mesa de jantar dizendo: "Puxa, fico pensando no que houve com o velho Billy. Já faz quanto tempo? Cinco semanas? Seis? Ele na certa adoraria esta torta, né? Eu, com certeza, vou comer outra fatia, se possível".

Ainda mais aterrorizantes eram os milharais que o cercavam por todos os lados. O milho não cresce mais como costumava porque foi hibridizado em um aperfeiçoamento mais compacto, mas subia feito bambu quando eu era jovem, atingindo alturas de dois metros e meio ou mais, e enchendo 145 790 quilômetros quadrados do interior de Iowa com um farfalhar fantasmagórico e ameaçador no seco finzinho do verão. Não existe ambiente mais anônimo, labiríntico e perturbador, especialmente para um humano indistinto e pequenino, que um campo de fileiras de milho alto idênticas ao infinito, cada uma — inclusive as diagonais — apresentando uma perspectiva de infindável hostilidade vegetal. Bastava ficar na borda e perscrutar, e sabia-se que, se você se aventurasse mais que uns poucos metros num milharal, nunca sairia de novo. Se uma bola com a qual você estivesse jogando caísse num milharal, era melhor deixá-la lá, dar por perdida e ia pra casa ver tevê.

Então, eu não brincava muito sozinho em Winfield. Em vez disso, passava um tempão seguindo meu avô. Ele parecia gostar da companhia. Nós nos dávamos muito bem. Meu avô era um homem calado, mas ficava sempre feliz em explicar o que estava fazendo e satisfeito por ter alguém que lhe pudesse passar uma lata de óleo ou uma chave de fenda. Seu nome era Pitt Foss Bryson, que eu considerava o melhor nome de todos os tempos. Era o homem mais legal do mundo depois de Ernie Banks.

Ele estava sempre reconstruindo algo — uma segadeira ou uma máquina de lavar; algo com correias, lâminas e montes de partes zunindo velozes — e sempre se cortando de maneira bem espetacular. A certa altura, ele dava ignição no troço, enfiava a mão para ajustar, e quase que de imediato soltava um "Diacho!" e tirava uma mão ensangüentada e levemente retalhada. Ele a segurava à frente um tempinho, agitando os dedos, como se não a reconhecesse bem.

"Não enxergo sem meus óculos", ele me dizia por fim. "Quantos dedos tenho aqui?"

"Cinco, vovô."

"Bem, *isso* é bom", ele dizia. "Achei que tivesse perdido um." Então ele ia procurar uma bandagem ou um trapo.

Em algum momento da tarde, minha avó punha a cabeça para fora da porta dos fundos e dizia: "Pai, preciso que você vá à cidade e me traga uma rutabaga". Ela sempre o chamava de Pai, embora ele tivesse um nome maravilhoso e não fosse pai dela. Nunca entendi isso. Ela sempre precisava que ele trouxesse couve. Eu também não entendia isso, pois não me lembro de jamais nos servirem couve. Talvez fosse um código para alguma medida profilática, ou algo assim.

Ir à cidade era um regalo só. Ficava a apenas uns quinhentos metros, mas sempre íamos de carro, e nos sentávamos no banco alto do Chevy do meu avô, o que dava uma sensação meio régia. A cidade em Winfield significava a Rua Principal, uma faixa de dois quarteirões de tranqüilo comércio varejista, exibindo uma agência dos correios, dois bancos, alguns postos de combustível, uma taberna, um jornal, duas merceariazinhas, uma sala de sinuca e um armarinho.

A última parada em todas as viagens de compras era numa mercearia de esquina chamada Benteco's, onde havia uma porta de tela que fazia *nhec* e *cataplum* de um jeito profundamente legal e tornava cada entrada uma espécie de acontecimento. Na Benteco's eu sempre podia pegar duas garrafas de refrigerante da marca NeHi — uma para o jantar, uma para depois, quando estivéssemos jogando cartas ou assistindo a Bilko* ou Jack Benny na tevê. NeHi era o refrigerante das cidadezinhas — não sei por quê — e tinha o gosto mais intenso e as cores mais vívidas que quaisquer outros produtos já liberados para consumo humano pela Agência de Alimentos e Medicamentos. Vinha em seis sabores selecionados — uva, morango, laranja, cereja, lima-limão (nunca "limão-lima") e raízes —, mas cada um tinha gosto tão potente que fazia seus olhos se inundarem como um borrifador malcuidado, e tanto gás que era como engolir mil navalhazinhas. Era maravilhoso.

O NeHi da Benteco's era guardado em um refrigerador grande, azul e geladíssimo, tipo um freezer horizontal, no qual as garrafas ficam penduradas pelo gargalo em fileiras. Conseguir uma garrafa específica em geral requeria um tanto de manobras complicadas para transferir garrafas de uma fila para outra de modo a pegar, digamos, a última garrafa de uva (uva era o sabor que podia dar alucinações; uma vez vislumbrei os confins do universo enquanto bebia NeHi de uva). O processo era divertidíssimo se fosse você a fazer a seleção (especialmente num dia quente, quando se podia usufruir do ar úmido e geladinho do refrigerador) e uma chatice se você tivesse de esperar outro menino.

Outra coisa que fiz muito em Winfield foi ver tevê. Meus avós tinham a melhor cadeira para assistir a televisão — uma de couro sintético bege reclinável que era meio brinquedo de parque de diversão, meio assento de capitão de nave espacial, e um confor-

---

* Sei que, na verdade, nunca se chamou *Bilko*. Era *Você nunca irá enriquecer*, e depois o *Phil Silvers Show*. Mas chamávamos de *Bilko*. Todo mundo chamava. Ficou no ar só quatro anos.

to só. Era um negócio de beleza e utilidade supremas. Quando você puxava a alavanca, era lançado — arremetido — em reclinação profunda. Era quase impossível levantar de novo, mas não importava, pois você estava num conforto tão sublime que não ia querer se mexer. Ficava só lá deitado e assistia a tevê por entre os pés largadões.

Meus avós sintonizavam sete canais no aparelho deles — sintonizávamos apenas três em Des Moines —, mas só girando a antena do telhado, que era manipulada por uma manivela no lado de fora da parede dos fundos. Então, se quiséssemos assistir, digamos, a KYVO, de Ottumwa, meu avô tinha de sair e girar a manivela levemente de um jeito, e se quiséssemos a WOC, das Quatro Cidades, ele girava de outro, e a KWWI, de Waterloo, de mais outro, em cada caso de acordo com as instruções gritadas através de uma janela. Se estivesse ventando ou houvesse muita atividade solar, ele às vezes tinha de ir oito ou nove vezes durante um programa. Se fosse um dos programas queridos da minha avó, como *Enquanto o mundo gira* ou *Rainha por um dia*, geralmente ficava lá fora duma vez, para o caso de um aeroplano sobrevoar e fazer tudo vacilar em ondulações aflitivas num momento crítico. Era o homem mais paciente que já viveu.

Eu assistia a muita televisão naqueles dias. Todos assistíamos. Em 1955, a criança americana média assistira a 5 mil horas de televisão contra zero hora cinco anos antes. Meus programas favoritos eram, em nenhuma ordem particular, *Zorro, Bilko, Jack Benny, Dobie Gillis, Love that Bob, Sea Hunt, I led three lives, Circus Boy, Sugarfoot, M Squad, Dragnet, Father knows best, The millionaire, Gunsmoke, Robin Hood, The untouchables, What's my line?, I've got a secret, Route 66, Topper* e *77 Sunset Strip*, mas, no duro, eu assistia a qualquer coisa.

Meu preferido de todos era o *Burns and Allen show*, estrelando George Burns e Gracie Allen. Eu ficava completamente encantado por ele porque adorava os personagens e seus nomes — Blanche Morton, Harry Von Zell — e porque George Burns e Gracie Allen eram, em minha opinião, a dupla cômica mais engraçada de todos os tempos. George tinha um jeito tapado e Gracie sempre levava a pior. George tinha uma televisão em seu cafofo, no qual podia ver o que os vizinhos arrumavam sem que eles soubessem, o que julguei um conceito brilhante e que alimentou várias fantasias particulares, e ele com freqüência saía da filmagem para falar diretamente com o público sobre o que estava acontecendo. A coisa toda estava anos à frente do seu tempo. Nunca encontrei outro ser humano que se lembre disso, muito menos que o adorasse.

Quase toda noite de verão, pouco antes das seis, caminhávamos para a cidade (todo movimento em direção ao centro era conhecido como ir para a cidade) para algum jardim de igreja ensombreado e participávamos de uma enorme ceia presidida por exércitos de mulheres imensas e risonhas que tinham braços e pescoços caídos de um jeito impossível, como roupas bem molhadas. Todas se chamavam Mabel e todas sofriam muito com o calor, embora nunca reclamassem e nunca parassem de dar risadinhas e de ficar felizes. Passavam a vida espantando moscas da comida com espátulas (movendo seus velhos braços balouçantes de um jeito hipnotizante), soprando dos rostos cachos de cabelo desgarrados e certificando-se de que nenhum ser humano num raio de cinqüenta metros deixaria de ter um prato de papel entulhado de comida substanciosa, porém profundamente esquisita — e os jantares nos anos 1950, digo logo, eram esquisitos mesmo. Os pratos principais sempre consistiam em uma gama de bolos de carne, cada um de tamanho próximo a um motor V8, todos com cobertura lustrosa e guarnecidos com uma empolgante arrumação de ingredientes improváveis, dos quais se extraíam os nomes — Apresuntado revirado de pé-de-moleque e molho de queijo, e esse tipo de coisa. Quase todos tinham pelo menos um "com" e um "revirado" em algum lugar dos nomes. Havia talvez vinte desses. A noção básica parecia ser que nenhum prato podia ser doce ou estranho demais, e que todos os alimentos automaticamente se tornavam superiores quando arrumados.

"Ei, Dwayne, venha cá provar um pouco dessa Caçarola revirada de fígado apimentado com doce de milho", dizia uma das Mabéis. "A Mabel fez. É deliciosa."

"*Revirada?*", observava Dwayne com um olhar seco que indicava que uma gozação vinha aí. "O que aconteceu — ela deixou cair?"

"Bem, não sei. Talvez tenha deixado", devolvia a Mabel dando risadinhas. "Quer molho de chocolate junto, ou molho de biscoito, ou molho de manteiga de amendoim com milho?"

"Ei, que tal um pouquinho dos três?"

"Deixa comigo!"

Os pratos principais eram complementados por uma mesa de luzentes Jell-Os, o produto local, cada um contendo outros componentes criativos — marshmallows, pretzels, nacos de frutas, Rice Krispies, biscoitinhos de milho marca Fritos, tudo que pudesse se preservar íntegro —, e você também tinha de pegar um pouco de cada um desses, que, é claro, você ia mesmo querer, porque tudo parecia muito gostoso. Depois havia duas mesonas contendo bacias e gamelas de purê de batata amanteigado, bacon nadando em feijões assados, legumes com creme, ovos apimentados, broas, muffins, biscoitões e uma dúzia de tipos de repolho. Na hora em que tudo isso era despejado em seu prato de papel, pesava cinco quilos e parecia claramente, como meu pai certa vez observou, comida de pós-operatório. Mas não havia como resistir aos insistentes afagos das muitas Mabéis.

Todos num raio de quilômetros vinham aos jantares. Não importava a denominação da igreja. Todo mundo vinha. Na cidade, todos eram praticamente metodistas, de qualquer modo, até os católicos (meus avós, só para registrar, eram luteranos). Não se tratava de religião; tratava-se de comer a granel, socialmente.

"E não se esqueça de deixar espaço para a sobremesa", dizia uma das Mabéis enquanto você cambaleava com seu prato, mas não era preciso ser lembrado disso, pois as sobremesas eram fabulosas e elogiadas, a melhor parte de tudo. Eram essencialmente os mesmos pratos, porém com a carne removida.

Nas poucas noites em que não estávamos numa social de igreja, fazíamos refeições gigantescas na casa dos meus avós, quase sempre numa mesa levada para o jardim (parecia importante às pessoas daqueles tempos dividir o jantar com tantos insetos quanto possível). O tio Dee estaria lá, é claro, arrotando a toda, e o tio Jack, de Wapello, notável por nunca conseguir terminar uma frase.

"Eu lhe digo o que eles devem fazer", ele dizia no meio de uma discussão acesa, e alguém mais enfático enfiava um comentário e ninguém jamais ouvia o que Jack pensava. "Bem, se você me perguntar", ele dizia, mas ninguém nunca perguntava. Em geral ficavam sentados falando de remoções cirúrgicas e de doenças — bócio e cálculos, lumbago, ciática, água no joelho — que parecem não existir mais. Eu sempre os achava tão velhos, e lentos, tão satisfeitos por se sentarem.

Mas com certeza eram boas-praças. Se vinha uma visita de fora do círculo familiar costumeiro, alguém sempre trazia o copo babão e lhe oferecia uma bebida. O copo babão era a coisa mais engraçada que eu já vira. Era um copo bacana, multifacetado — exatamente o tipo de copo que se dá a uma visita de respeito —, com cara perfeitamente normal, e era mesmo perfeitamente normal, desde que não fosse inclinado. Cortadas nas laterais, havia fendas minúsculas, indetectáveis, engenhosamente posicionadas de modo que toda vez que o copo fosse inclinado até a boca, uma boa porção do conteúdo vazava em fluxo contínuo para o peito da vítima.

Havia certa felicidade indescritível em ver uma pessoa, homem ou mulher, inocente e desprevenida se manchando continuamente com suco de fruta vermelha ou com Kool-Aid de cereja (era sempre um negócio de colorido vivo), enquanto doze pessoas a fitavam com expressão de sobriedade serena. Por fim, sentindo o vazamento, a vítima olhava para baixo e gritava "Ô diacho!", e todos riam a valer.

Nunca conheci uma única vítima que ficasse zangada ou consternada quando descobria a gozação. Sua melhor camisa branca estava arruinada, ela tinha aparência de quem fora esfaqueada no peito, e ria até os olhos marejarem. Meu Deus, como os iowanos eram alegres.

Winfield sempre teve clima mais interessante que o de outros lugares. Era sempre mais quente, mais frio, mais ventoso, mais ruidoso, mais abafado, mais castigador e enfático que o clima de outros lugares. Mesmo quando o tempo não fazia nada, quando estava apenas úmido, mormacento e parado, em uma tarde de agosto, era ainda mais úmido e mais mormacento que em qualquer outro lugar conhecido, e tão parado que dava para ouvir o tique-taque de um relógio numa casa do outro lado da rua.

Como Iowa é plano e meus avós moravam na extremidade da cidade, podia-se ver tudo que era meteorológico antes que chegasse nela. Tempestades de majestade imponente com freqüência iluminavam os céus a oeste por duas ou três horas antes que as primeiras gotas de chuva caíssem em Winfield. Fala-se dos amplos céus no Oeste dos EUA, e eles de fato podem existir, mas nunca se viram nuvens tão elevadas, formações tão imponentes quanto em Iowa, em julho.

A maior fúria da natureza em Iowa — no Meio-Oeste — são os tornados. Eles não são vistos com freqüência porque tendem a ser passageiros e localizados, e muitas vezes vêm de noite, então você fica na cama ouvindo um frenesi selvagem no lado de fora, sabendo que uma cauda de tornado pode mergulhar a qualquer momento e esfrangalhar você e sua tranqüilidadezinha. Uma vez meus avós estavam na cama quando ouviram um grande rugido, que nem o de 1 bilhão de vespas, tal como meu avô o descreveu, passando junto à casa. Meu avô se levantou e examinou pela janela do quarto, mas não conseguiu ver nada e voltou para a cama. O barulho sumiu quase de imediato.

De manhã, saiu para pegar o jornal e surpreendeu-se em ver o carro ao ar livre. Ele tinha certeza de que *o guardara* como de costume na noite anterior. Então, percebeu que guardara o carro, mas a garagem se fora. O carro estava no chão de concreto. Não tinha um arranhão. Nada da garagem foi visto novamente. Olhando de perto, descobriu um rastro de destruição correndo por um lado da casa. Um canteiro colado à casa, em frente da janela do quarto, fora completamente destruído, e ele percebeu que a escuridão perscrutada na noite anterior era uma muralha de tornado passando do outro lado do vidro, a apenas um ou dois centímetros do seu nariz.

Só vi um tornado uma vez, quando eu estava crescendo. Movia-se pelo horizonte longínquo da direita à esquerda, como um apóstrofo assassino. Estava a uns quinze quilômetros, portanto não ameaçador, de certo modo. Mesmo assim, era inimaginavelmente poderoso. O céu, em toda parte, estava carregado e baixo, de escuridão selvagem e não natural, e cada fiapinho de nuvem, em todos os quadrantes, estava sendo sugado para o vórtice central, como se puxado para um buraco negro. Era como estar presente ao fim do mundo. O vento, constante e intenso, dava a impressão esquisita de que não empurrava de trás, e sim puxava pela frente, como a atração insistente de um ímã. Você tinha de lutar para não ser puxado. Toda essa energia estava focalizada em um único ponto de destruição turbilhonante. Na hora não sabíamos, mas ele estava matando gente enquanto avançava.

Por um ou dois minutos o tornado deteve seu avanço e pareceu parar num ponto.

"Isso pode significar que vem para cá", meu pai observou para meu avô.

Interpretei que isso queria dizer que agora entraríamos todos nos carros e dirigiríamos feito o capeta para o lado oposto. Essa era a opção em que eu planejava votar se alguém me pedisse uma mão levantada.

Mas meu avô disse somente "Opa. Pode ser", e parecia todo tranquilo.

"Já viu um tornado de pertinho, Billy?", meu pai me disse, sorrindo esquisito.

Olhei para ele espantado. Claro que não, e nem queria. Esse negócio de nunca se assustar com nada era incontestavelmente a coisa mais assustadora em relação aos adultos nos anos 1950.

"O que vamos fazer se vier para cá?", perguntei, assustado, sabendo que não curtiria a resposta.

"Ora, boa pergunta, Billy, porque é muito fácil escapar de um tornado e cair bem no meio de outro. Sabia que mais gente morre tentando escapulir de tornados que de qualquer outra causa?" Ele se virou para meu avô. "Lembra de Bud e Mabel Weidermeyer?"

Meu avô acenou com certo vigor, como se dissesse *Quem poderia esquecer?* "Eles não deviam ter bobeado e tentado ganhar de um tornado a pé", disse meu avô. "Especialmente com a perna-de-pau do Bud."

"Chegaram a encontrar aquela perna?"

"Neca. Também nunca acharam a Mabel. Sabe, acho que está se movimentando de novo."

Ele apontou para o tornado e todos observamos com atenção. Depois de uns instantes, ficou evidente que ele de fato recomeçara sua marcha grandiosa para o leste. Não vinha pra cima da gente, afinal. Logo depois disso, subiu do chão e voltou para as nuvens negras acima, como se puxado. Quase na hora o vento parou. Meu pai e meu avô voltaram para casa parecendo um tanto decepcionados.

No dia seguinte fomos de carro até lá e demos uma olhada por onde passara, e havia devastação em todo canto — árvores e cabos de eletricidade caídos, celeiros reduzidos a fragmentos, casas meio desaparecidas. Seis pessoas morreram no condado vizinho. Acho que nenhuma delas se preocupou com o tornado.

Do que me lembro particularmente em Winfield é do frio nos invernos. Meus avós eram bem frugais quanto ao aquecimento em casa, e tendiam a quase desligá-lo à noite, de modo que a casa nunca esquentava, exceto na cozinha, ao ser preparada uma refeição importante, como na Ação de Graças ou no Natal, quando um maravilhoso calor abafado tomava conta. Mas de resto era como viver em uma cabana do Ártico. O andar de cima da casa era um único quartão, que podia ser dividido em dois por uma cortina de correr. Tinha aquecimento zero e o piso de linóleo mais frio da história.

Mas havia um lugar ainda mais frio: a varanda. A varanda era meio cai-não-cai e mal vedada nos fundos da casa, e apenas conceitualmente separada do mundo exterior. Continha uma antiga cama alquebrada na qual meu avô dormia no verão, quando o tempo ficava quente de não suportar. Mas às vezes, no inverno, quando a casa estava cheia de visitas, era acionada também.

O único calor que a varanda continha era aquele do ser humano que por acaso estivesse lá. Não podia ser mais que um ou dois graus mais quente do que o mundo exterior — e o exterior era de matar. Dormir na varanda, então, requeria preparação. Primeiro você colocava ceroulas, pijamas, jeans, um moletom, o roupão e a velha jaqueta do avô, dois pares de meias de lã nos pés e outro nas mãos, e um chapéu com abas de orelha amarradas no queixo. Então tinha de subir na cama e imediatamente se cobrir com uma dúzia de cobertores de cama, três cobertores de cavalo, todos os capotes da casa, um oleado e um pedaço de carpete velho. Não tenho certeza se eles não botavam um guarda-roupa velho em cima disso, só para segurar tudo. Era como dormir embaixo de um cavalo morto. No primeiro minuto, mais ou menos, era de um frio inimaginável, chocante, mas aos poucos o calor do corpo se propagava e você ficava aquecido e feliz de um jeito que não teria julgado possível apenas um ou dois minutos antes. Era uma alegria celestial.

Pelo menos até que você mexesse um músculo. Aí descobria que o calor se estendia apenas à superfície da pele, e nem a um mícron adiante. Não havia nenhuma possibilidade de mudar de posição. Se você apenas flexionasse um dedo ou contraísse um joelho, era como mergulhá-los em nitrogênio líquido. Não havia escolha, a não ser ficar de todo imobilizado. Era uma experiência maravilhosa, estranha e esquisita — equilibrar-se tão delicadamente entre o êxtase e o suplício.

Era o lugar mais sereno e tranqüilo da Terra. A vista da varanda de dormir através da janelona ao pé da cama atravessava campos negros e vazios e chegava a uma cidade chamada Swedesburg, batizada com a nacionalidade dos seus fundadores,[*] e conhecida de forma mais informal como Snooseville, devido às pitadas de tabaco que os locais acondicionavam na boca enquanto faziam suas atividades. "Snoose" era uma mistura caseira de ta-

---

[*] Suecos.

baco e sal que era deixada repousando entre a bochecha e a gengiva, onde a nicotina podia ser absorvida de modo lento e contínuo. Era reforçada a cada hora e mantida permanentemente. Algumas pessoas, meu pai me contou, punham até um chumaço fresquinho na hora de dormir.

Eu nunca fora a Swedesburg. Não havia motivo para ir — era só um grupinho de casas —, mas à noite, no inverno, com suas luzes distantes, era como um navio lá longe no mar. Eu achava tranqüilo e, de algum modo, reconfortante ver suas luzes, pensar que todos os cidadãos de Snooseville estavam aconchegados em suas casas e talvez olhando para nós em Winfield e, por sua vez, se reconfortando. Meu pai me contou que quando era menino as pessoas de Snooseville ainda falavam sueco em casa. Alguns mal conseguiam falar inglês. Eu adorava isso também — a idéia de que fosse um pequeno posto avançado da Suécia ali, que eles estivessem todos sentados comendo arenque e pão preto e dizendo "Oh, ja!", apenas sendo alegremente suecos no meio do continente americano. Quando meu pai era jovem, se você dirigisse por Iowa, com regularidade encontraria cidades ou vilas onde todos os habitantes falavam alemão, holandês, checo, dinamarquês ou quase qualquer outra língua da Europa central ou do Norte.

Mas aqueles dias tinham passado havia muito. Em 1916, à medida que a sombra da Grande Guerra tornava os falantes de inglês desconfiados de lealdades, um governador de Iowa chamado William L. Harding decretou que doravante seria crime falar qualquer língua estrangeira nas escolas, na igreja, ou mesmo ao telefone no grande estado de Iowa. Houve gritaria quanto à exigência de as pessoas terem de abrir mão das cerimônias da igreja em seus próprios idiomas, mas Harding não se afetou. "Não adianta perder tempo rezando em outros idiomas que não o inglês", respondeu ele. "Deus só escuta a língua inglesa."

Um por um, os pequenos postos avançados lingüísticos sumiram. Lá pelos anos 1950, já eram caso passado. Na época ninguém adivinharia, mas as cidadezinhas e as fazendas de família logo estariam igualmente em xeque.

Em 1950, a América tinha quase 6 milhões de fazendas. Em meio século, quase dois terços despareceram. Mais da metade da paisagem americana era de fazendas quando eu era menino; hoje, graças à difusão do concreto, apenas 40% o é — um declínio agudo no período de apenas uma geração.

Nasci em um estado que tinha 200 mil fazendas. Hoje, o número é de muito menos da metade, e vem caindo. Das 750 mil pessoas que viviam em fazendas no estado da minha meninice, meio milhão — dois em cada três — se foi. O processo avança incansável. A população agrária de Iowa caiu 25% nos anos 1970 e 35% mais nos 1980. Outras 100 mil pessoas se deslocaram nos anos 1990. E os que ficaram para trás são velhos. Em 1988, Iowa tinha mais gente com 75 anos ou mais do que com cinco ou menos. Trinta e sete condados, dentre 99 — aproximando-se da metade —, registravam mais mortes que nascimentos.

É uma conseqüência inevitável da maior eficiência e da contínua fusão. Cada vez mais as velhas fazendas se aglutinam em superfazendas de 1200 hectares ou mais. Supõe-se que em meados do século XXI o número de fazendas em Iowa possa cair até 10 mil. Não é muita população rural em um espaço do tamanho da Inglaterra.

Sem uma quantidade significativa de fazendeiros, a maioria das cidadezinhas de Iowa está mortinha. É só dirigir em qualquer lugar do estado hoje e o que se vê são cidades vazias, estradas vazias, celeiros desmoronados, casas de fazenda fechadas. Aonde quer que você vá, vai parecer que acabou de escapar de uma terrível epidemia, do que, em certo sentido, suponho que escapou mesmo. É a mesma história em Illinois, Kansas e Missouri, e pior ainda em Nebraska e nas Dakotas. Onde havia cidadezinhas agora há ruas principais vazias.

    Winfield mal sobrevive. Todo o comércio na Rua Principal — o armarinho, o salão de sinuca, o escritório de jornal, os bancos, as mercearias — há muito desapareceu. Não há onde comprar refrigerante NeHi, mesmo se ainda existisse. Não se pode comprar um produto alimentício sequer dentro dos limites da cidade. A casa dos meus avós ainda está lá — ao menos estava da última vez que passei —, mas o celeiro já era, e a porta da varanda, e a árvore sombreadora nos fundos, e o pomar, e tudo o mais que a tornava o que era.

    O melhor que posso dizer é que vi o expirar de algo realmente especial. Coisa que parece que venho dizendo muito hoje em dia.

11. Preocupado, eu?

FICA NO NECROTÉRIO 17 HORAS – VIVA

Atlanta, Ga. (UP) — *Uma mulher idosa levada à funerária para ser embalsamada abriu os olhos dezessete horas depois da chegada e anunciou: "Não estou morta".*

W. L. Murdaugh, da funerária Irmãos Murdaugh, disse-nos que dois de seus funcionários ficaram quase mudos.

A mulher, registrada como Julia Stallings, 70, parecia perplexa depois que seu longo coma terminou no domingo à noite, mas de resto parecia em boas condições, disse Murdaugh.

Des Moines Tribune, 11 de maio de 1953

Collier's

15¢

August 5, 1950

HIROSHIMA, U.S.A.
Can Anything Be Done About It?

A única vez em que quebrei um osso foi também a primeira vez em que percebi que não dá para confiar totalmente nos adultos. Tinha quatro anos e brincava no trepa-trepa de Arthur Bergen, quando caí e quebrei a perna.

Arthur Bergen morava na minha rua, mas estava no dentista ou algo assim quando eu o chamei, então decidi dar um giro no seu novo trepa-trepa antes de retornar para casa.

Não lembro de nadinha a respeito da queda, mas lembro com muita clareza de ficar deitado na terra úmida, o trepa-trepa agora acima e ao meu redor, e de repente parecendo horrivelmente grande e ameaçador, e de não conseguir mexer a perna direita. Lembro também de erguer a cabeça e olhar pelo meu corpo até a perna, que estava torcida em ângulo pouco usual — na realidade, inteiramente novo. Comecei a chamar ajuda várias vezes, em diversos tons de voz, mas ninguém ouviu. Por fim desisti e cochilei um pouco.

A certa altura abri os olhos e um homem de uniforme e quepe estava me olhando. O sol batia direto nas suas costas, portanto eu não podia ver seu rosto; era só uma escuridão enchapelada dentro de um halo de luz intensa.

"Tudo bem aí, garoto?", ele disse.

"Machuquei a perna."

Ele ponderou por um minuto. "É melhor sua mãe botar um gelinho. Conhece um pessoal chamado..." — ele consultou uma prancheta — "... Maholovitch?"

"Não."

Ele deu uma olhada no cartão de novo. "A. J. Maholovitch. 3725 Elmwood Drive."

"Não."

"Não lhe diz nada?"

"Não."

"Esta é a Elmwood Drive?"

"É."

"Tá bom, garoto, obrigado."

"Dói pra valer", eu disse. Mas ele já tinha ido.

Dormi um pouco mais. Depois de um tempo, a sra. Bergen estacionou na garagem e veio pelos fundos com sacolas de mercadorias.

"Vai se resfriar aí embaixo", ela disse, alegrinha, enquanto se desviava.

"Machuquei a perna."

Ela parou e ponderou por um instante. "Melhor levantar e dar umas voltas. É a melhor coisa. Ó, olha o telefone." Ela correu para dentro da casa.

Esperei ela voltar, mas não voltou. "Olá", tartamudeei fraquinho dessa vez. "Socorro."

A irmãzinha de Bergen, que era pequena e, portanto, estúpida e não confiável, veio e me crivou com um olhar crítico.

"Vá buscar sua mãe", eu disse. "Estou machucado."

Ela olhou para minha perna com compreensão, se não compaixão. "Ui", ela disse.

"É, ui. Dói pra valer."

Ela partiu dizendo "Ui, ui", mas evidentemente não levou meu caso adiante.

A sra. Bergen saiu depois de um tempo com uma carga de roupa para pendurar.

"Você deve gostar mesmo daí embaixo", riu.

"Dona Bergen, acho que machuquei minha perna pra valer."

"Nesse trepa-trepazinho?", disse, com ceticismo folgazão, mas chegou perto para me olhar. "Não creio, querido." E aí, de supetão: "Vigemaria! Sua perna! Está ao contrário!".

"Dói."

"Aposto que dói, aposto que dói. Espera aí."

Saiu.

Por fim, depois de um tempão, a sra. Bergen e meus pais estacionaram os respectivos carros mais ou menos no mesmo instante. O sr. Bergen era advogado. Pude ouvi-lo falando-lhes sobre responsabilidades enquanto subiam os degraus. O sr. Bergen foi o primeiro a chegar até mim.

"Veja bem, você entende, Billy, que, tecnicamente, você estava invadindo..."

Me levaram a um jovem médico cubano na avenida Woodland, e *ele* ficou em pânico. Começou a fazer exatamente o tipo de ruídos que Desi Arnaz fazia em *I love Lucy* quando Lucy fazia um negócio realmente panaca — só que ele o fazia sobre a minha perna. "No creo que possa fazer isso", ele disse, e olhou para eles suplicante. "Quebrou feio mesmo. Veja só. Uau."

Desconfio que ele temia ser mandado de volta para Cuba. Por fim foi persuadido a endireitar a fratura. Nas seis semanas seguintes, minha perna ficou meio que ao contrário. Na hora em que cortaram o gesso, a perna girou de volta para o lugar e todos ficaram agradavelmente surpresos. O médico estava radiante. "Essa é una sorte!", disse, todo feliz.

Então eu me levantei e caí.

"Oh", disse o médico, e pareceu perturbado de novo. "Não es bom, é?"

Ele pensou um minutinho e disse a meus pais para me levarem para casa e me deixarem descansar a perna o resto do dia e durante a noite, e ver como ficava de manhã.

"Aí você acha que vai ficar direita?", perguntou meu pai.

"No faço idéia", disse o médico.

Na manhã seguinte me levantei e pisei de mansinho na perna machucada. Parecia direita. Parecia boa. Andei. Estava ótima. Andei mais. Sim, estava definitivamente ótima.

Desci as escadas para relatar as boas novas e encontrei minha mãe curvada na lavanderia separando roupas.

"Ei, mãe, minha perna está ótima", anunciei. "Posso andar."

"Oh, que bom, querido", disse, cabeça na secadora. "Agora, onde está essa outra meia?"

Não que minha mãe e meu pai fossem indiferentes ao bem-estar físico de seus filhos, de jeito nenhum. Apenas pareciam crer que tudo se resolveria bem, e sempre tinham razão. Em nossa família ninguém jamais teve ferimentos duradouros. Ninguém morreu. Nada ia muito mal — e nada ia muito mal em nossa cidade ou estado também, convenhamos. Perigo era algo que ocorria longe, em lugares como Matsu e Quemoy e o Congo Belga, lugares tão distantes que ninguém tinha muita certeza de onde ficavam.

É difícil para as pessoas hoje lembrarem de como o mundo era gigantesco para todos naqueles tempos, e o quão distantes eram até mesmo lugares bem próximos. Quando fazíamos um interurbano para meus avós em Winfield, soava como se eles estivessem falando de uma estrela distante. Tínhamos de gritar para ser escutados e tapar o ouvido com o dedo para, em contrapartida, captar suas vozes sumidas e metálicas. Estavam a apenas 150 quilômetros, mas essa era uma distância bastante considerável mesmo lá para o fim dos anos 1950. Qualquer coisa mais longe — além de Chicago ou Kansas City, digamos — logo se tornava quase estrangeira. Não é que Iowa fosse longe de tudo. Tudo era longe de tudo.

A América era especialmente abençoada nesse quesito. Tínhamos grandes oceanos nos resguardando à esquerda e à direita e nenhum vizinho a nos preocupar acima ou abaixo, portanto não havia necessidade de ficar temeroso com nada, jamais. Mesmo as guerras mundiais mal afetavam nossa vida doméstica. Durante a Segunda Guerra Mundial, quando o barão cinematográfico Jack Warner percebeu que, de cima, seu estúdio de Hollywood era indistinguível de uma fábrica de aviões das cercanias, mandou pintar uma seta gigante no teto, acima da legenda "A Lockheed fica lá!", para desviar com segurança os bombardeiros japoneses de alguns de seus astros valiosos que não foram à guerra (e isso incluía Gary Cooper, Bob Hope, Fred MacMurray, Frank Sinatra, John Garfield, Gene Kelly, Alan Ladd, Danny Kaye, Cary Grant, Bing Crosby, Van Johnson, Dana Andrews, Ronald Reagan e John Wayne, entre muitos outros heróis valorosos que ajudaram a América a direcionar-se à vitória) e no rumo do alvo correto.

Ninguém jamais soube se Warner falava a sério com seu sinal ou não, mas tanto fazia, porque ninguém esperava mesmo (ao menos, não depois dos primeiros dias alvoroçados da guerra) que os japoneses fossem atacar o continente americano. Ao mesmo tempo, no outro lado do país, quando um deputado mostrou preocupação com o bem-estar das sentinelas do telhado do Capitólio que pareciam nunca se mexer em seus postos ou desfrutar de um momento de descanso, foi informado em surdina de que na verdade eram bonecos, e que suas armas antiaéreas eram maquetes de madeira. Não havia motivo para desperdiçar homens e munição em um alvo que nunca seria atingido, ainda que fosse o quartel-general do governo dos Estados Unidos.

Só para registrar, houve um ataque tripulado ao continente norte-americano. Em 1942, um piloto chamado Nobuo Fujita, a partir de águas costeiras próximas de Oregon, alçou vôo em um hidroavião especialmente modificado levado para lá a bordo de um submarino. O objetivo tortuoso de Fujita era lançar bombas incendiárias nas florestas de Oregon, começando incêndios em grande escala que iriam, se tudo corresse de acordo com o plano, sair do controle e tragar boa parcela da Costa Oeste, matando centenas e deixando os americanos chorando e desmoralizados com a idéia de que todo aquele estrago fora causado por um homenzinho de olhinhos puxados num avião. Na tentativa, as bombas ratearam ou causaram somente incêndios localizados sem maiores conseqüências.

Os japoneses também, durante meses, soltaram nos ventos favoráveis através do Pacífico cerca de 9 mil grandes balões de papel, cada um trazendo uma bomba de treze quilos programada para detonar quarenta horas depois do lançamento — o tempo que se calculava necessário para cruzar o Pacífico até a América. Elas conseguiram explodir um pequeno número de curiosos, cujo último comentário terrestre foi algo no gênero de "Mas que raio você acha que é isso?", porém de resto praticamente não causaram estragos, embora uma tenha chegado até a lonjura de Maryland.

Então, na Guerra Fria, toda essa confortável segurança se evaneceu de chofre, à medida que a União Soviética desenvolvia mísseis balísticos de longo alcance para se equipararem aos nossos. De repente, estávamos num mundo em que algo terrivelmente destrutivo podia cair na gente a qualquer momento sem aviso, onde quer que estivéssemos. Era uma noção alarmante e perturbadora, e reagimos a ela da maneira que era a quintessência dos anos 1950. Ficamos empolgados com ela.

Por uns bons anos, dificilmente se abria uma revista sem tomar conhecimento de alguma nova maravilha destrutiva que podia nos varrer do mapa num piscar de olhos. Um artista chamado Chesley Bonestell se especializou em produzir ilustrações com suntuoso realismo da matança feita pela mão do homem, mostrando foguetes entupidos de ogivas riscando num deslumbre (empolgante!) os céus americanos ou decolando de estações espaciais gigantes em uma Lua belamente iluminada e magnificamente concebida, a caminho de um ataque explosivo ao planeta Terra.

O lance das pinturas de Bonestell era parecerem bem reais, substanciais, fotográficas. Era como olhar algo tal qual acontecera, mais do que imaginá-lo tal como poderia ser. Lembro de estudar, com fascínio infindável e com mais do que uma pontinha de anseio vago, uma ilustração de Bonestell na *Life* que mostrava Nova York no momento da detonação nuclear, uma nuvem de cogumelos gigante subindo da paisagem familiar do centro de Manhattan, uma segunda nuvem se espalhando pelas ramificações do Queens. Essas ilustrações pretendiam assustar, mas, na realidade, empolgavam.*

---

* Bonestell era uma pessoa interessante. Foi arquiteto na maior parte da vida profissional e dirigiu um escritório nacionalmente conhecido na Califórnia até 1938, quando, aos cinquenta anos, de repente largou o emprego e começou a trabalhar como cenógrafo em Hollywood, criando panos de fundo para muitos filmes conhecidos. Como bico, começou também a ilustrar artigos de revistas

Não sugiro que realmente quiséssemos ver Nova York explodida — ao menos, não exatamente. É só que, se acontecesse *mesmo*, dava para ver uma vantagem na coisa. Morreríamos todos, claro, mas nossa última palavra seria um sincero e apreciativo "*Uau!*".

Então, no fim dos anos 1950, os soviéticos conseguiram por tempo breve uma clara liderança na corrida espacial, e a empolgação tomou feição de urgência. O medo era que eles instalassem plataformas espaciais gigantes na órbita geoestacionária logo acima da gente, muito além do alcance dos nossos aviõezecos e das armas fraquinhas, e, desse poleiro confortável, jogassem bombas na gente quando quer que os aborrecêssemos.

Na verdade, isso nunca aconteceria. Devido à rotação da Terra, não dá para jogar bombas do espaço como balões d'água. Para começar, não cairiam; ficariam em órbita. Então teriam de ser detonadas de algum modo, o que demandaria um nível de controle de lançamento que os anos 1950 simplesmente não detinham. E, de qualquer forma, como a Terra gira a mil quilômetros por hora (em média), seria preciso controlar trajetórias precisas ao extremo para atingir um dado alvo. Qualquer bomba disparada do espaço tinha na verdade muito mais probabilidade de cair num campo de trigo do Kansas, ou em qualquer outro lugar da Terra, do que no telhado da Casa Branca. Se o bombardeio mútuo a partir do espaço tivesse sido alguma vez uma opção realista, já teríamos estações espaciais às centenas, acredite.

---

sobre viagens espaciais, criando vistas imaginosas da Lua e dos planetas tal como apareceriam a alguém vindo da Terra. Quando então as revistas nos anos 1950 precisaram de ilustrações realistas de estações espaciais e de plataformas de lançamento lunares, ele era uma escola natural e inspirada. Morreu em 1986, aos 98 anos.

Contudo, os únicos que sabiam disso nos anos 1950 eram os cientistas espaciais, e eles não diriam a ninguém, porque aí não lhes daríamos o dinheiro para desenvolver seus ambiciosos programas. Então as revistas e os suplementos dominicais veiculavam esses relatos esbaforidos do perigo vindo do alto porque seus repórteres não sabiam das coisas, ou não queriam saber de muita coisa, e porque todos eles tinham aqueles desenhos fantásticos do Chesley Bonestell que eram uma beleza de olhar e que se bastavam.

Então, a devastaçao terrestre se tornou tanto ameaça constante como preocupação feliz daquela década curiosamente bifurcada. Filmes do serviço público mostravam como os abrigos particulares contra resíduos radioativos podiam não apenas proteger como *divertir*, com a Mãe, o Pai, Chip e Skip dormindo no subterrâneo, possivelmente anos a fio. E por que não? Tinham montes de comida desidratada e uma pilha inteira de joguinhos. "E a Mãe e o Pai não precisam nunca se preocupar com as luzes falhando, com esse prático gerador a pedal e dois voluntários jovens e fortes para fornecer farto poder muscular!" E nada de escola! Era um estilo de vida a ser considerado.

Para os que não se importavam em se recolher ao subterrâneo, a Associação de Cimento Portland oferecia uma gama de robustas "Casas para a Era Atômica!" — "casas de concreto resistente à explosão" especiais, desenhadas para permitir aos donos sobreviverem "a pressões explosivas esperadas a distâncias tão próximas quanto 1100 metros do ponto zero, de uma bomba com força explosiva equivalente a 20 mil toneladas de TNT". Portanto, os russos podiam jogar uma bomba bem no seu bairro e você podia ficar confortavelmente sentado em casa lendo o jornal da tarde e mal sabendo que havia uma guerra. Pode imaginar erguer uma casa dessas e *não* querer ver se ela agüenta bem um desafio nuclear? Claro que não. Deixa esses babacas jogarem! Estamos *prontos*!

E não era apenas a devastação nuclear que nos cativava e empolgava. O mundo do cinema nos lembrava que poderíamos ser igualmente atacados por discos voadores ou por aliens de braços e pernas esticadões, com voz metálica e armas de raio da morte, e nos introduzia às estimulantes possibilidades de destruição inerentes em insetos mutantes gigantes, megacaranguejos toscos, dinossauros espicaçados, monstros das profundezas, e uma mulher de quinze metros pra lá de emputecida. Não imagino que muita gente, mesmo aqueles que agora votam fielmente nos republicanos, acreditasse que algo disso fosse acontecer de verdade, mas algumas partes do negócio — os óvnis e os discos voadores, por exemplo, eram muito mais plausíveis do que são hoje. Estávamos em uma época, não se esqueça, em que era ainda ampla a crença de que poderia haver civilizações em Marte ou em Vênus. Quase tudo era possível.

E até as revistas mais sérias como a *Life* e a *Look*, o *Saturday Evening Post*, *Time* e *Newsweek* davam espaço de sobra para artigos sobre as formas interessantes como o mundo poderia acabar. Quase não havia limite para o que podia dar errado, segundo teorias diversas. O Sol podia explodir ou subitamente tremeluzir e sumir. Podíamos ser banhados por radiação assassina quando a Terra passasse pelo pisca-pisca brilhante da cauda de um cometa. Poderíamos ter uma nova Era do Gelo. Ou a Terra de algum modo se descolar de sua órbita constante e vaguear pelo sistema solar, como um balão perdido, indo cada vez mais fundo para algum canto frio e escuro do universo. Muito do conceito por trás das viagens espaciais era fugir desses riscos irremediáveis e começar vida nova usando ombreiras mais interessantes dentro de alguma abóbada galáctica distante.

As pessoas estavam seriamente preocupadas com alguma dessas coisas? Quem sabe? Quem sabe o que qualquer um nos anos 1950 estava pensando sobre qualquer coisa, ou se estava mesmo pensando. Só sei que uma leitura atenta de revistas do período gera uma curiosa mistura de otimismo em estado bruto e uma espécie de desespero ansioso. Mais de 40% das pessoas em 1955 pensavam que haveria um desastre global, provavelmente na forma de guerra mundial dentro de cinco anos, e metade delas tinha certeza de que seria o fim da humanidade. Entretanto, a mesma gente que alegava esperar a morte a qualquer minuto estava, ao mesmo tempo, ocupada construindo novas casas, cavando piscinas, investindo em ações, fundos e planos de pensão, e em geral se comportando como gente que espera viver um bom tempo. Era uma época impossível de entender.

Mas mesmo pelos padrões estranhos e elásticos do período, meus pais eram particularmente invulneráveis quando se tratava de preocupação. Até onde posso dizer, não temiam nada, mesmo as coisas com que outras pessoas se preocupavam pra valer. Vejam a pólio. A pólio fora um dado periódico da vida americana desde o fim dos anos 1800 (por que apareceu de súbito nessa época é uma questão que parece não ter resposta), mas se tornou especialmente virulenta no início dos anos 1940, e permaneceu em proporções epidêmicas década seguinte adentro, com entre 30 mil e 40 mil casos no país relatados todo ano. Em Iowa, o pior ano foi 1952, que por acaso foi o primeiro ano completo de minha vida, quando houve mais de 3500 casos — cerca de 10% do total nacional, ou quase três vezes o quinhão normal de Iowa — e 163 mortes. Uma foto famosa da época no *Des Moines Register* mostra famílias agrupadas, incluindo um homem, numa escada do lado de fora do Hospital Infantil Blank em Des Moines, gritando pelas janelas saudações e palavras de apoio a seus filhos de quarentena. Mesmo depois de meio século é uma foto assombrosa, em especial para os que se lembram de como a pólio dava medo.

Assim era por diversos motivos. Primeiro, ninguém sabia de onde vinha e como se espalhava. As epidemias aconteciam em geral no verão, então se associava a pólio a atividades como piqueniques e natação. É por issso que não se devia sentar com roupas molhadas ou engolir água da piscina (a pólio na verdade se espalhava através de comida e água contaminadas, mas a água de piscina, sendo clorada, era, na realidade, um dos ambientes mais seguros). Segundo, afetava desproporcionalmente os jovens, com sintomas que eram vagos e variáveis, sempre difíceis de interpretar. O melhor médico no mundo não podia dizer, nos estágios iniciais, se uma criança tinha pólio ou só gripe, ou um resfriado de verão. Para os que pegavam a pólio, o resultado era imprevisível de maneira assustadora. Dois terços das vítimas se recuperavam de todo depois de três ou quatro dias sem nenhum efeito pernicioso permanente. Mas outros ficavam em parte ou totalmente paralisados. Alguns nem podiam respirar sem ajuda. Nos Estados Unidos, cerca de 3% das vítimas morriam; em surtos em outros cantos, chegava até elevados 30%. A maioria desses pais infelizes que chamavam pelas janelas do Hospital Blank não sabia em qual grupo os filhos terminariam. Não havia nada na coisa que não fosse fonte da mais profunda ansiedade.

Não surpreende que uma espécie de pânico se apoderasse das comunidades quando a pólio era noticiada. Segundo o *Crescendo com Dick e Jane*, uma história dos anos 1950, ao primeiro sinal de uma nova irrupção, "as crianças eram afastadas de piscinas lotadas, arrastadas de cinemas e levadas rápido das colônias de férias para casa no meio da noite. Em jornais e noticiários, crianças condenadas à morte, à paralisia ou a anos em um pulmão de ferro assombravam a nação temerosa. As crianças ficavam horrorizadas à visão de moscas e mosquitos, considerados portadores do vírus. Os pais se apavoravam com febres e queixas de dor de garganta ou de pescoço duro".

Bem, tudo isso é novidade pra mim. Eu não tinha a menor ciência de ansiedade alguma relativa à pólio. Sabia que existia —

tínhamos de formar fila de vez em quando, depois de meados dos anos 1950, para tomar vacina contra ela —, mas não sabia que era para ficarmos assustados. Não sabia de nenhum perigo, qualquer um, em lugar algum. Era uma situação maravilhosa, na realidade. Cresci no período possivelmente mais medroso da história americana e não fazia idéia disso.

Quando eu tinha sete anos e minha irmã doze, meu pai comprou uma perua Rambler azul, um carro tão mal-ajambrado e sem estilo que até os donos de Edsel diminuíam a marcha para rir de você, e decidiu amaciá-lo com uma ida a Nova York. O carro não tinha ar-condicionado, mas eu e minha irmã tivemos a idéia de que, se baixássemos a tampa traseira e ficássemos nela segurando na armação do teto, podíamos virtualmente sair do carro e pegar uma brisazinha refrescante. Na verdade, era como ficar na cara de um tufão. Mais perigoso impossível. Se relaxássemos a agarração por um minuto — para espirrar ou dar uma coçadinha —, nos arriscávamos a ser catapultados de nossa plataformazinha e dar de cara com um caminhão Mack vindo na rabeira.

Se meu pai desse uma freiadona por qualquer motivo — e no mínimo três ou quatro vezes por dia ele nos fornecia súbitas guinadas do tipo "agüenta que lá vem pauleira" e uma espécie de solavanco, freando quando derrubava um cigarro aceso na cadeira no meio das pernas, e ele e minha mãe juntos se metiam numa busca frenética e geralmente divertida —, havia boa possibilidade de sermos arremessados de lado num campo próximo ou lançados — disparados, na verdade — rumo a outro poderoso Mack.

Era, em suma, dum risco insano — pensamento que, é evidente, ocorreu a um patrulheiro rodoviário perto de Ashtabula, Ohio, que botou a luz vermelha para girar, mandou meu pai estacionar e ralhou vinte minutos com ele ferozmente por ser um panaca tão monumental em relação à segurança de seus filhos. Meu pai ouviu tudo mansinho. Quando o patrulheiro por fim partiu, meu pai nos disse em voz baixa que teríamos de parar de andar daquele jeito até que tivéssemos cruzado a linha estadual na Pensilvânia, dentro de uma ou duas horas.

Não foi uma viagem muito boa para meu pai. Ele reservara um hotel em Nova York a partir de um classificado no *Saturday Review* porque era um preço dos bons, e então descobriu que ficava no Harlem. Na primeira noite ali, quando meus pais estavam deitados, exaustos do suplício de achar o caminho de Iowa até o número 1, rua 252, no alto de Manhattan — uma rota não destacada em nenhum guia da Associação Automobilística Americana —, eu e minha irmã decidimos arrumar um negócio para comer. Passeamos pelo bairro um tempinho e achamos uma lanchonete de esquina a uns dois quarteirões. Enquanto estávamos sentados desfrutando nossos hambúrgueres e achocolatados e conversando amigavelmente com vários negros, um carro de polícia passou por ali, parou, deu marcha a ré e estacionou. Dois policiais entraram, olharam em volta desconfiados, e vieram até a gente. Um perguntou de onde viéramos.

"Des Moines, Iowa", respondeu minha irmã.

"*Des Moines, Iowa!*", disse o guarda, estupefato. "Como foi que chegaram aqui de Des Moines, Iowa?"

"Meus pais dirigiram."

"Seus pais *dirigiram* até aqui de Des Moines?"

Minha irmã concordou.

"*Por quê?*"

"Meu pai achou que seria educativo."

"Vir ao Harlem?" Os guardas se olharam. "Onde seus pais estão agora, querida?"

Minha irmã lhes disse que estavam no Hotel W. E. B. DuBois, ou Chateau Cotton Club, ou fosse lá o que fosse.

"Seus pais estão hospedados *lá*?"

Minha irmã concordou.

"Vocês *são mesmo* de Iowa, não são, querida?"

Os guardas nos levaram de volta ao hotel e nos escoltaram até o quarto. Bateram na porta e meu pai atendeu. Os policiais não sabiam se era pra serem firmes ou gentis com meu pai, se o prendiam ou lhe davam um dinheirinho, ou o quê. No final das contas, só o instaram com firmeza a sair do hotel logo de manhãzinha e achar um hotel mais apropriado numa vizinhança mais segura, na baixa Manhattan.

Meu pai não estava exatamente em condição de discutir. Para começar, estava nu da cintura pra baixo. Estava com metade do corpo atrás da porta, para que o policial não tomasse conhecimento de sua situação delicada, mas para nós, sentados na cama, a cena de meu pai, de bunda de fora, falando respeitosa e gravemente com dois policiais grandões de Nova York, era surreal e memorável. Era uma visão que não esquecerei tão rápido.

Meu pai estava bem pálido quando os guardas saíram, e conversou bastante com minha mãe sobre o que faríamos. Resolveram pensar durante a noite. No fim, ficamos. Ora, uma tarifa boa assim, veja bem.

A segunda vez em que percebi que não se devia confiar muito nos adultos foi também a primeira vez em que fiquei genuinamente temeroso dos acontecimentos no mundo em geral. Foi no outono de 1962, pouco antes do meu 11º aniversário, quando estava em casa sozinho assistindo a televisão e o programa foi interrompido para um pronunciamento oficial da Casa Branca. O presidente Kennedy apareceu com cara grave e abatida e revelou que as coisas não iam muito bem quanto à crise dos mísseis cubanos — a respeito de que eu não sabia quase nada àquela altura.

O contexto, se você precisa, é que a América descobrira que os russos estavam se preparando (ou assim pensávamos) para instalar armas nucleares em Cuba, a apenas 150 quilômetros do solo americano. Tanto faz que tivéssemos mísseis a mancheia mirados para a Rússia a partir de distâncias similares na Europa. Não estávamos acostumados a ser ameaçados em nosso próprio hemisfério, e não iríamos aceitar agora. Kennedy ordenou a Kruschev que parasse de construir plataformas de lançamento em Cuba, senão...

O discurso presidencial que vi dizia que estávamos agora na parte do "senão". Lembro disso com clareza absoluta, em boa medida porque Kennedy parecia preocupado e sombrio, não a cara que você quer ver num presidente quando se tem dez anos de idade. Botamos um bloqueio naval em volta de Cuba para expressar nossa insatisfação, e Kennedy agora anunciava que um navio soviético estava a caminho de desafiá-lo. Ele disse que dera ordens para que, se o navio soviético tentasse passar pelo bloqueio, os destróieres americanos deveriam disparar na frente de sua proa como aviso. Se ele continuasse, deveriam afundá-lo. Tal ato poderia, é claro, ser o início da Terceira Guerra Mundial. Isso até eu podia ver. Foi a primeira vez que me apavorei.

O tom de Kennedy evidenciava que tudo isso era bem iminente. Então eu fui e comi o último pedaço de uma torta de chocolate da Toddle House que eu prometera à minha irmã, depois dei um tempinho na varanda dos fundos, querendo ser o primeiro a dizer a meus pais que estávamos todos prestes a morrer. Quando chegaram, me disseram para não me preocupar, que tudo ficaria bem, e é claro que estavam certos, como sempre. Não morremos — embora eu tenha chegado mais próximo disso do que ninguém quando minha irmã descobriu que eu comera seu pedaço de torta.

Na verdade, a morte passou mais perto do que havíamos percebido. Segundo as memórias de Robert McNamara, o então secretário de Defesa, os chefes do Estado-Maior da época sugeriram — na verdade recomendaram com insistência — que jogássemos umas bombas nucleares em Cuba para mostrar determinação e para avisar aos soviéticos que seria melhor nem sequer pensar em colocar armas nucleares em nosso quintal. O presidente Kennedy, segundo McNamara, chegou bem perto de autorizar tal ataque.

Vinte e nove anos depois, após a derrocada da União Soviética, soubemos que o juízo da CIA sobre Cuba estava completamente equivocado e que (agora, surpresa!) os soviéticos na verdade já tinham cerca de 170 mísseis nucleares posicionados em solo cubano, todos apontados para nós, é claro, e todos teriam sido disparados em retaliação imediata a um ataque americano. Imagine uma América com 170 de suas maiores cidades — o que, só para constar, incluiria Des Moines — detonadas. E é claro que não teria parado por aí. Foi o quão perto chegamos de morrer.

Não confiei mais em adultos nem por um momento de lá para cá.

12. Batendo perna

Jackson, Mich. (UP) — Uma adolescente e seu irmão de doze anos foram acusados no sábado pela polícia de tentar matar os pais derramando gasolina em sua cama e pondo fogo enquanto dormiam. As crianças disseram à polícia que os pais eram "muito rigorosos e estavam sempre resmungando". O sr. e a sra. Sterling Baker tiveram mais de 50% do corpo queimado e foram internados em condição estável em um hospital.

Des Moines Tribune, 13 de junho de 1959

Todo verão, quando a escola estava de férias havia um tempo e meus pais já tinham me agüentado tanto quanto podiam em uma temporada, vinha um momento altamente receado, quando eles me levavam para Riverview, um parquinho de diversões meio descascado num distrito comercial mortiço no norte da cidade, com dois dólares no bolso e instruções para me divertir por no mínimo oito horas, se possível mais.

A Riverview era uma instituição aflitiva. A montanha-russa, um maciço do Himalaia feito de madeira caduca, era a construção mais bamba e mais desalentadora de todos os tempos. Os carrinhos eram forrados, dentro e fora, por 35 anos de pipoca entornada e vômito histérico. Fora construído em 1920, e você podia sentir sua idade em cada vergada nas juntas e em cada estalo nos suportes. Era enorme — cerca de seis quilômetros de comprimento, acho, e uns 3500 metros de altura. Era de longe o brinquedo mais assustador já construído. As pessoas nem sequer gritavam nele; ficavam demasiado petrificadas para emitir qualquer tipo de som. Quando ele passava, o chão tremia com intensidade crescente, expelia das vigas nojentas uma chuva — na verdade, uma espécie de avalanche — de pó e merda velha de pássaro. Pouco depois, vinha uma chuvarada de vômito.

A turma encarregada do passeio era toda inspirada de perto em Richard Speck, o assassino de Chicago. Passaram a vida profissional massageando espinhas no rosto e conversando com grupos de animadas jovens de meias soquete, que, por razões imponderáveis, os assediavam. As voltas não tinham marcadores de tempo de nenhum tipo; então, se os funcionários fossem transar nas cabinezinhas, ou pulassem a cerca e fugissem pelo terrenão do outro lado quando do aparecimento de dois homens com um mandado, os passeantes podiam ser deixados por períodos indefinidos — dias, se o empregado tivesse se escafedido com uma chave ou uma manivela vitais. Conheci um garoto chamado Gus Mahoney que foi mantido na Mad Mouse por tanto tempo, e sofreu tantas forças-G, que por três meses seguidos não pôde pentear o cabelo para a frente e suas orelhas quase encostavam na nuca.

Mesmo os carrinhos bate-bate eram de uma vivacidade insana. Vista de longe, a tenda dos carrinhos bate-bate parecia uma oficina de soldador devido à quantidade de faíscas chovendo do teto, que sempre ameaçavam cair em você no carrinho, tornando o passeio ainda mais vivaz. Os funcionários do bate-bate não só permitiam as batidas frontais como ativamente as encorajavam. Os carros eram tão envenenados que bastava encostar no acelerador, mesmo que de leve ou tateante, e ele disparava a tal velocidade que sua cabeça se tornava apenas uma esfera urrante na ponta de um varapau. Não havia como controlar os carros uma vez postos em movimento. Ficavam lá voando, selvagens, quase não mantendo contato com o chão, até que se espatifassem em algo sólido, dando a você a oportunidade súbita de examinar o volante com o rosto, bem de perto.

A pior hipótese era meter-se num carro que se revelava temperamental e lerdo, ou que escangalhava, porque outros quarenta motoristas, muitos deles criancinhas que nunca haviam tido oportunidade de se vingar em nada maior do que um sapo nervoso, voavam em cima com alegria desenfreada de todos os ângulos possíveis. Uma vez vi um menino num carro quebrado se mandar enquanto o brinquedo ainda estava em movimento — essa era a coisa que se *sabia* que nunca se devia fazer — e cambalear estupefato através do trânsito brabo para chegar à borda. No que pôs o pé no chão de metal, mais de 2 mil feixes de eletricidade azulados e crepitantes saltaram nele de todos os lados, acendendo-o como uma lanterna de papel e transformando-o em uma espécie de raio X vivo. Dava para ver cada osso no corpo dele e a maioria dos órgãos maiores. Por milagre conseguiu se esquivar dos carros que arremessavam contra ele — e eram todos, é claro — e desmoronou no lado de fora, na grama crescida, onde ficou soltando fumacinha pelo alto da cabeça e pedindo que alguém transmitisse à sua mãe que ele a amava. Mas, tirando um zumbido permanente nos ouvidos, ele não sofreu maiores danos, embora os ponteiros do seu relógio do Zorro tivessem ficado para sempre congelados nas 2h10.

Não tinha nada em Riverview que não fosse horrível. Até o Túnel do Amor era uma provação. Havia sempre um gozador no barco da frente que dragava uma viscosa bola de catarro e com um poderoso *fuóp* a disparava no teto rebaixado — ação conhecida como "dependurar a meleca". Lá ficava ela, uma estalactite de saliva, antes de revestir a cara de um navegante seguinte. O truque de um giro bem-sucedido — e aqui falo com certa autoridade — nada tinha a ver com cuspe, mas com a velocidade com que você conseguia correr quando o barco parava.

O Riverview também era onde você descobria que os garotos do outro lado da cidade queriam vê-lo morto, e estavam prontos para aproveitar qualquer oportunidade, em qualquer canto escuro, para pegá-lo de jeito. Garotos do distrito de Riverview iam a um ginásio tão desolado e ordinário que nem tinha nome direito, apenas uma designação geográfica: Ginásio Norte. Detestavam os garotos do Ginásio Theodore Roosevelt, posto avançado do privilégio, do conforto e dos sapatos de qualidade a que estávamos destinados. Aonde quer que você fosse no Riverview, mas em especial se se desviasse do grupo (ou, no caso de Milton Milton, não tivesse grupo), sempre havia uma boa chance de ser puxado para as sombras, vivamente espancado e aliviado da carteira, dos sapatos, dos ingressos e das calças. Havia sempre algum garoto — na verdade, era sempre o Milton Milton, agora que penso no assunto — vagando consternado de cuecas frouxas, ou no pé da montanha-russa choramingando desamparado para seus jeans dependurados numa viga a cem metros de altura.

Conheci garotos que imploravam aos pais que não os deixassem em Riverview, garotos cujos dedos tinham de ser removidos dos trincos das portas dos carros e arrancados das pernas de quaisquer adultos passantes, garotos que deixavam sulcos de dez centímetros de profundidade na terra com os calcanhares no trajeto pelo qual eram arrastados, do carro até o portão de entrada, eram empurrados pela catraca e recebiam ordem de se divertir. Era como ser colocado numa jaula de leão.

A diversão anual com que todo mundo genuinamente ficava empolgado era a Feira Estadual de Iowa realizada nos espaços enormes, bem distantes, da extremidade leste da cidade, todo final de agosto. Era uma das maiores feiras do país; o filme *A feira da vida* foi rodado e baseado na Feira Estadual de Iowa, fato que nos encheu de um orgulho singular, embora ninguém conhecido tivesse visto o filme nem soubesse de algo sobre ele.

A feira estadual acontecia no período mais abafado e calorento do ano. Você passava o tempo todo empapado de suor e comendo comidas insalubres — raspadinhas, algodão-doce, picolés, sanduíches de sorvete, cachorros-quentes de mais de metro banhados em temperos gosmentos, baldes da limonada mais açucarada do mundo — até quase virar uma folha ambulante de papel pega-mosca, coberto da cabeça aos pés com manchas brilhantes e insetos semimortos grudados.

A feira estadual era, grosso modo, uma celebração da forma agrícola de vida. Tinha vastos salões cheios de acolchoados, geléias, espigas de milho cabeludas e mesas recheadas de tortas abobadadas do tamanho de pneus de carro. Tudo que podia ser cultivado, cozinhado, enlatado ou costurado era cuidadosamente conduzido a Des Moines de todos os cantos do estado e entrava em competição febril. Havia também mostruários de novos tratores reluzentes e outros produtos comerciais em um salão das maravilhas conhecido como o Edifício das Indústrias Variadas, e todo ano havia um negócio chamado a Vaca de Manteiga, que era uma vaca de tamanho real esculpida em um enorme (bom, do tamanho de vaca) bloco de manteiga. Era considerada uma das maravilhas de Iowa e de um pouco além, e sempre tinha uma multidão apreciativa em torno.

Além dos prédios da mostra havia séries de enormes pavilhões fedorentos, cada um de vários alqueires de extensão, cheios de cercadinhos de animais, na maioria habitados por porcos, e a visão espantosa de centenas de rapazes agitados polindo, lavando e enfeitando seus porcões amados na esperança de ganhar uma fitinha de cetim colorido e de levar a glória para casa em Grundy Center ou Pisgah. Parecia um jeito esquisito de cortejar a fama.

Para a maioria, a atração real da feira era o centro, com seus brinquedos barulhentos, jogos de azar e espetáculos secundários. Mas havia um lugar que todos os meninos sonhavam visitar acima de tudo: a barraca das strippers.

A barraca das strippers tinha as luzes mais brilhantes e a música mais pulsante. Vez por outra o animador trazia uma das garotas, trajada com pudor, e desfilava com ela num palcozinho aberto, enquanto sugeria — olhando cada um de nós bem nos olhos — que essas garotas não podiam conceber maior satisfação na vida que dividir seus dotes naturais com um público de rapazes apreciativos e vigorosos. Todas pareciam superbonitas — mas é que a minha temperatura *ficava* acima de 45 graus só de pensar em estar no mesmo planeta de moças de uma virtude tão miraculosamente complacente e posso, então, ter ficado meio delirante.

O problema é que tínhamos doze anos quando ficamos seriamente interessados na barraca das strippers, e era preciso ter treze para entrar. Um aviso pendurado na cabine de ingressos deixava explícito. Joe, irmão mais velho de Doug Willoughby, tinha treze anos, entrou e saiu caminhando nas nuvens. Não dizia muito mais coisa além de terem sido os melhores 35 centavos que já gastara. Estava tão entusiasmado que foi mais três vezes e anunciou que fora melhor a cada vez.

Naturalmente, circundávamos a barraca das strippers repetidas vezes procurando uma brecha de qualquer tipo, mas era o Fort Knox de lona. Cada milímetro da borda estava pregado no chão, cada orifício de metal, lacrado firme. Dava para ouvir música, dava para ouvir vozes, dava até para ver os contornos indistintos do público, mas não dava para discernir a menor insinuação de uma forma feminina. Até Doug Willoughby, a pessoa mais engenhosa que conheci, estava completamente aparvalhado. Era um suplício saber que não havia nada além dessa parede de tela ondulada entre a gente e a epiderme feminina viva, respirante e sem adornos, mas, se Willoughby não conseguia achar um jeito de passar, não havia jeito de passar.

No ano seguinte juntei todo tipo de identidade que pude encontrar — boletins escolares, certidão de nascimento, cartão da biblioteca, cartão gasto de integrante do Fã-Clube do Sky King, tudo que indicasse minha idade ainda que vagamente — e fui direto à barraca com Buddy Doberman. Estava recém-pintada com imagens de pin-ups curvilíneas em tamanho real, no estilo de Alberto Vargas, e pareciam *muito* promissoras.

"Duas para a fila da frente, por favor", eu disse.

"Sumam", disse o homem grisalho que vendia ingressos. "Garotos não entram."

"Ah, mas tenho treze anos", eu disse, e comecei a puxar atestados das minhas pastas.

"Não tem idade", disse o homem. "Tem que ter catorze." E cutucou o aviso pendurado. O "13" fora coberto com um pedaço de papelão dizendo "14".

"Desde quando?"

"Desde este ano."

"Mas por quê?"

"Regras novas."

"Mas isso não é justo."

"Garoto, se está invocado escreva pro seu deputado. Eu só recebo o dinheiro."

"É, mas..."

"Você está atrasando a fila."

"É, mas..."

"Suma!"

Então eu e Buddy Doberman nos retiramos enquanto uma fila de rapazes nos dava uma olhada sacana. "Voltem quando crescerem", gargalhou um rapaz de um lugar chamado, suponho, Imbecilândia, e depois desapareceu sob uma destruidora olhadela de VisãoTrovão.

Entrar na barraca das strippers se tornaria a principal preocupação dos meus anos pubescentes.

Na maior parte do ano não tínhamos o Riverview ou a Feira Estadual para nos distrair, então íamos para o centro e só ficávamos de bobeira. Éramos ótimos em ficar de bobeira. As manhãs de sábado eram prioritariamente dedicadas a obter uma posição elevada — tetos de edifícios de escritório, janelas no fim de corredores compridos nos hotelzões — e deixar cair coisas moles ou molhadas nos compradores abaixo. Passávamos muitas horas felizes também perambulando pelos bastidores de lojas de departamentos e de edifícios de escritórios, olhando despensas e armários, experimentando válvulas de vapor em salas de aquecedores, fuçando caixas em armazéns.

O truque era nunca se comportar de modo furtivo, mas agir como se você não percebesse que estava no lugar errado. Se encontrasse um adulto, podia escapar da captura ou da detenção imediatamente fazendo uma pergunta boba: "Com licença, senhor, este é o caminho para o escritório do doutor Mackenzie?", ou "Pode me dizer onde fica o banheiro masculino, por favor?". Esse procedimento nunca falhava. Com uma risadinha feliz o zelador desmascarador nos guiava de volta à luz do dia e nos liberava com um tapinha na cabeça, sem saber que sob nosso casaco havia treze rolos de fita isolante, dois pequenos extintores de incêndio, uma máquina de somar, um calendário semipornográfico tirado da parede do seu escritório e um grampeador letal pacas.

Aos sábados costumeiramente havia as matinês, em geral envolvendo uma exibição dupla de todos os filmes a que minha mãe não me levava — *O homem do Planeta X*, *A vingança de Godzilla*, *Zumbis da estratosfera*, algo com a propaganda "metade homem, metade animal, mas MONSTRO POR INTEIRO" — mais um punhado de desenhos animados e uns curtas dos Três Patetas, só para garantir que estávamos ao máximo em ponto de bala. As atrações principais geralmente envolviam alguns dinossauros refratários, animados aos solavancos, um enxame de insetos mutantes gigantes e muitos milhares de japoneses preocupadíssimos correndo pelas ruas da cidade pouco à frente de uma grande leva de pés esmagadores.

Esses filmes quase sempre eram baratinhos, com atuações ruins e muito incoerentes, mas isso não importava, porque as matinês de sábado não tinham a ver com assistir a filmes. Tinham a ver com correria selvagem, fazer barulho, travar batalhas ferrenhas envolvendo doces jogados e assegurar-se de que toda superfície horizontal estivesse enterrada em no mínimo cinco centímetros de pipoca derramada e potes vazios. Essencialmente, as matinês eram um convite para que 4 mil crianças fizessem quatro horas de arruaça em um espação escuro.

Antes de cada exibição, o gerente — quase sempre um careca de mau humor com gravata-borboleta e cara vermelhíssima — subia ao palco para anunciar, ameaçador, que se *qualquer* criança — qualquer uma mesmo — fosse pega jogando balas, ou parecesse prestes a jogar balas, seria apanhada pelo colarinho e entregue aos braços da polícia. "Estou de olho em vocês, e sei onde vocês moram", o gerente dizia e nos exibia uma carranca final. Então as luzes se reduziam e uns 20 mil pedaços de doce voador choviam nele e no palco.

Às vezes os filmes eram tão populares, ou o gerente tão verde e ingênuo, que o balcão era aberto, dando a cerca de mil garotos o privilégio feliz de serem capazes de despejar substâncias molhadas e pegajosas no enxame desamparado abaixo. A direção do Teatro Paramount certa vez foi confiada a um jovem tragicamente agradável que nunca lidara com crianças em nível profissional. Ele introduziu um intervalo no qual crianças aniversariantes que haviam preenchido um cartão eram chamadas ao palco e podiam mexer numa caixona, da qual extraíam um brinquedo, uma caixa de balas ou um certificado de presente. Na segunda semana, 11 mil crianças haviam preenchido cartões de aniversariante. Muitos faziam sete ou oito viagens extras ao palco sob identidades vagamente declaradas. Tanto o gerente como os presentes grátis já eram na terceira semana.

Mas até quando corria tudo bem, as matinês não faziam sentido do ponto de vista econômico. Cada garoto gastava 35 centavos para entrar e outros tantos em refrigerante e bala, mas custava 4,25 dólares em consertos, limpeza e remoção de chiclete. Em conseqüência, as matinês tendiam a circular de cinema em cinema — do Varsity ao Orpheum, ao Holiday, ao Hiland — à medida que os gerentes abandonavam a profissão, tinham colapsos nervosos ou saíam da cidade.

Muito de vez em quando, os estúdios cinematográficos ou um patrocinador distribuíam brindes. Estes eram quase sempre imprudentes. Na estréia de *Os pássaros*, o Orpheum distribuiu sacolas de meio quilo de alpiste aos quinhentos espectadores. Pode imaginar dar alpiste a quinhentas crianças sem supervisão prestes a entrar em um auditório escuro? Fato pouco conhecido é que o alpiste, quando empapado em Coca-Cola e expelido por um canudo, pode cobrir até sessenta metros em velocidades próximas ao Mach 1, e gruda feito cola em qualquer coisa — paredes, tetos, telas de cinema, tecidos macios, lanterninhas moças aos berros, a parte de trás do paletó e da cabeça do gerente, qualquer coisa.

Como os filmes eram tão ruins e a ação verdadeira estava no saguão, ninguém ficava sentado quieto muito tempo. A cada meia hora aproximada, ou antes, se na tela ninguém estivesse cambaleando com uma estaca no olho ou um machado na nuca, a gente se levantava e saía para ver se não havia nada digno de investigação nas áreas públicas do teatro. Além das banquinhas no saguão, a maioria dos cinemas também tinha máquinas vendedoras em cantos escuros e sem supervisão, e estas sempre valiam uma olhadinha. Havia uma convicção geral de que logo acima de onde os copos caíam ou as barras de doce deslizavam — um tanto fora do alcance, porém duma proximidade torturante — havia várias alavanquinhas e interruptores que, se acionados, soltariam todo o doce de uma vez ou, possivelmente, estimulariam o mecanismo de troco a liberar uma cascata de moedas prateadas. Doug Willoughby uma vez trouxe uma lanterninha e um daqueles espelhos tortos que os dentistas usam e deu uma boa olhada no âmago de uma máquinha vendedora do Orpheum, e convenceu-se de que se ele achasse alguém com braços suficientemente compridos poderia fazer da máquina sua escrava.

Aí você pode imaginar o deleite na cara dele no dia em que lhe trouxeram um garoto de uns dois metros e dezoito quilos. Tinha uns braços de mangueira de jardim. E, o melhor de tudo, era dócil e apagado. Encorajado por um magote de observadores que rapidamente passou a uma multidão de uns duzentos, o garoto, obsequioso, se ajoelhou e enfiou o braço na máquina, sondando segundo as orientações de Willoughby. "Para a esquerda um pouquinho", dizia Willoughby, "passe o condensador, vá embaixo da bobina e veja se não acha uma tampa com dobradiças. É a caixa de mudanças. Está sentindo?"

"Não", o garoto respondeu, então Willoughby botou mais um pouquinho de braço.

"Agora sente?", perguntou Willoughby.

"Não, mas — ai!", disse o garoto subitamente. "Tomei um choquezão."

"É o fio terra", disse Willoughby. "Não encoste nele de novo. Vou lhe dizer, de verdade, não encoste nele de novo. Tente contornar." Botou mais um pouco de braço. "Sente agora?"

"Não sinto nada, meu braço dormiu", disse o garoto depois de um tempo, e então acrescentou: "Estou preso. Acho que minha manga prendeu em alguma coisa". Ele fez careta e manobrou o braço, mas não saía. "Não, estou preso mesmo", anunciou por fim.

Alguém foi buscar o gerente. Ele veio esbaforido um ou dois minutos depois, acompanhado por um de seus assistentes apalermados.

"Mas que diabo", resmungava, abrindo caminho pela multidão. "Chega para o lado, para o lado. Maldição. Que diabo. Que diabo é isso? Malditos garotos. *Sai*, garoto. Maldito seja esse inferno. Maldito. Maldito. Que diabo." Ele chegava à frente da multidão e via, para seu espanto e desgosto, um menino violando obscenamente as vísceras de uma das máquinas vendedoras. "Que diabos está *fazendo*, malandrão? Tira o braço daí."

"Não dá. Tô preso."

O gerente deu um puxão no braço do garoto. O garoto choramingou de dor.

"Quem te botou nessa?"

"Todos eles."

"Está ciente de que é delito federal mexer no interior de uma máquina Food-O-Mat?", disse o vendedor, enquanto puxava mais e o garoto choramingava. "Você está numa *baita* confusão, rapaz. Vou acompanhá-lo pessoalmente à delegacia. Não quero nem *pensar* em quanto tempo você vai ficar no reformatório, mas já estará fazendo a barba na hora da sua próxima matinê, malandro."

O braço do garoto não saía, embora agora estivesse vários centímetros mais comprido que antes. Resmungando, o gerente arrumou um enorme molho de chaves — o tipo de molho que, ao ser visto, faz um homem que nem ele largar todos os demais planos e ir direto para a gerência de cinemas —, destrancou a máquina e abriu a porta, arrastando o garoto queixoso. Pela primeira vez na história o interior de uma máquina vendedora ficou à vista das crianças. Willoughby descolou lápis e caderno e começou a rascunhar. Era uma visão arrebatadora — duzentas barras de doce empilhadas em coluna, cada uma residindo numa vaguinha inclinada.

Enquanto o gerente se debruçava para tentar desemaranhar o braço e a camisa do garoto da porta, duzentas mãos passaram por ele e habilmente esvaziaram a máquina.

"Ei!", disse o gerente quando percebeu o que estava acontecendo. Furioso e soltando perdigotos, ele tomou uma caixona de Milk Duds de um menininho que passava.

"Ei! É meu!", o menino protestou, agarrando de volta e segurando firme a caixa com as mãos. "É meu! Eu paguei por ele!", gritou, pés balouçando a dez centímetros do chão. Enquanto lutavam, a caixa se rasgou e todo o conteúdo se derramou. Nisso, o menino cobriu o rosto com as mãos e começou a chorar. Duzentas vozes bronquearam brabo com o gerente, mostrando que a máquina Food-O-Mat não dá Milk Duds. Durante essa distração momentânea, o garoto de braço comprido se desvencilhou da camisa e fugiu de peito nu para o teatro — um ato de iniciativa surpreendente que deixou a todos embasbacados de admiração.

O gerente se virou para o assistente apalermado. "Pegue aquele garoto e leve para o meu escritório."

O assistente hesitou. "Mas eu não sei como ele é", disse.

"Perdão?"

"Não vi a cara dele."

"Está sem camisa, imbecil. De peito nu!"

"É, mas continuo sem saber como ele é", resmungou o assistente, e embrenhou-se no teatro, lanterna dardejando.

O menino de braço comprido nunca mais foi visto. Duzentos garotos ganharam doce de graça. Willoughby conseguiu estudar o interior da máquina vendedora e destrinchar como ela funcionava. Foi uma vitória fora do comum para os habitantes do Mundo Infantil sobre as forças sombrias e repressivas do Mundo Adulto. Foi também a última vez que o Orpheum teve uma matinê para crianças.

Willoughby era a pessoa mais esperta que já conheci, particularmente em relação a coisas mecânicas e científicas. Depois ele me mostrou o rascunho que fizera quando a porta estava aberta. "É espantosamente simples", disse. "Eu mal podia crer na falta de complexidade. Sabe, não tem um defletor interno ou um portão de refluxo. Dá para acreditar?"

Demonstrei estar preparado para ficar maravilhado como qualquer um.

"Não há nada para impedir a entrada reversa — nada", disse, meneando a cabeça com espanto, e deslizou os esquemas para o bolso de trás.

Na semana seguinte não houve matinê, mas fomos assistir a *A conquista do Oeste*. Passada cerca de meia hora de filme, ele me levou até a máquina Food-O-Mat, enfiou a mão no bolso e puxou duas antenas de carro retráteis. Estendendo-as, ele as inseriu na máquina, manipulou-as brevemente e lá veio uma caixa de Dots.

"Você gostaria do quê?", ele disse.

"Poderia ser uns Red Hots?", perguntei. Eu adorava Red Hots.

Ele se infiltrou de novo e uma caixa de Red Hots desceu. E assim Willoughby se tornou meu melhor amigo.

Willoughby era espantosamente esperto. Foi o primeiro que conheci a concordar comigo sobre o Mundo Bizarro, o lugar onde as coisas andavam ao contrário, embora por razões mais refinadas que as minhas.

"É ridículo", ele concordava. "Pense no que faria com a matemática. Não daria mais para ter números primos."

Aquiesci cautelosamente. "E quando eles ficassem enjoados teriam que sugar o vômito de volta para a boca", acrescentei, tentando levar a conversa de novo a terreno mais confortável.

"A geometria iria pelo cano", continuava Willoughby, e começava a listar todos os teoremas que se desmontariam em um mundo andando ao contrário.

Com freqüência tínhamos conversas desse tipo, nas quais falávamos da mesma coisa, mas de perspectivas separadas por quilômetros. Ainda assim, era melhor do que tentar discutir o Mundo Bizarro com Buddy Doberman, que ficou surpreso em saber que não era um lugar real.

Willoughby tinha um talento absoluto para imaginar como se divertir em circunstâncias não favoráveis. Uma vez seu pai veio nos dar uma carona do cinema para casa, mas disse que teria de parar na prefeitura para pagar seus impostos sobre a propriedade ou coisa assim, então ficamos sentados no carro em um estacionamento junto a um prédio de escritórios na rua Cherry por vinte minutos. Normalmente isso seria a circunstância menos interessante em que alguém poderia se encontrar, mas tão logo seu pai virou a esquina, Willoughby pulou do carro e girou o lavador de pára-brisa — eu nem sabia que se podia fazer tal coisa — de modo que ele apontasse para a calçada, depois sentou no assento do motorista e me disse para, de jeito nenhum, fazer contato visual ou reparar em qualquer um passando por ali. Então toda vez que alguém passava, ele o esguichava — e lavadores de pára-brisa expelem *muita* água, uma quantidade surpreendente, acredite.

As vítimas paravam perplexas no ponto onde haviam sido ensopadas e olhavam desconfiadas em nossa direção — mas nossas janelas estavam levantadas e nós lhes parecíamos completamente indiferentes. Então se viravam para estudar o prédio atrás, e Willoughby os estocava nas costas com mais uma rajada encharcante. Foi maravilhoso, o maior barato que já tive. Ainda estaria lá, se dependesse de mim. Quem pensaria em investigar um lavador de pára-brisa para fins de diversão?

Como eu, Willoughby era um adepto do Bishop's, mas ele era um comensal mais ousado e criativo do que eu jamais poderia ser. Gostava de acender a luz da mesa e fazer estranhos pedidos à garçonete.

"Poderia trazer uns aromatizantes de Angostura, por favor?", dizia com cara doce de santinho. Ou: "Por favor, você me arrumaria alguns cubos de gelo novos? Estes estão bem deformados". Ou: "Você teria por acaso uma concha extra e umas pinças?". E a garçonete saía em passadas largas para ver o que podiam arrumar. Havia algo na sua cara jovial que inspirava a vontade de agradar.

Em outra ocasião ele tirou do bolso, com certo floreio teatral, um lenço branco dobradinho, do qual extraiu um besourão preto, achatado, feioso, com tenazes e perfeitamente preservado — conhecido em Iowa como besouro de junho — e o botou à deriva na sua sopa de tomate. Flutuava lindamente. Quase se poderia supor desenhado para esse fim.

Aí ele acendeu a luz da mesa. Uma garçonete que se aproximava, enxergando o besouro, guinchou e derrubou uma bandeja vazia, e chamou o gerente, que veio depressinha. O gerente era uma daquelas pessoas que estão tão permanente e compreensivelmente estressadas que até seus cabelos e roupas parecem desarvorados. Tinha cara de quem acabara de sair de um túnel de vento. Ao ver o inseto flutuante, na mesma hora entrou em colapso nervoso.

"Ó meu Deus", ele dizia. "Ó meu Deus, meu Deus. Não sei como isso foi acontecer. Isso nunca aconteceu antes. Ó meu Deus, peço milhões de desculpas." Ele arrebatou da mesa a tigela criminosa, segurando-a na ponta dos dedos, como se fosse efetivamente contagiosa. Disse à garçonete: "Mildred, providencie a esses jovens o que eles quiserem — *o que* eles quiserem". Para nós, disse: "Que tal uns sundaes com calda? Isso ajeitaria as coisas?".

"Sim, por favor!", respondíamos.

Ele estalava os dedos e mandava Mildred buscar os sundaes. "Com muitas nozes e cerejas extras", gritou. "E não esqueça do chantili." Virou-se para a gente, todo confidencial. "Agora, vocês não vão contar a ninguém sobre isso, vão, meninos?"

Prometemos que não.

"O que seus pais fazem?"

"Meu pai é da vigilância sanitária", Willoughby disse vivamente.

"Ó meu Deus", disse o gerente, ficando branco-cera, e correu para certificar-se de que nossos sundaes eram os maiores e os mais elaborados já servidos no Bishop's.

No sábado seguinte, Willoughby me conduziu ao Bishop's novamente. Dessa vez ele bebeu metade da água, daí tirou do casaco um pote cheio de água do charco, que utilizou para completar seu copo. Quando segurou o copo contra a luz, havia uns dezesseis girinos nadando.

"Com licença, mas a minha água fica assim mesmo?", perguntou ele a uma garçonete de passagem, que encarou a água com um olhar pasmo, depois saiu em busca de reforço. Num minuto tínhamos meia dúzia de garçonetes examinando a água consternadas, mas sem guinchos. Um instante depois nosso amigo gerente apareceu.

Ele levantou o copo. "Ó meu *Deus*", disse e empalideceu. "Milhões de desculpas. Não sei como isso foi acontecer. Nada assim nunca aconteceu." Ele olhou mais de perto para Willoughby. "Diga lá, não era você aqui na semana passada?"

Willoughby concordou, humildemente.

Presumi que estávamos prestes a ser postos pra fora com puxões de orelhas, mas o gerente disse: "Bem, peço mil desculpas novamente, filho. Não consigo dizer o quanto". Virou-se para a garçonete: "Esse rapaz parece estar azarado". E para a gente: "Vou pegar os sundaes de vocês", e foi para a cozinha, parando aqui e ali no caminho para se abaixar e olhar discretamente a água dos outros fregueses.

Coisa que sempre faltava a Willoughby era a noção das medidas. Implorei-lhe que não forçasse a sorte, mas na semana seguinte ele insistiu para irmos de novo ao Bishop's. Me recusei a sentar com ele, porém peguei uma mesa do outro lado e observei enquanto ele, azafamado, tirava do bolso uma sacola de papel marrom e cuidadosamente despejava na sopa cerca de um quilo de moscas e mariposas mortas recuperadas da luminária do seu quarto. Formaram um montículo de uns sete centímetros de altura. Era uma visão magnífica, mas talvez um tanto precária em termos de plausiblidade.

Por acaso o gerente estava passando quando Willoughby acendeu a luz. Olhou para a tigela criminosa com horror e completo desalento, e depois para Willoughby. Por um instante, pensei que fosse desmaiar ou mesmo morrer. "Mas isso não é poss...", disse, e então uma lâmpada gigante acendeu sobre sua cabeça, quando ele percebeu que de fato não era possível servir a ninguém uma tigela de sopa com meio quilo de insetos mortos dentro.

Com contenção louvável, ele acompanhou Willoughby até a porta de rua e lhe pediu — não exigiu, apenas lhe pediu calma, polida e sinceramente — que nunca mais voltasse. Foi um banimento terrível.

* * *

Todos os Willoughby — mãe, pai, quatro meninos — eram dotados de brilhantismo. Eu pensava que tínhamos um monte de livros em casa devido às duas grandes estantes na sala. Daí fui à casa dos Willoughby. Eles tinham livros e estantes em *todo canto* — no corredor e nas escadas, no banheiro, na cozinha, em todas as paredes da sala. Ademais, os deles eram obras de peso verdadeiro — romances russos, livros de história e filosofia, livros em francês. Percebi que não dávamos nem para a saída.

E os livros deles eram lidos. Uma vez eu me lembro de Willoughby me mostrar um parágrafo sobre bestialismo entre garotos de fazenda com que ele se deparara em um longo artigo sobre uma outra coisa na *Enciclopédia Britânica*. Não lembro dos detalhes agora — não é o tipo de coisa que se guarde por quarenta anos —, mas o xis da coisa era que 32% dos garotos de fazenda em Indiana (ou algo assim; tenho certeza absoluta de que era Indiana; e certamente era um número alto) vez por outra tinham se valido de práticas sexuais com o rebanho.

Isso me espantou até não poder mais. Nunca me ocorrera que qualquer garoto de fazenda, ou outro ser humano, em Indiana ou onde quer que fosse, toparia fazer sexo com um animal, e contudo aqui estava a prova impressa, numa publicação respeitável, de que uma proporção significativa deles tinha no mínimo dado uma tentadinha (o artigo era meio recatado no que se referia à duração dessas relações). Mas ainda mais surpreendente que o fato em si era descobri-lo. A *Enciclopédia Britânica* chegava a 23 volumes distribuídos em 18 mil páginas — uns 50 milhões de palavras no total, eu calcularia — e Willoughby achara o único parágrafo instigante daquilo tudo. Como ele fez aquilo? Quem lê a *Enciclopédia Britânica*?

Willoughby e seus irmãos me abriram novos mundos e possibilidades insuspeitas. Era como se eu tivesse desperdiçado todos os momentos da existência até então. Na casa deles qualquer coisa podia ser fascinante e divertida. Willoughby dividia um quarto com seu irmão Joe, que era um ano mais velho e não menos brilhante em ciência. O quarto deles era mais laboratório que quarto. Havia aparelhos em todo canto — provetas, frascos, retortas, bicos de Bunsen, potes com produtos químicos de toda feição — e livros sobre todo assunto imaginável, todos bem manuseados: mecânica aplicada, mecânica das ondas, engenharia elétrica, matemática, patologia, história militar. Os meninos Willoughby estavam sempre fazendo coisas ambiciosas e em grande escala. Faziam os próprios balões a hélio. Faziam os próprios foguetes. Faziam a própria pólvora. Um dia eu cheguei e descobri que haviam construído um canhão rudimentar — um modelo de testes — a partir de um pedaço de cano de metal, dentro do qual enfiaram pólvora, bucha e um rolamento de prata do tamanho aproximado de uma bola de gude. Puseram-no num velho toco de árvore no quintal apontado para uma chapa de compensado a uns cinco metros. Então acenderam o pavio e recuamos todos para um posto seguro, atrás de uma mesa de piquenique deitada de lado (no caso de que o negócio todo explodisse). Enquanto observávamos, o pavio aceso de algum modo desequilibrou o cano e ele começou a rolar lentamente pelo toco, assumindo um novo ângulo. Antes que pudéssemos reagir, disparou com um estouro estupendo e detonou uma janela de banheiro no andar de cima de uma casa a três portas de distância. Ninguém se feriu, mas Willoughby ficou de castigo por um mês — ele volta e meia ficava de castigo — e teve de reembolsar 65 dólares.

Os meninos Willoughby eram realmente capazes de se divertir a partir de um nadinha. Na minha primeira visita, eles me apresentaram ao excitante esporte da luta de fósforos. Nesse jogo, os competidores se armam com caixas de fósforos de cozinha, vão para o porão, apagam todas as luzes e passam o resto da noite jogando fósforos acesos uns nos outros no escuro.

Naqueles dias, fósforos de cozinha eram untensílios barra-pesada — pareciam mais sinais luminosos do que os gravetinhos que temos hoje. Você podia acendê-los em qualquer superfície dura e arremessá-los a pelo menos cinco metros e eles não apagavam. De fato, mesmo quando arremessados com vigor com as duas mãos, ou quando alojados na frente do suéter de alguém, pareciam deveras determinados a não falhar. A idéia, em todo caso, era atingir os oponentes com fósforos e criar incêndios pequenos e alarmantes em alguma parte da pessoa; o cabelo era um alvo especialmente dileto. O senão era que toda vez que você disparava um fósforo aceso denunciava a própria posição para alguém de soslaio na escuridão, de modo que, depois de desferir um ataque, era mais ou menos certo que você descobrisse seu próprio ombro decididamente inflamado, ou que o centro da sua cabeça era um farol de chamas abastecido por uma mecha de cabelo em franca diminuição.

Jogamos três horas numa noite, então acendemos as luzes e descobrimos que todos havíamos adquirido várias e divertidas falhas no cabelo. Então caminhamos de ótimo humor até a Dairy Queen, na avenida Ingersoll, para tomar refrescos e dar uma respirada e voltamos a tempo de descobrir dois carros de bombeiro do lado de fora e o sr. Willoughby num estado de agitação extrema. Aparentemente deixáramos um fósforo queimando num cesto de roupa suja e ele saltou em chamas, trepou pela parede dos fundos e calcinou umas vigas, enchendo a parte de cima da casa com um bom tanto de fumaça. A isso tudo a equipe de bombeiros havia acrescentado com entusiasmo bastante água, e muito dela escorria agora pela porta dos fundos.

"O que vocês estavam *fazendo* lá embaixo?", perguntou o sr. Willoughby com espanto e desespero. "Deve ter oitocentos fósforos usados no chão. O chefe dos bombeiros está ameaçando me prender por incêndio criminoso. Na minha própria casa. O que vocês estavam *fazendo*?"

Willoughby ficou seis semanas de castigo depois disso, e então tivemos de suspender por um tempo nossa amizade. Mas tudo bem, porque por acaso eu também ficara amigo na mesma época de outro coleguinha, chamado Jed Mattes, que fazia um completo contraste com Willoughby. Para começar, Jed era gay, ou pelo menos logo seria.

Jed tinha charme, bom gosto e modos impecáveis, e graças a ele fui exposto a um lado mais refinado da vida — viagens, comida de qualidade, ficção literária, decoração. Era um frescor inesperado e renovador. A avó do Jed morava no Hotel Commodore, na avenida Grand, coisa bem exótica de se fazer. Ela tinha mais de mil anos e pesava dezesseis quilos, incluindo sete de maquiagem. Costumava nos dar dinheiro para ir ao cinema, às vezes quantias colossais, como quarenta ou cinquenta dólares, dinheiro que financiava um ótimo dia de lazer no início dos anos 1960. Jed nunca queria ir a filmes como o *Ataque da mulher de quinze metros*. Preferia musicais, como *A inconquistável Molly Brown* ou *My Fair Lady*. Não posso dizer que fossem minhas primeiríssimas escolhas, mas eu o acompanhava num espírito de amizade, e elas me conferiam certo verniz cosmopolita. Depois, ele nos levava de táxi — para mim, uma forma de condução de elegância e esplendor impossíveis — até a Arca de Noé, uma reputada cantina italiana na Ingersoll. Lá ele me apresentou ao espaguete e às almôndegas, ao pão de alho e a outros pratos mundanos de natureza mais sofisticada. Era a primeira vez que eu recebia um guardanapo de linho, ou que me deparava com um cardápio que não era plastificado e meio grudento e que não tinha fotos da comida.

Jed podia levar tudo no papo. Volta e meia costumávamos ir dar umas olhadas nas janelas das casas de gente rica. Às vezes ele tocava a campainha da frente.

"Me desculpe pelo incômodo", dizia quando a dona da casa chegava, "mas eu estava admirando as cortinas da sua sala e simplesmente tenho que perguntar: onde foi que você achou esse veludo? É *ma*-ravilhoso."

Logo, logo estávamos dentro da casa descolando uma excursão completa, com o Jed arrulhando de admiração com as melhorias inspiradas da dona e sugerindo modestos toques adicionais que tornariam a casa ainda melhor. Com tais expedientes, éramos bem-vindos em todas as casas bacanas. Jed descolou uma amizade em especial com um filantropo idoso chamado A. H. Blank, fundador do Hospital Infantil Blank, que morava com sua derrubada esposa de cabelo azul numa cobertura no novo endereço mais chique e elegante de Iowa, um prédio chamado As Torres, na avenida Grand. O sr. a sra. Blank tinham o décimo andar inteiro. Era o maior apartamento entre Chicago e Denver, ou no mínimo entre Grinnell e Council Bluffs, nos disseram. Nas noites de sexta fazíamos uma parada lá em busca de um bolo e chocolate quente e de uma vista da cidade — de fato, da maior parte do Meio-Oeste, assim parecia — nas extensas varandas dos Blank. Foi, em todos os sentidos, o ponto alto de nossas semanas. Esperei anos que o sr. Blank morresse, na esperança de que fosse me deixar alguma coisa, mas foi tudo para instituições de caridade.

Certo sábado, depois de ir ao cinema (*A teia de renda negra*, estrelando Doris Day, que, concordamos de cara, estava bem, mas de modo algum em um dos seus melhores papéis), estávamos caminhando pela rua High — um trajeto não habitual; um trajeto para gente de disposição aventureira — quando passamos por um pequeno prédio comercial de tijolos com uma tabuleta que dizia Distribuidora de filmes do Meio-Oeste da América, ou algo assim, e Jed sugeriu que entrássemos.

Dentro, um homem idoso, pequenino, vestido com paletó vibrante, estava sentando a uma escrivaninha não fazendo nada.

"Oi", disse o Jed. "Espero que não esteja incomodando, mas você teria pôsteres velhos de filmes de que não necessite mais?"

"Gosta de filmes?", disse o homem.

"Gosto? Não, senhor, eu *adoro*!"

"Não brinca", disse o homem, satisfeitíssimo. "Ótimo, ótimo. Me diga, filho, qual é o seu filme favorito?"

"Acho que deve ser o *A malvada*."

"Gosta desse?", disse o homem. "Tenho esse em algum lugar por aqui. Espere." Ele nos levou a um depósito que estava entupido, do chão ao teto, com pôsteres enrolados, e começou a vasculhá-los. "Está em algum lugar aqui. Do que mais você gosta?"

"Puxa vida", disse Jed, "*Crepúsculo dos deuses, Rebecca, Tarde demais para esquecer, Horizonte perdido, Uma mulher do outro mundo, A costela de Adão, Rosa de esperança, Alma em suplício, Núpcias de escândalo, Satã jantou lá em casa, Estranha passageira, Laços humanos, Dilema de uma consciência, Um pijama para dois, Esta mulher é proibida, O segredo das jóias, O pecado mora ao lado, De hoje em diante* e *Como era verde o meu vale*, mas não necessariamente nessa ordem."

"Esses eu tenho!", disse, excitado, o homem. "Esses eu tenho todos." Começou a passar os pôsteres ao Jed de um jeito maníaco. Virou-se para mim. "E você?", disse com polidez.

"*O cérebro que não morre*", respondi, esperançoso.

Ele fez uma careta e meneou a cabeça. "Não trabalho com troços B", disse.

"*Zumbis na Broadway?*"

Balançou a cabeça.

"*Ilha dos mortos-vivos?*"

Desistiu de mim e voltou para Jed. "Gosta dos filmes da Lana Turner?"

"Claro. Quem não gosta?"

"Tenho todos — cada um, desde *Dancing co-ed*. Aqui, quero que fique com eles." E começou a empilhá-los nos braços do Jed.

No fim, ele nos deu mais ou menos tudo o que tinha — pôsteres datando do fim dos anos 1930, todos em estado de novo. Só Deus sabe o que valeriam hoje. Voltamos de táxi para a casa de Jed e os separamos no chão do seu quarto. Jed pegou todos os filmes em que estrelavam Doris Day e Debbie Reynolds. Eu fiquei com os que tinham homens correndo agachados com revólveres chamejando. Estávamos ambos extremamente felizes.

Alguns anos depois, fui para a Europa passar um verão e acabei ficando dois anos. Enquanto estava fora, meus pais esvaziaram meu quarto. Os pôsteres foram para uma fogueira.

Havia certas coisas que eu não podia confortavelmente dividir com o Jed, e a que mais se destacava era meu desejo concupiscente de ver uma mulher pelada. Não creio que tenha se passado uma hora, nos 364 dias posteriores a minha rejeição na feira estadual, em que não pensasse pelo menos duas vezes na barraca das strippers. Era o único lugar possível para ver carne feminina nua *em* carne e osso, e minha carência estava ficando urgente.

No março seguinte ao meu 14º aniversário eu estava riscando os dias no calendário até a feira estadual. No dia 20 de julho separei as roupas que iria vestir no mês seguinte. Levei três horas para escolher. Considerei levar binóculos de ópera, mas decidi que era melhor não, baseado no fato de que eles provavelmente fumegariam.

A abertura oficial da feira era no dia 20 de agosto. Normalmente, ninguém são ia à feira estadual na abertura, pois as multidões eram vastíssimas e sufocantes, mas eu e Doug Willoughby fomos. Tínhamos de. Tínhamos mesmo de. Encontramo-nos depois do amanhecer e pegamos um ônibus lá para o lado leste. Ali nos unimos às multidões joviais e esperamos três horas na fila para estar entre os primeiros.

Às dez, os portões se abriram e 20 mil pessoas cruzaram a paisagem berrando, como as hordas atacantes em *Coração selvagem*. Você pode se surpreender em saber que eu e Willoughby não fomos direto para a barraca das strippers, e sim que ficamos na espera. Era nossa intenção deliberada ficar saboreando a ocasião, então demos uma boa olhada nos saguões da exposição. É possível que essa tenha sido a primeira vez na história em que alguém tenha lidado com acolchoados e uma vaca de manteiga como forma de preliminares, mas a gente sabia o que fazia. Queríamos deixar as garotas se alongarem, pegar o ritmo. Não queríamos assistir a um show inferior na nossa primeira visita.

Às onze, nos fortalecemos com um popular doce de sorvete conhecido como Barra Maravilha, depois seguimos para a barraca das strippers e entramos na fila, satisfeitos por estar assumindo um dos privilégios de nossa maioridade. Mas, pouco antes de chegar à cabine de ingressos, Willoughby me cutucou as costelas e apontou para o sinal pendurado. Era novo e dizia: "MENORES NÃO, de jeito nenhum. Tem de ter DEZESSEIS ANOS e IDENTIDADE VERDADEIRA".

Fiquei sem palavras. Nesse ritmo, eu estaria arrumando descontos de terceira idade quando visse minha primeira mulher pelada.

Na janelinha o homem perguntou a nossa idade.

"Dezesseis", disse Willoughby com presteza, como se fosse dizer mais alguma coisa.

"Pra mim não tem cara de dezesseis, garoto", disse o homem.

"Bem, eu tenho uma ligeira deficiência hormonal."

"Tem identidade?"

"Não, mas meu amigo aqui vai me afiançar."

"Vá se foder."

"Mas, veja bem, a gente estava contando bastante com assistir a um dos shows."

"Vá se foder."

"Ficamos um ano esperando este dia. Estamos aqui desde as seis da matina."

"Vá se foder."

E então saímos de mansinho. Foi o golpe mais cruel que eu já sofrera na vida.

Na semana seguinte fui à feira com o Jed. Foi um contraste interessante, já que ele passou horas na seção das esposas de fazendeiros batendo papo com as senhoras de avental de babadinho sobre suas geléias e colchas. Não havia nada no mundo da economia doméstica que não o fascinasse, e nem um único obstáculo ou contratempo potencial que não despertasse sua compaixão imediata. A certa altura ele tinha uma dúzia de mulheres, todas com a cara da Tia Bea no *Andy Griffith show*, reunidas a sua volta, se divertindo imensamente.

"Puxa, isso não foi *maravilhoso*?", ele me disse depois e soltou um suspirão feliz. "Muito obrigado por me dar essa satisfação. Agora vamos levá-lo à barraca das strippers."

Eu lhe contara sobre minha decepção na semana anterior e então lembrei-lhe que éramos jovens demais para conseguir entrar.

"Idade não passa de uma questão técnica", disse ele, todo animadinho.

Na barraca, fiquei de longe enquanto Jed ia até a janelinha. Ele conversou com o homem um tempinho. De vez em quando os dois me olhavam, concordando seriamente, como se estivessem de acordo quanto a alguma deficiência notável minha. Por fim, Jed voltou sorrindo e me deu um ingresso.

"Eis aí", disse alegremente. "Espero que não se importe se eu não me juntar a você."

Eu estava totalmente incapaz de falar. Olhei-o maravilhado e, com dificuldade, gaguejei: "Mas como?".

"Disse a ele que você tinha um tumor cerebral inoperável, no que ele não caiu muito, e depois lhe dei dez pratas", explicou Jed. "Aproveite!"

Bom, que posso dizer além de que foi o ponto alto da minha vida? A stripper — sucedeu que havia só uma por show, coisa que o irmão de Willoughby deixara de nos dizer — era majestosamente entediada, sensacional de entediada, mas havia algo de um erótico inesperado em sua indiferença amuada e em seu olhar fixo, e ela de fato não era de jogar fora. Não tirou tudo. Deixou um fio-dental azul com lantejoulas, e tinha borlas e adornos nos mamilos, mas ainda assim era uma experiência divina, e quando, numa espécie de clímax — termo que uso com ponderação, mas com certa precisão científica —, ela se inclinou para o público, nem a dois metros do meu olhar adorador, e deu uma girada de dez segundos nas franjas, impelindo-as breve porém habilmente em direções *opostas* — que talento! —, pensei que tinha morrido e que estava no céu.

Ainda creio firmemente que o céu seja desse jeitinho, se eu algum dia chegar lá. E, sabedor disso, quase não houve um momento, em todos os anos desde então, em que eu não tenha sido extremamente bom.

13. Os anos pubianos

> *Em Coeur D'Alene, Idaho, depois que moradores relataram que um carro estava correndo de marcha a ré pelo bairro, o chefe-assistente de polícia Robert Schmidt investigou e descobriu no volante uma adolescente que explicou: "Meus pais me emprestaram o carro e gastei muita quilometragem. Eu só estava desfazendo um pouco".*
>
> Revista *Time*, 9 de julho de 1956

Segundo a organização Gallup, 1957 foi o ano mais feliz já registrado nos Estados Unidos da América. Não sei se alguém destrinchou o porquê de esse ano bem paradão ter marcado o ápice da bem-aventurança americana, mas desconfio que seja mais que coincidência que o ano imediatamente seguinte tenha sido o ano em que os New York Giants e os Brooklyn Dodgers se livraram de seus torcedores locais e se mandaram para a Califórnia.

Só Deus sabe se era hora para o beisebol se expandir na direção do Oeste — era ridículo ter times abarrotados nas velhas cidades do Leste e do Meio-Oeste, mas não em qualquer dos novos colossos municipais dos estados do Oeste —, porém os donos dos Dodgers e dos Giants não o faziam pelo bem do beisebol. Faziam por ganância. Entrávamos num mundo em que se faziam as coisas pela melhor compensação, não por um mundo melhor.

As pessoas eram mais ricas do que nunca, mas a vida, por alguma razão, não parecia tão divertida. A economia virara uma máquina irrefreável: o produto interno bruto subiu 40% na década, de cerca de 350 bilhões de dólares em 1950 para quase 500 dez anos depois, e nos seis anos segintes subiu mais um terço, foi para 658 bilhões. Mas o que antes fora absolutamente delicioso agora se tornava, um pouquinho, e de um jeito bem estranho, insatisfatório. As pessoas começavam a descobrir que o consumismo jubilante é um mundo de compensações decrescentes.

No final dos anos 1950 a maioria das pessoas — certamente a maioria dos de classe média — tinha praticamente tudo com que sempre sonhara, de uma maneira tão crescente que não havia muito mais a fazer com sua riqueza além de comprar versões, em número e tamanho maiores, de coisas de que não precisavam de verdade: o segundo carro, tratores cortadores de grama, geladeiras duplas, aparelhos de som com caixas maiores e mais botões para girar, telefones e televisões extras, interfones de quarto, churrasqueiras a gás, utensílios de cozinha, limpa-neves, o que fosse. Ter mais coisas significava também, claro está, ter mais complexidade na vida, mais despesas, mais coisas para vigiar, mais coisas para limpar, mais coisas para quebrar. As mulheres cada vez mais trabalhavam fora de casa para ajudar a manter todo o empreendimento em circulação. Logo, milhões de pessoas estavam presas numa espiral em que trabalhavam mais e mais pesado para comprar artefatos poupadores de trabalho, artefatos de que não precisariam se, para começo de conversa, não tivessem trabalhado tanto.

Por volta dos anos 1960, o americano médio produzia o dobro de quinze anos antes. Ao menos em teoria, as pessoas agora podiam trabalhar um dia de quatro horas, ou uma semana de dois dias e meio, ou um ano de seis meses, e ainda manter um padrão de vida equivalente àquele desfrutado pelas pessoas em 1950, quando a vida já era bem boa — e é possível que, no que diz respeito a estresse, dispersão e pressa, muito melhor em vários pontos. Em vez disso, e de forma quase única entre os países desenvolvidos, os americanos não transformaram nenhum dos ganhos produtivos em lazer adicional. Decidimos, em vez disso, trabalhar, comprar e ter.

É claro que nem todos compartilharam por igual dos bons tempos. Os negros que tentaram melhorar sua sina, particularmente no Sul Profundo, em especial no Mississippi, foram com freqüência submetidos ao abuso mais ultrajante e chocante (ainda mais pelo fato de que a maioria das pessoas na época não parecia nem um pouco chocada ou ultrajada). Clyde Kennard, um ex-sargento e pára-quedista do exército, e gente de caráter íntegro, tentou se matricular no Mississippi Southern College em Hattiesburg, em 1955. Foi dispensado, mas pensou bem, voltou e solicitou novamente. Por essa petulância teimosa e repetitiva, funcionários da universidade — vou deixar isso bem claro: não alunos, não gente do interior vestida de lençóis brancos e subalfabetizada, mas funcionários da universidade — plantaram bebida ilícita e um saco roubado de ração de galinha no carro dele e o acusaram de roubo de vulto. Kennard foi julgado e levou sete anos de prisão por crimes que não cometera. Morreu lá antes que seu prazo fosse cumprido.

Em outro ponto do Mississippi, na mesma época, o reverendo George Lee e um homem chamado Lamar Smith tentaram, em incidentes distintos, exercer o direito de voto. Smith na verdade conseguiu votar — em si, uma espécie de milagre —, mas foi morto a tiros na escada do tribunal cinco minutos depois, ao sair com um sorriso perigosamente triunfante. Embora o assassinato tenha sido em plena luz do dia num lugar público, nenhuma testemunha se apresentou e nenhum agressor jamais foi indiciado. Enquanto isso, o reverendo Lee foi despachado da seção eleitoral e, assim mesmo, morto a tiros de espingarda vindos de um carro quando ele dirigia para casa naquela noite. O xerife do condado Humphreys enquadrou a morte como acidente de trânsito; o legista do condado a registrou como decorrente de causas desconhecidas. Também nesse caso não houve condenações.

Talvez o episódio mais chocante de todos tenha ocorrido em Money, Mississippi, quando um jovem visitante de Chicago chamado Emmett Till temerariamente assoviou para uma branca do lado de fora de uma loja rural. Naquela noite, Till foi arrastado da casa de parentes por homens brancos, levado a um ponto ermo, espancado até virar uma maçaroca, fuzilado e desovado no rio Tallahatchie. Tinha catorze anos.

Como Till era jovenzinho e sua mãe em Chicago insistiu em deixar o caixão aberto para que o mundo pudesse ver o que seu filho tinha sofrido, houve, finalmente, uma grita nacional. Como conseqüência, dois homens — o marido da mulher que fora alvo do assovio e o meio-irmão dele — foram presos e um julgamento devidamente realizado. As provas contra os dois eram esmagadoras. Eles não fizeram muita coisa para apagar seus rastros, mas é que não precisavam. Após menos de uma hora de deliberação, os jurados — todos gente local, todos brancos, é claro — os consideraram inocentes. O veredicto teria sido ainda mais rápido, observou o sorridente primeiro jurado, se os jurados não tivessem feito um intervalo para tomar uma garrafa de refrigerante. No ano seguinte, sabendo que nunca poderiam ser julgados de novo, os dois acusados alegremente admitiram numa entrevista para a revista *Look* que tinham mesmo espancado e matado o jovem Till.

No meio-tempo, as coisas não iam muitíssimo bem para a América no contexto mais geral. No outono de 1957, os soviéticos testaram com sucesso seu primeiro míssil balístico intercontinental, o que significava que agora podiam nos matar sem sair de casa, e semanas depois lançaram para o espaço o primeiro satélite do mundo. Chamado Sputnik, era uma esferazinha de metal mais ou menos do tamanho de uma bola de praia que não fazia muito a não ser orbitar a Terra e soltar um "pim" de vez em quando, mas isso era consideravelmente mais do que podíamos fazer. No mês seguinte os soviéticos lançaram o Sputnik II, que era muito maior, com 5 mil quilos, e carregava uma cadelinha (uma cadelinha *comunista*) chamada Laica. Com a vaidade ferida, respondemos com o anúncio de um lançamento de satélite próprio, e, no dia 6 de dezembro de 1957, no cabo Canaveral, Flórida, os queimadores foram acionados em um foguete Viking gigante, que carregava um esmerado e novinho satélite Vanguard. Enquanto o mundo observava, o foguete lentamente subiu meio metro, tombou e explodiu. Foi um revés humilhante. Os jornais se referiam ao incidente alternativamente como "Kaputnik", "Putonik", "Ex-putnik" ou "Spumtnik", dependendo do quão à vontade estivessem. As em geral estáveis taxas de popularidade do presidente Eisenhower caíram 22 pontos numa semana.

A América demorou até 1958 para botar o primeiro satélite no espaço, e ele não era tremendamente impressionante: pesava só catorze quilos e não era muito maior que uma laranja. Todos os outros quatro lançamentos graúdos dos EUA naquele ano espatifaram-se de modo espetacular ou se recusaram a subir. No avançado ano de 1961, mais de um terço dos lançamentos dos EUA fracassaram.

Os soviéticos, enquanto isso, ganhavam força. Em 1959, pousaram um foguete na Lua e tiraram as primeiras fotos de sua parte de trás, e, em 1961, botaram com sucesso no espaço o primeiro astronauta, Iuri Gagárin, e o trouxeram em segurança para casa. Uma semana depois da viagem espacial de Gagárin ocorreu a desastrosa invasão da baía dos Porcos em Cuba, liderada pelos americanos, trazendo camadas extras de constrangimento e preocupação à vida nacional. Começávamos a parecer sem jeito e inferiores em tudo que fazíamos.

As novidades do mundo da cultura popular eram, no geral, desencorajadoras também. Pesquisas mostravam que os cigarros causavam mesmo câncer, como muita gente suspeitava fazia tempo. Tareyton, a marca do meu pai, rapidamente atacou com uma série de anúncios que, tranqüilos, asseguravam aos fumantes que "todo o tártaro e a nicotina retidos no filtro com certeza não atingirão a sua garganta", sem mencionar que todas as gosmas não retidas no filtro atingiriam. Mas os consumidores não eram mais apanhados tão facilmente pelas alegações ocas e enganadoras, em particular depois que chegaram notícias de que os anunciantes estiveram metidos em julgamentos secretos relativos a propaganda enganosa subliminar. Durante um teste num cinema de Fort Lee, Nova Jersey, mostrou-se a espectadores um filme no qual duas frases destacadas — "Beba Coca-Cola" e "Fome? Coma pipoca" — eram lampejadas na tela por 1/3000 segundo a cada cinco segundos — rápido demais para serem conscientemente notadas, mas subconscientemente influentes, ou assim parecia, pois as vendas da Coca-Cola subiram 57,7%, e as de pipoca, quase 20% durante o período do experimento, segundo a revista *Life*. Logo, *Life* nos avisava, todos os filmes e programas de televisão estariam nos instruindo, centenas de vezes por hora, sobre o que comer, fumar, vestir e pensar, fazendo de nós zumbis-consumidores (na verdade, a propaganda subliminar não funcionou e foi logo abandonada).

No front doméstico, o crime juvenil continuava a subir, e o sistema educacional parecia estar desmoronando. O livro de não-ficção mais popular de 1957 foi um ataque aos padrões de educação americanas chamado *Por que Johnny não sabe ler*, que nos avisava que estávamos ficando perigosamente para trás em relação ao resto do mundo e que ligava o sucesso do comunismo a um declínio no hábito de leitura dos americanos. A televisão se meteu num escândalo terrível quando se descobriu que muitos de seus programas de auditório eram armados. Charles van Doren, rebento boa-pinta, modesto e criação saído de uma família de ilustres acadêmicos e intelectuais (seu pai e seu tio haviam recebido prêmios Pulitzer), se tornou um herói nacional tido como modelo para os jovens pelos seus bons modos e falta de afetação enquanto ganhava quase 130 mil dólares no programa *Twenty-one*, mas teve então de admitir que lhe haviam passado as respostas. O mesmo ocorreu com muitos outros concorrentes em outros programas, inclusive com um pastor protestante chamado Charles Jackson. Onde quer que se olhasse, era uma coisa ruim depois da outra. E praticamente toda essa tranqüilidade perturbada ocorria no intervalo de pouco mais de um ano. As pessoas nunca foram do feliz para o não-feliz com tanta rapidez.

Em Des Moines, à medida que a década chegava ao fim, a mudança foi no geral física. Cadeias de lojas e de restaurantes começaram a chegar, causando frêmitos de excitação onde quer que surgissem. Agora seríamos capazes de jantar nos mesmos restaurantes, comer as mesmas fast-foods, vestir as mesmas roupas, fazer visitas às mesmas camas de motel que as pessoas na Califórnia, em Nova York e na Flórida. Des Moines seria exatamente como qualquer outro lugar, perspectiva que a maioria achava bem emocionante.

A doença do olmo holandês levou os olmos da cidade e deixou as vias principais com cara nua e crua. A toda hora, em ruas como as avenidas Grand e University, as velhas casas eram reduzidas a estilhaços, e depressinha subia no lugar um novo posto de gasolina reluzente, um restaurante envidraçado, um complexo de apartamentos em lustroso estilo moderno, ou apenas um estacionamento novo e espaçoso para a área comercial vizinha. Lembro de ter saído de férias certo ano (uma excursão de rotas do Pony Express pelos estados das planícies) e de voltar para casa e descobrir que duas imponentes casas vitorianas na Grand, do outro lado da Escola Técnica, haviam de repente virado vagas memórias. No lugar, no que agora parecia um vazio enorme, levantou-se um motel Travelodge de concreto branco e muitos andares. Meu pai ficou apoplético, mas a maioria ficou satisfeita e orgulhosa — o Travelodge, veja bem, era mais que um motel: era um alojamento motorizado, algo bem mais bacana; Des Moines estava dando as caras — e eu estava espantado e impressionado com a rapidez com que fora realizada uma mudança assim dramática.

Mais ou menos ao mesmo tempo, um Holiday Inn abriu na Fleur Drive, um bulevar com jeito de parque, em sua maior parte residencial, que ia da cidade ao aeroporto. Era um prédio relativamente discreto, mas tinha uma fachada enorme e berrante na beira de estrada — uma torre angulosa e ressoante, com estrelinhas iluminadas, cascatas espalhafatosas e desenhos maníacos feitos por lâmpadas se perseguindo em círculos incansáveis — isso aporrinhou o meu pai tremendamente. "Como podem deixar colocar uma fachada assim?", desesperava-se toda vez que dirigia ali, de 1959 até a sua morte, 25 anos depois. "Já viu um negócio mais feio em sua vida?", perguntava para ninguém em especial.

Eu achava maravilhoso. Mal podia esperar por mais fachadas daquelas por todo lado, e rapidamente meu desejo foi realizado, à medida que empreendimentos mais novos, mais prementes, mais favoráveis a carros pipocavam na cidade. Em 1959, Des Moines ganhou seu primeiro shopping, bem afastado, na Merle Hay Road, uma parte da cidade tão remota, tão no meio do mato, que muita gente tinha de perguntar onde ficava. O novo shopping tinha um estacionamento do tamanho de um estado da Nova Inglaterra. Jamais se vira tanto asfalto num lugar só. Até meu pai ficou animado com isso.

"Uau, olha só quanto lugar para *estacionar*", disse, como se tivesse viajado sem fim por todos aqueles anos, incapaz de terminar a jornada. Por cerca de um ano, o lugar mais perigoso para dirigir em Des Moines foi o estacionamento do Merle Hay Mall, dados todos aqueles carros acelerando nas esquinas a seu bel-prazer através do infindável asfalto, sem ponderar que outros alegrões poderiam estar fazendo o mesmo.

    Meu pai nunca comprou em outro lugar depois disso. Idem a maioria. Lá pelo início dos anos 1960, as pessoas se vangloriavam do tempo que haviam ficado sem ir ao centro. Encontraram um novo tipo de felicidade nos shoppings. Bem na hora em que eu finalmente estava crescendo, Des Moines deixou de ter a cara do lugar em que eu crescera.

    Depois da Greenwood, passei para o ginásio Callanan para fazer da sétima à nona série — os primeiros anos da adolescência. A Callanan era uma escola bem mais aberta para o mundo. Cobria uma área muito maior da cidade, de modo que suas matrículas eram aproximadamente metade de negros e metade de brancos. Para muitos de nós, essa era a primeira experiência de perto com garotos negros. De repente, havia seiscentos colegas mais fortes, mais ligeiros, mais durões, mais corajosos, mais maneiros e mais espertos que a gente. E você percebia em definitivo algo de que sempre desconfiara secretamente — que nunca pegaria a vaga de Bob Cousy nos Boston Celtics, nunca quebraria os recordes de roubos de base para os St. Louis Cardinals, nunca seria convidado para eliminatórias olímpicas em nenhum esporte. Agora, não chegaria sequer ao time mirim de softball do colégio.

    Isso ficou evidente no primeiríssimo dia, quando o sr. Schlubb, o gorducho professor de educação física, nos mandou para fora para correr meia dúzia de voltas em torno de uma pista de carvão ridiculamente enorme. Para os garotos de Greenwood — todos nós brancos, molengas, paradões inatos, apertando os olhos sem familiaridade com o brilho do sol — foi uma terapia de choque inédita. A maioria correu como se se esfalfasse na areia movediça e botava os bofes para fora já na primeira volta. Na segunda, um menino chamado Willis Pomerantz abriu o berreiro porque nunca suara antes e pensou que estava perdendo fluidos vitais e três outros pediram para ser mandados para a enfermaria. Os garotos negros, sem exceção, nos deixaram para trás numa volta, incluindo um esferóide de 140 quilos chamado Tubby Brown. Esses garotos não eram apenas um pouco melhores que a gente, eram melhores numa outra ordem de grandeza, e era assim, descobriríamos, em todos os esportes.

Os invernos na Callanan eram passados se jogando basquete num ginásio bem escuro — parecia que a gente passava horas nele todo dia —, e nenhum garoto branco que eu conhecia sequer *viu* a bola. Sério. Só dava para ver uma seqüência de manchas moleironas se mexendo entre dois ou três garotos negros compridos, depois a rede assoviava, e sabia-se que era para dar meia-volta e trotar até a outra ponta da quadra. Em geral, você tentava sair da frente, e nunca, nunca erguer as mãos acima da cintura, pois isso podia ser interpretado como sinal de que queria receber um passe, o que, na verdade, era a última coisa que você queria. Um menino chamado Walter Haskins certa vez coçou descuidado o lado da cabeça perto da cesta, e no instante seguinte levou uma bolada em cheio na cara, tão forte que sua testa ficou completamente côncava. Tiveram de usar um desentupidor de privada para deixá-la normal, ou assim me disseram.

Os garotos negros também eram todos tremendamente durões. Uma vez vi um brutamontes branco superalimentado chamado Dwayne Durdle mexer, de bobeira e impiedoso, com um garotinho negro de nome Tyrone Morris na fila da lanchonete, e, quando Tyrone não agüentou mais, virou-se com uma cara de cansaço e exasperação triste e lançou no rosto absorvente de Durdle uma rajada de socos tão rápida que não dava nem para ver as mãos se mexendo. Tudo que se ouvia era uma espécie de som borrachento, *plum-pa-tlum*, e o *plim* dos dentes ricocheteando em paredes e aquecedores. No que Durdle ficou de joelhos, olhar vítreo e gorgolejando, Tyrone enfiou um braço lá dentro da sua garganta, agarrou algo no fundo e botou-o do avesso.

"*Bestalhão*, fidaputa", Tyrone disse, num desalento pasmo, enquanto retomava a bandeja e seguia para a seção de sobremesas.

Contudo, quase não havia rancores entre brancos e negros na Callanan. Os negros eram mais pobres que os demais quase sem exceção, mas, de resto, eram bem parecidos em praticamente todos os pontos. Vinham de famílias sólidas e trabalhadoras. Falavam com vozes idênticas, compravam nas mesmas lojas, vestiam as mesmas roupas, iam aos mesmos filmes. Éramos apenas garotos. Fora a minha avó pedindo crioulinhos no Bishop's, não lembro de ouvir um único comentário racista em toda a minha formação.

Não vou fingir que não notávamos que os garotos negros eram negros, mas era o mais próximo de não notar que se possa imaginar. O mesmo valia para outros grupos étnicos. Há alguns anos, quando fui bolar um pseudônimo para um de meus amigos de meninice, escolhi o nome Stephen Katz em parte em homenagem a uma drogaria de Des Moines chamada Katz, que era uma espécie de instituição local na minha infância, e em parte porque eu queria um nome curto, fácil de digitar. Nunca me ocorreu que o nome fosse semita. Nunca pensei em *ninguém* em Des Moines como sendo judeu. Não creio que alguém pensasse. Mesmo quando tinham nomes como Wasserstein e Liebowitz, era sempre uma surpresa descobrir que eram judeus. Des Moines não era um lugar muito étnico.

Enfim, Katz não era judeu. Era católico. E foi na Callanan que o conheci, quando ele foi recrutado por Doug Willoughby para se unir à organização da tomada do Clube Audiovisual — uma ação sagaz porém incomum, e um testamento duradouro do gênio de Willoughby. Os membros do clube eram encarregados de manter e de exibir a enorme provisão de filmes educacionais da escola. Toda vez que um professor queria passar um filme — e alguns professores faziam pouca coisa além disso, porque significava não dar aula nem ficar muito na sala —, um membro da equipe de elite do AV transportava um projetor até a sala em questão, destramente enfiava e enlaçava o filme em meia dúzia de engrenagens e mostrava a desejada contribuição educativa.

Historicamente, o Clube do AV era domínio dos estudantes mais cê-dê-efes da escola, como se poderia prever, mas Willoughby de cara viu as vantagens que o clube oferecia a pessoas normais. Por exemplo, fornecia uma chave para o único espaço trancado no prédio a que os estudantes tinham acesso e onde podíamos quase com certeza fumar, uma vez que ele tivesse dado um jeito na questão da ventilação (o que rapidamente fez). Além do mais, dava acesso a um enorme suprimento de filmes, inclusive todos os de educação sexual feitos entre, aproximadamente, 1938 e 1958. Por fim, e acima de tudo, fornecia um pretexto legítimo para ficar à solta nos corredores vazios da Callanan durante o horário de aulas. Se confrontado por um professor enquanto vagava pelos corredores reluzentes (e que lugar delicioso, relaxante e privilegiado é um corredor escolar quando vazio), sempre podia dizer: "Só estou indo ao quarto do AV para fazer uma manutenção básica em um Bell and Howell 1040-Z", o que de fato era mais ou menos verdade. O que você não dizia era que também estaria fumando meio pacote de Chesterfield enquanto estava lá.

Então, a pedido de Willoughby, quinze de nós nos juntamos ao clube, e, como primeira questão na pauta, expulsamos por votação todos os membros existentes. Só Milton Milton pôde ficar, como um tipo de cê-dê-efe de recordação, e porque ele nos deu meia garrafa de creme de menta que roubara do armário de bebidas do pai, e porque ameaçou nos denunciar para os pais, o diretor, a junta escolar e o xerife do condado, que ele alegava ser amigo próximo da família, se não o deixássemos permanecer no clube.

O quarto do AV estava enfiado em um canto obscuro do prédio, no andar de cima e nos fundos. Era como o sótão da escola. Continha uma grande seleção de velhos objetos de cena, trajes, roteiros, anuários das décadas de 1920 e 1930 e prateleiras empoeiradas com filmes velhos — sobre higiene, noticiários, educação sexual, sobre a-maconha-vai-derreter-seu-cérebro e muito mais. Tivemos muitas horas felizes passando os de educação sexual nas paredes.

Willoughby descobriu um kit de emendar filmes e passou horas editando os filmes para diversão própria, botando nazistas com passo de ganso em filmes sobre a Trilha do Oregon e por aí afora. Seu melhor momento foi num filme de educação sexual, quando a narrativa "Johnny acabara de vivenciar sua primeira emissão noturna" foi imediatamente seguida de uma cena de cadetes da Academia Naval jogando os chapéus para o alto.

Foi no Clube AV, como eu dizia, que conheci um estudante transferido da rede de escolas católicas chamado Stephen Katz. Nunca cheguei perto de prestar justiça ao Stephen Katz real em nenhuma das ocasiões em que o botei nos meus livros — nenhum autor mortal poderia — e temo que não vá fazê-lo agora, exceto para dizer que ele é o ser humano mais extraordinário que já conheci e, em muitos aspectos, o melhor. Naqueles tempos ele era o ser humano mais vivaz, amigável e festeiro que a Terra já conheceu — quando sóbrio, e mais ainda quando bêbado, coisa que ele estava a maior parte do tempo aos catorze anos. Nunca conheci ninguém tão atraído por intoxicantes, ou que se sentisse tão à vontade com eles. Ficou evidente, desde o primeiro momento, que ele era um perigo sedutor.

Volta e meia Katz, Willoughby e eu matávamos aula e passávamos longos dias tentando abrir o gaveteiro do Ronald, irmão mais velho de Willoughby. Ronald tinha uma enorme coleção de revistas masculinas que mantinha firmemente trancadas num bauzão no quarto. Ronald era o mais velho, o mais esperto e, de longe, o mais comportado da garotada Willoughby — era coroinha, escoteiro-explorador, membro do grêmio estudantil, monitor dos corredores, babaca permanente — e mais astuto do que os três irmãos juntos. Não apenas cada uma das gavetas no baú estava trancada com engenho, mas cada gaveta, quando aberta, recebera uma tampa impenetrável, que não dava entrada de modo algum. Além disso tudo, um bom tanto do quarto, da maçaneta a certas tábuas do piso, tinha armadilhas letais. Dependendo do que o intruso tocasse ou remexesse, poderia receber um choque elétrico vigoroso ou sofrer ataques múltiplos de mísseis voadores, pesos caindo, martelos balançantes, ratoeiras estalantes ou generosas efusões de spray de pimenta caseira.

Lembro em particular de um momento de deleite breve, quando Willoughby, após horas de investigação forense, finalmente bolou o modo de abrir a segunda gaveta do baú — tinha algo a ver com girar um ornamento entalhado na moldura do baú —, e na mesma hora veio um assovio, e um finíssimo dardo caseiro, de uns dez centímetros de comprimento e feito no capricho, enterrou-se com um ressonante *tóin* no baú, a nem três centímetros à esquerda da cabeça por acaso inclinada de Willoughby. Preso à haste do dardo havia um papelzinho no qual estava escrito com esmero: "ATENÇÃO: ATIRO PARA MATAR".

"Ele é um merda dum maluco", concordamos em uníssono.

Depois disso, Willoughby se protegeu com todo vestuário defensivo que ele pudesse imaginar — óculos de soldador, luvas e protetor de peito de receptor de beisebol, casacão, capacete de motociclista e o que mais lhe caísse nas mãos — enquanto eu e Katz andávamos para lá e para cá no corredor apressando-o e pedindo atualizações sobre o andamento da coisa.

Havia urgência especial na tarefa porque a *Playboy* ultimamente andava mostrando pêlos pubianos. É difícil crer que até os anos 1960 uma zona erógena tão importante permanecesse não descoberta, mas assim é. Antes disso, as mulheres nas revistas masculinas não tinham aparelho reprodutor nenhum — ao menos, não um que elas estivessem prontas para mostrar para estranhos. Pareciam sofrer de uma esquisita condição médica reflexa — *vaginis timiditus*, Willoughby a apelidou — que por algum motivo as compelia, quando uma câmera aparecia, a deslocar as ancas e jogar uma perna sobre a outra, como se tentando fazer a metade inferior olhar para trás. Anos a fio pensei que essa era a posição que as mulheres naturalmente adotavam quando ficavam nuas e à vontade. Quando a *Playboy* pela primeira vez mostrou pêlo pubiano, por no mínimo 72 horas ele foi parte importante de toda conversa masculina na América ("Quer uma conferidinha no óleo, senhor? Já viu a nova *Playboy*?"). A Woolworth esgotou o estoque inteiro de lentes de aumento em 24 horas.

Ansiávamos de todo o coração entrar nesse círculo íntimo privilegiado, por assim dizer. Entretanto, em mais de dois anos de tentativas, Willoughby nunca teve acesso ao estoque privativo do seu irmão, até que um dia, frustrado, arrebentou a gaveta de baixo com um machado de bombeiro, e uma cornucópia de revistas masculinas — meu Deus, mas como seu irmão colecionava — deslizou para fora. Poucas vezes terei passado uma tarde mais agradável ou instrutiva. Willoughby ficou dois meses de castigo por isso, mas todos concordamos que fora um sacrifício nobre, e ele teve a satisfação de ferrar com o irmão também, pois algumas dessas revistas eram, francamente, bem perturbadoras.

Como sempre, minha percepção da hora H em relação à carne feminina autêntica permaneceu impecavelmente péssima. No verão, entre a oitava e a nona séries, fui visitar meus avós, onde tive os interlúdios costumeiros e encantadores com meu tio Dee, a máquina humana de flocagem, e voltei a tempo de descobrir que, na minha ausência, uma garota de belezura radiante e animada chamada Kathy Wilcox viera à casa de Willoughby para pegar emprestado um pouco de papel vegetal e acabou ensinando a ele e a Katz um novo jogo que aprendera no acampamento da Bíblia — no acampamento da Bíblia!!!!! — no qual se vendava um voluntário, girava-se o voluntário por uns minutos, e então se pressionava firmemente o peito dele ou dela trinta vezes mais ou menos, e nesse ponto a vítima desmaiava de um jeito divertido.

"Acontece sempre", disseram.

"Licença, você disse 'peito dela' — 'pressionava o peito dela'?", perguntei.

Kathy Wilcox era uma moça cujo peito valia a pena ser pressionado. A simples menção de seu nome era suficiente para fazer cada corpúsculo de sangue no meu corpo correr para a região pélvica e inchar numa enorme prontidão inútil. Eles concordaram felizes. Não podia acreditar que isso estava acontecendo comigo de novo.

"O peito da Kathy Wilcox? Você pressionou o peito da Kathy Wilcox? Com as mãos?"

"Várias vezes", disse Willoughby, radiante.

Katz confirmou com diversos acenos felizes.

Meu desespero não pode ser descrito. Eu perdera a única experiência manual, genuinamente erótica, que jamais haveria com meninos de catorze anos, e, em vez disso, passara 48 horas assistindo a um homem transformar alimentos sortidos em soro de leite voador.

Fumar foi a grande descoberta da idade. Rapaz, como eu adorava fumar, e, rapaz, como o fumo me adorava. Por uma dúzia de anos pouco fiz na vida a não ser sentar a escrivaninhas encarapitado sobre livros inalando "à francesa" (significa puxar fios de fumo da boca para as narinas, o que dá uma dupla nicotinada com cada inalação encorpada, assim como projeta um ar de *savoir faire* cerebral, mesmo ao preço de um lábio superior manchado de nicotina e de aneizinhos marrom-amarelados permanentes nas narinas), ou me recostar com as mãos atrás da cabeça soprando langorosos anéis de fumaça, no que me tornei tão destro que podia projetá-los em quadros de paredes distantes, ou disparar um anel de fumaça através do outro — habilidades que me destacaram como um Grande Mestre do fumo antes mesmo de eu ter quinze anos.

Costumávamos fumar no quarto do Willoughby, sentados junto a um ventilador na janela, armado para soprar para fora, de modo que toda a fumaça fosse puxada para o zunido das pás e despachadas para o ar livre. Havia uma teoria corrente naqueles dias (da qual meu pai era um defensor dedicado, e no fim das contas solitário) de que se o ventilador soprasse para fora retirava todo o ar quente do quarto e puxava o fresco para dentro por qualquer outra janela aberta. De algum modo era considerado muito mais econômico, que é onde estava o atrativo para o meu pai. Na verdade, não funcionava nada — só fazia tornar o exterior um pouco mais fresco — e rapidinho todo mundo abandonou a idéia, exceto meu pai, que continuou a refrescar o ar do lado de fora de sua janela até o dia em que morreu.

Enfim, o único benefício de ter um ventilador soprando para fora era que permitia terminar cada fumada com um floreio: dava-se um peteleco na guimba para dentro das pás zumbindo, elas a fatiavam numa chuva de faíscas espirrando para fora, coisa bem agradável de se ver e que quase destruía o cigarro no processo, não deixando provas visíveis embaixo. Tudo funcionava muito bem até que em determinada noite de agosto, depois que eu e Willoughby fumamos um pouco, saímos para tomar um ar, sem saber que uma brasa solitária e caprichosa voara de volta para o quarto e se alojara em uma dobra da cortina, onde ardeu sem fogo por cerca de uma hora e depois se inflamou numa chama baixa, porém vivaz. Quando voltamos à casa de Willoughby, havia três caminhões de bombeiros na frente; mangueiras serpenteavam pelo gramado, pela porta da frente e escada acima; as cortinas do quarto de Willoughby e vários móveis estavam no gramado da frente, ensopadas e ainda fumegando de leve; e o sr. Willoughby estava na varanda em estado emocionadíssimo, esperando para interpelar o filho.

Os problemas do sr. Willoughby, contudo, não terminaram aí. Na primavera seguinte, para celebrar o último dia do ano letivo, Willoughby e seu irmão Joseph decidiram montar uma bomba que seria recheada de confete e enterrada na véspera no centro do gramado da Callanan, um bonito relvado de grama não palmilhada, cercado por uma passagem de carros semicircular e formal. Às três e um da tarde, logo quando mil estudantes faladores eram despejados das quatro saídas da escola, a bomba, ativada pelo alarme de um relógio, detonaria com um enorme "bum" e encheria o ar com sujeira e fumaça e uma agradável chuva de papel colorido rodopiante.

Os irmãos Willoughby passaram semanas no quarto mesclando perigosas porções de pólvora e testando várias misturas, cada uma mais forte que a anterior, no bosque vizinho ao trilho do trem, perto do parque Waterworks. A última deixou uma cratera fumegante de quase um metro e meio de diâmetro, jogou confetes a oito metros de altura e causou uma explosão que reverberou de tal maneira pela cidade toda que carros de patrulha correram para a área vindo de oito localizações diferentes e vaguearam por lá de um jeito desconfiado, olhando de soslaio, por quase quarenta minutos (realizando o turno de serviço mais demorado de que se tinha notícia, em que os tiras de Des Moines passaram sem rosquinhas nem café).

Prometia ser um espetáculo fantástico — o dia do bota-fora mais memorável na história das escolas de Des Moines. O plano era que Willoughby e o irmão se levantariam às quatro, iriam até o terreno da escola encobertos pela escuridão, colocariam a bomba e se retirariam para esperar o término do dia letivo. Para esse fim reuniram os materiais necessários — pá, roupas escuras, máscaras de esqui — e cuidadosamente prepararam a bomba, que deixaram em contagem regressiva na escrivaninha do quarto. Por que é que armaram o relógio é uma pergunta que seria feita repetidas vezes nos dias seguintes. Cada irmão culparia vigorosamente o outro. O que é certo é que foram dormir sem que ocorresse a nenhum que 3:01 *a.m.* vem antes de 3:01 *p.m.*

Foi assim então que, nessa hora escura, 59 minutos antes de seus próprios alarmes tocarem, a tranquila noite foi despedaçada por uma enorme explosão no quarto de Doug e Joseph Willoughby. Ninguém em Des Moines estava fora de casa nessa hora, é claro, mas um passante que por acaso olhasse a casa dos Willoughbys no momento da detonação teria visto primeiro uma intensa luz amarela no andar de cima, seguida, um instante depois, por duas janelas do quarto explodindo de maneira espetacular, seguidas, um segundo depois, por uma lufada de fumaça e um alegre esvoaçar de confete.

Mas é claro que o dado realmente memorável do evento foi a explosão, forte e assustadora a ponto do quase inimaginável. Botou gente fora da cama a até catorze quarteirões. Alarmes automáticos soaram em toda a cidade, e os borrifadores de teto dispararam em pelo menos dois prédios de escritórios. Uma sirene de ataque aéreo da comunidade foi ativada por tempo breve, embora nunca se tenha determinado se por acidente ou como precaução. Logo, logo, 200 mil pessoas caídas da cama e grogues perscrutavam pelas janelas dos quartos na direção da casa extremamente iluminada e esfumaçada no lado oeste da cidade, no interior da qual o sr. Willoughby, confuso, desgrenhado, esgotadíssimo, tropeçava e gritava: "Que merda é esta? Que merda é esta?".

Doug e o irmão, embora comicamente pretos de fuligem e incapazes de escutar nada que não fosse gritado diretamente dentro dos ouvidos pelas 48 horas seguintes, por milagre não se feriram. A única baixa foi de um ratinho de laboratório que morava numa gaiola sobre a escrivaninha e que agora era apenas um monte de pêlo emaranhado. A explosão arrancou a casa dos Willoughby um centímetro de seu alicerce e gerou dezenas de milhares de dólares em consertos. A polícia, os bombeiros, o escritório do xerife e o FBI se interessaram bastante em processar a família, embora ninguém pudesse chegar a um acordo sobre as acusações a serem feitas. O sr. Willoughby se envolveu em demorados litígios com seus seguradores e iniciou um longo programa de psicoterapia. No fim, toda a família foi apenas admoestada. Doug Willoughby e seu irmão não puderam sair da propriedade, exceto para ir à escola ou se confessar, pelos seis meses seguintes. Tecnicamente, ainda estão de castigo.

E então seguimos para o ginásio.
A bebida se tornou a preocupação desses anos compridos e de espinhas esfuziantes. Toda a bebedeira era liderada pelo Katz, para quem o álcool era menos um passatempo que uma forma de oxigênio. Era uma época de ouro para o mau comportamento. Você podia comprar uma embalagem com seis cervejas Old Milwaukee por 59 centavos (69, se geladas) e uma caixa de cigarros (Old Gold era a marca de predileção dos estudantes na minha escola, a Roosevelt, por nenhuma razão lógica ou histórica que eu saiba) por 35 centavos, e aí passar uma noite inteira de prazer por menos de um dólar, mesmo levando-se em conta os

impostos de venda. Infelizmente, era impossível comprar cerveja, e quase tão difícil era comprar cigarros, se você fosse menor de idade.

Katz resolveu esse problema tornando-se o ladrão de cerveja mais rematado de Des Moines. Sua carreira criminosa começou na sétima série, quando ele bolou um esquema que era pura simplicidade. A Dahl's, como parte de sua infindável eficiência inovadora, tinha geladeiras que abriam nos fundos e na frente, de modo que pudessem ser abastecidas por trás a partir da despensa. Na despensa também havia um cercado de madeira cheio de caixas de papelão vazias à espera de serem achatadas e levadas para o lixo. O truque de Katz era abordar um funcionário na porta do depósito e dizer: "Com licença, senhor. Minha irmã está se mudando para um apartamento novo. Posso pegar umas caixas vazias?".

"Claro, garoto", a pessoa sempre dizia. "Sirva-se."

Então Katz entrava no depósito, selecionava uma caixona, enchia-a rapidamente com deliciosa cerveja geladinha vinda da geladeira vizinha, botava umas outras caixas por cima disfarçando, e saía na boa com um engradado de cerveja grátis. Volta e meia o mesmo empregado lhe segurava a porta aberta. A parte mais difícil, certa vez o Katz me disse, era agir como se as caixas estivessem vazias e não pesassem nadinha.

É claro que só dava para pedir caixas umas poucas vezes sem levantar suspeitas, mas felizmente havia lojas Dahl's em toda a Des Moines, com as mesmas geladeiras do tipo sirva-se à vontade, então era só uma questão de se locomover de loja em loja. Katz se safou com essa por mais de dois anos, e ainda estaria se safando, ouso dizer, não fosse certa vez o fundo de uma caixa ter cedido na Dahl's da Beaverdale enquanto Katz saía do prédio, e dezesseis garrafas de um litro de Falstaff se estatelarem no chão, numa bagunça espumante. Katz não era muito de correr, e então só ficou parado sorrindo até que um funcionário foi até lá e o levou sem resistências ao escritório do gerente. Ele passou duas semanas no Meyer Hall, o centro de detenção juvenil, por isso.

Eu não queria nada com roubos de lojas. Era muitíssimo covarde e prudente para uma quebra da lei tão escancarada. Minha contribuição era falsificar carteiras de motorista. Eram, se eu mesmo posso dizer, pequenas obras-primas — muito embora se tenha em mente que as carteiras de motorista estaduais não eram muito sofisticadadas naqueles dias. Não passavam de uns pedaços de papel azul-escuro, do tamanho de um cartão de crédito, com uma espécie de marca-d'água sinuosa. Meu golpe brilhante foi perceber que a parte de trás dos cheques do meu pai tinha quase exatamente o mesmo padrão ondulado. Se você cortasse um dos cheques no tamanho certo, virasse ao contrário e, com ajuda de um esquadro, cobrisse o lado em branco com espaços de tamanho apropriado para nome, endereço etc. do portador, e depois desenhasse cuidadosamente as palavras "Departamento de Veículos Motorizados de Iowa" em cima, com uma caneta fina e uma linha reta, e fizesse uns outros ornamentozinhos, tinha uma carteira de motorista falsa bem aproveitável.

Se você então pusesse a coisa numa máquina de escrever como a do meu pai, inscrevendo detalhes falsos nos espacinhos, e, em especial, dando ao portador uma data de nascimento convenientemente precoce, tinha um produto que podia ser levado a qualquer mercearia da cidade e usado para adquirir quantidades ilimitadas de cerveja.

No que eu não pensei, até que fosse tarde demais, era que o lado invertido dessas carteiras caseiras às vezes trazia detalhes da conta do meu pai — nome do banco, número da conta, códigos de computador reveladores etc. —, dependendo da parte do cheque que eu cortara com a tesoura.

A primeira vez em que isso me ocorreu foi lá pelas nove e meia da manhã de um dia de semana, quando fui convocado ao escritório do diretor da Roosevelt. Eu nunca visitara o escritório do diretor. Katz já estava lá, na salinha de espera. Com freqüência ele estava lá.

"Que é que há?", perguntei.

Mas antes que ele pudesse responder, fui chamado para o recinto recôndito. O diretor estava sentado com um detetive à paisana que se apresentou como sargento Rotisserie, ou algo do tipo. Ele tinha o último cabelo escovinha da América.

"Descobrimos um circuito de carteiras de motorista falsificadas", o sargento me disse gravemente, e ergueu uma de minhas criações.

"Um *circuito*?", eu disse, e tentei não exultar. Minha primeiríssima incursão no crime e eu já era, sozinho, um "circuito". Mais orgulhoso impossível. Por outro lado, não queria de forma alguma ser enviado para o reformatório em Clarinda e passar os três anos seguintes fazendo um sexo involuntariamente ensaboado nos chuveiros com sujeitos chamados Billy Bob e Cletus Leroy.

Ele passou a carteira para que eu a examinasse. Era uma que fizera para Katz (ou "Sr. B. Bopp", como ele, audaz, se reapelidara). Fora apanhado enquanto dava um cochilo cervejento na faixa central ajardinada do bulevar Polk na noite anterior, e uma busca em seus bens pessoais na delegacia revelara a carteira artificial, que eu examinava agora com interesse educado. Nas costas trazia "Bankers Trust", e, embaixo, o nome e endereço do meu pai — uma dica reveladora, com certeza.

"É o seu pai, não é?", disse o detetive.

"Ora, é, sim", respondi, e dei o que esperava que fosse uma ótima testa franzida de estupefação.

"Daria para dizer como aconteceu?"

"Não faço idéia", disse, parecendo honesto, e daí acrescentei: "Ó, espera. Aposto que sei. Convidei uns amigos semana passada para ouvir uns discos, né, e uns camaradas que eu nunca tinha visto antes ficaram para dormir lá, ainda que não fosse nem uma festa". Abaixei a voz um pouquinho. "Andaram bebendo."

O detetive fez que sim, severo, com conhecimento de causa. Ele já freqüentara esse caminho escorregadio.

"Pedimos a eles que saíssem, é claro, e no fim saíram, quando perceberam que não tínhamos cerveja ou outros tóxicos, mas aposto com você que quando não estávamos olhando um deles mexeu na escrivaninha do meu pai e roubou uns cheques."

"Faz idéia de quem eram?"

"Tenho bastante certeza de que eram do Ginásio Norte. Um deles parecia o Richard Speck."

O detetive fez que sim. "Começa a fazer sentido, não é? Você tem testemunhas?"

"Xiii", disse, um tanto reservado, mas fiz que sim, como se pudessem ser muitas.

"Stephen Katz estava presente?"

"Acho que sim. É, acho que estava."

"Poderia sair, esperar na sala de fora e dizer ao senhor Katz para entrar?"

Saí, e Katz estava lá sentado. Me inclinei para ele e disse rapidamente: "Ginásio Norte. Turma ficou na festa. Roubaram cheque. Richard Speck".

Ele fez que sim, entendendo de imediato. Essa é uma das razões pelas quais digo que Katz é o melhor ser humano no mundo. Dez minutos depois fui chamado de volta.

"O senhor Katz corroborou sua história. Parece que esses garotos do Ginásio Norte roubaram os cheques e os passaram numa prensa. O senhor Katz foi um de seus fregueses."

Olhou para Katz sem muita simpatia.

"Ótimo! Caso resolvido!", eu disse vivamente. "Então, podemos ir?"

"Você pode", disse o sargento. "Temo que o senhor Katz me acompanhará até o centro."

Então Katz levou a bordoada, me permitindo manter uma ficha limpa, Deus o livre e guarde. Passou um mês na detenção juvenil.

O lance com o Katz era que ele não fazia coisas más com álcool porque queria; fazia porque precisava. Na caça de uma nova fonte de suprimentos, ele mirou mais alto. Des Moines tinha quatro distribuidoras de cerveja, todas em depósitos ferroviários de tijolos em um quarteirão sossegado no limite do centro, onde os trilhos do trem passavam. Katz observou atentamente esses depósitos por algumas semanas e percebeu que eles praticamente não tinham segurança e nunca funcionavam aos sábados ou domingos. Também percebeu que os vagões de carga com freqüência ficavam nas laterais dos depósitos, especialmente nos fins de semana.

Então, certa manhã de domingo, Katz e um garoto chamado Jake Bekins dirigiram até o centro, estacionaram ao lado de um vagão e arrebentaram o cadeado com uma marreta. Abriram a porta do vagão e descobriram que estava cheiaço de engradados de cerveja. Mudos, encheram o carro de Bekins com caixas de cerveja, fecharam a porta do vagão e dirigiram até a casa de um terceiro elemento, Art Froelich, cujos pais estavam sabidamente num funeral fora da cidade. Lá, com a ajuda de Froelich, carregaram a cerveja até o porão. Depois, os três voltaram ao vagão e repetiram o processo. Passaram o domingo inteiro transferindo cerveja do vagão para o porão de Froelich, até que tivessem esvaziado um e enchido o outro.

Os pais de Froelich deviam voltar na terça, portanto na segunda Katz e Bekins arrumaram 25 amigos que botassem cinco dólares cada um e alugaram um apartamento mobiliado numa área cuca-fresca da cidade conhecida como Dogtown, perto da Universidade Drake. Depois transferiram de carro toda a cerveja do porão de Froelich ao novo apartamento. Ali, Katz e Bekins beberam sete noites por semana, e nós dávamos um pulo para tomar um coquetel de Schlitz depois da aula e para sessões mais prolongadas nos fins de semana.

Três meses depois toda a cerveja já era, e Katz e um pequeno destacamento de capangas voltaram ao centro e passaram outro domingo esvaziando outro vagão de outro distribuidor. Quando, três meses depois, ficaram de novo sem cerveja, aventuraram-se pelo centro outra vez, mas dessa feita com mais cautela, porque tinham certeza de que após dois grandes roubos alguém estaria de olho nos depósitos de cerveja.

Surpreendentemente, não era bem assim. Dessa vez, não havia vagões, então eles arrebentaram um painel de uma das portas de entrega do depósito e escorregaram pelo buraco. Dentro havia mais cerveja junta do que já tinham visto — pilhas e pilhas em plataformas móveis, prontas para serem entregues em bares e lojas por todo o Iowa central na segunda-feira.

Trabalhando sem parar, e recrutando muitos assistentes bem-dispostos, passaram o fim de semana carregando carros, um após o outro, com cerveja e lentamente esvaziando o armazém. Froelich manejava uma empilhadeira com destreza e Katz comandava o trânsito. Durante um miraculoso fim de semana inteiro, uma chusma de garotos de ginásio podia ser vista — se alguém se desse ao trabalho de olhar — transportando montes de cerveja para fora do armazém, levando-os através da cidade e carregando-os em revezamento para um apartamento meio caído e decrépito na rua 23 com a avenida Forest. Notícia correndo, outros garotos de outros ginásios começaram a aparecer, perguntando se podiam pegar uns engradados.

"Claro", disse Katz generosamente. "Tem pra todo mundo. É só estacionar o carro ali, e tente não deixar digitais."

Foi a maior roubalheira em Des Moines em anos, talvez em todos os tempos. Infelizmente, tanta gente se envolveu que todo mundo na cidade com menos de vinte anos sabia quem fora o responsável. Não se sabe quem deu a dica para a polícia, mas eles prenderam doze dos principais conspiradores numa batida ao amanhecer três dias depois do roubo e levaram todos algemados para interrogatório no centro. É claro que Katz estava entre eles.

Eram bons garotos, de boas famílias. Os pais ficaram mortificados ao saber que seus rebentos pudessem ser fora-da-lei assim tão de caso pensado. Chamaram advogados caros, que prontamente descolaram acordos com o promotor para que as acusações fossem retiradas se eles dessem nome aos bois. Só os pais de Katz não chegaram a um acerto. Não tinham meios suficientes e, de todo modo, não achavam que fosse correto. Além do mais, *alguém* tinha de levar a bronca — não se pode deixar todos os culpados saírem, ou que tipo de sistema judiciário criminal seria esse, pelo amor de Deus? —, portanto era preciso eleger um bode expiatório, e todos concordaram que Katz deveria ser essa pessoa. Ele foi acusado de roubo de vulto, um crime, e mandado dois anos para o reformatório. Foi a última vez que o vimos até a faculdade.

Passei pelo ginásio por um triz. Eu me gabava discretamente de ter sido o líder em ausências da escola em todos os três anos, e no meu primeiro ano granjeei a distinção de faltar mais dias do que um menino com uma doença fatal, como a dona Piracema, minha conselheira vocacional, nunca se cansava de me lembrar. A dona Piracema me odiava com uma repugnância pouco além do infindável.

"Bem, francamente, William", disse certo dia com cara de desdém indisfarçável, depois que havíamos nos esfalfado numa comprida lista de carreiras possíveis, incluindo conserto de aspiradores e vendedor ambulante, e determinado, para sua satisfação absoluta, que me faltavam fibra moral, credenciais acadêmicas, rigor intelectual e cuidados básicos com aparência e vestuário para qualquer uma delas, "não parece que você esteja qualificado para fazer muita coisa."

"Acho que terei que ser conselheiro vocacional de ginásio, então!", zombei de leve, mas temo que a dona Piracema não tenha levado na boa. Ela me encaminhou para o escritório do diretor — minha segunda visita em uma temporada! — e registrou uma queixa formal.

Tive de escrever uma carta com desculpas abjetas expressando respeito pela dona Piracema e por sua habilidade na profissão de conselheira, antes que me deixassem seguir o meu último ano, negócio sério mesmo, porque nessa época, 1968, a única coisa que separava os tecidos moles de alguém e uma bala vietcongue era o sistema educacional americano e sua dispensa automática do recrutamento. Um quarto dos rapazes americanos estava nas Forças Armadas em 1968. Quase todo o restante estava na escola, na prisão, ou era George W. Bush. Para a maioria, a escola era a única opção realista para evitar o serviço militar.

Em um dos seus últimos atos oficiais, mas também um dos mais aclamados, Kid Trovão transformou a dona Piracema em um montinho duro e carbonizado, de um tipo conhecido como escória por gente na indústria do carvão. Depois entregou uma carta com desculpas cuidadosamente torneadas, engrenou uns meses de mão na massa e se formou, em surdina, quase no fundo da sala.

No outono seguinte, matriculou-se na Drake, a universidade local. Mas depois de mais ou menos um ano de performance desconexa ali, foi para a Europa, fixou-se na Inglaterra e mal se ouviu falar mais dele.

14. Despedida

Em Milwaukee, intacto depois que seu automóvel derrapou para fora da rodovia, Eugene Cromwell saiu para verificar o estrago e caiu em uma pedreira de calcário de quinze metros. Ele sofreu uma fratura no braço.

Revista *Time*, 23 de abril de 1956

De tempos em tempos, quando eu estava crescendo, meu pai nos chamava à sala para perguntar o que acharíamos de mudar para St. Louis, São Francisco ou alguma outra cidade de primeira divisão. O *Chronicle*, ou o *Examiner*, ou o *Post-Dispatch*, informava sombriamente, acabara de perder seu cronista de beisebol — ele sempre fazia a coisa parecer como se a pessoa não tivesse retornado de uma missão, que nem um aviador da Segunda Guerra Mundial — e o posto lhe estava sendo oferecido.

"O salário é bem bom, também", dizia com cara de franca consternação, como se surpreso de que alguém pudesse ser pago por comparecer rotineiramente a jogos da Liga Principal.

Eu sempre era a favor. Quando pequeno, ficava encantado com a idéia de ter um pai trabalhando numa área em que era evidente que as pessoas volta e meia desapareciam. Depois, foi mais um desejo de passar o que restava de minha juventude num lugar — qualquer um — em que não se encarasse o preço diário do porco capado como última notícia e em que os rendimentos do milho nunca fossem mencionados.

Mas nunca vingou. No fim, ele e minha mãe sempre decidiam que estavam contentes em Des Moines. Tinham bons empregos no *Register* e uma casa melhor do que a que poderiam bancar numa cidadona como São Francisco. Nossos amigos estavam lá. Estávamos sossegados. Des Moines tinha jeito de, Des Moines era, o lar.

Agora que sou mais velho, fico feliz por não termos ido embora. Tenho uma ligação vitalícia com o lugar, no fim das contas. Cada pedacinho de educação formal que tive, cada experiência formativa, cada centímetro de crescimento vertical do meu corpo ocorreu nessa comunidade saudável, amistosa e nutriz.

Claro que muito da Des Moines em que cresci não está mais lá. Já mudava quando eu cheguei à adolescência. Os velhos cinemões do centro estavam entre os primeiros a ir. O Cinema Des Moines, aquele maravilhoso amontoado de esplendor, foi derrubado em 1966 para dar lugar a um prédio comercial. Não percebi até que li uma história da cidade para este livro, mas o Des Moines não apenas era o cinema mais bacana da cidade, mas, é possível, o cinema mais bacana de qualquer tipo entre Chicago e a Costa Oeste. Fiquei ainda mais deliciado ao descobrir que fora construído por ninguém menos que A. H. Blank, o filantropo da cobertura que eu e Jed Mattes costumávamos visitar. Ele gastara no prédio a soma excepcionalmente pródiga de 750 mil dólares em 1918. É extraordinário pensar que não sobreviveu sequer meio século. Os outros cinemas principais da minha infância — Paramount, Orpheum (depois chamado Galaxy), Ingersoll, Hiland, Holiday e Capri — vieram a seguir, um por um. Hoje, se você quiser assistir a um filme, tem de dirigir até um shopping center, onde pode escolher entre um montão de filmes, mas apenas um tamanhozinho de tela, cada uma habitando uma espécie de caixa de sapato cinemática. Há pouca magia nisso.

O parque Riverview fechou em 1978. Hoje é só um terrenão baldio, sem nada que mostre que um dia existiu. A Bishop's, nossa amada cafeteria, fechou mais ou menos ao mesmo tempo, levando junto seus banheiros atômicos, suas luzinhas de mesa, suas comidas gloriosas e gentis garçonetes. Muitos outros restaurantes de donos locais — Johnny and Kay's, Country Gentleman, Babe's, Bolton and Hay's, Vic's Tally-Ho, a amada Toddle House — se foram aproximadamente na mesma época. Katz ajudou o percurso da Toddle House ao introduzir um conceito chamado "jantar com pique", em que ele e quem estivesse bebendo com ele consumiam uma ceia substancial e depois davam no pé sem pagar, gritando sobre o ombro, caso questionado, "Pouca grana — pique bacana!". Não diria que Katz faliu sozinho a Toddle House, mas ajudar, também não ajudou.

O *Tribune*, jornal vespertino que eu tantos anos carreguei de casa em casa sem ouvir um obrigado, fechou em 1982, depois que se constatou que ninguém na verdade o lia desde cerca de 1938. O *Register*, seu irmão maior, que já fora verdadeiramente o orgulho de Iowa, foi encampado pela organização Gannett três anos depois. Hoje é, bem, não o que era. Não envia mais repórter para os treinamentos de primavera do beisebol, nem sequer envia sempre para o Campeonato Mundial, portanto talvez seja bom que meu pai não esteja mais no pedaço.

Greenwood, minha velha escola primária, ainda se impõe no seu belo gramado, ainda parece esplêndida vista da rua, mas derrubaram os maravilhosos ginásio antigo e o auditório, seus dois elementos mais estimados, para dar lugar a uma nova extensão envidraçada nos fundos, e os demais toques distintivos — os vestiários, os aquecedores estrepitosos, as fontes d'água elegantes, o cheiro do mimeógrafo — também já se foram há muito, então não é mais realmente o lugar que conheci.

Meu inigualável campo de beisebol infantil, com sua tribuna e setor de imprensa, foi demolido para que alguém pudesse construir um enorme edifício de apartamentos no lugar. Um campo novo e mais chinfrim foi feito lá pela baixada do rio, perto de onde os Butter moravam, mas da última vez que fui lá o mato estava crescido e parecia abandonado. Não havia ninguém a quem perguntar o que acontecera, porque não há mais gente na rua — nada de garotos de bicicleta, de vizinhos conversando na cerca, de velhos sentados em varandas. Todo mundo está dentro de casa.

O supermercado Dahl's ainda está lá e manteve alguma simpatia, mas perdeu o Curral da Meninada e o túnel de mercadorias há anos, durante uma de suas renovações periódicas e geralmente decepcionantes. Quase todas as outras lojas de bairro — Mercearias Grund, Barbara's Bake Shoppe, sorveteria do Reed, barbearia do Pope, loja de tintas Sherwin-Williams, eletrônicos do Mitcham, a pequena sapataria (dirigida por Jimmy, o italiano — uma amada figura local), hambúrgueres do Henry, drogaria do Reppert — já eram há muito tempo. Onde vários deles ficavam, hoje é uma grande drogaria Walgreen's; logo, é possível comprar tudo sob um mesmo teto em um lugar iluminadão, grande, anônimo, de gente que nunca te viu antes e não se lembraria se tivesse visto. Tem revistas masculinas no estoque, fiquei contente em reparar na minha última visita, embora estejam seladas em sacos plásticos; portanto hoje é, na verdade, mais difícil ver fotos de mulheres peladas do que no meu tempo, coisa que não teria imaginado possível, mas eis aí.

Todas as lojas do centro se foram, uma por uma. Ginsberg's e as lojas de departamentos New Utica fecharam. Kresge's e Woolsworth's fecharam. Frankel's fechou. Pinkie's fechou. J. C. Penney bravamente abriu uma nova loja no centro, e essa fechou. O Centro Comercial perdeu o restaurante. Aí alguém foi assaltado ou viu um sem-teto transtornado, sei lá, e ninguém mais foi para o centro depois de escurecer, nunca, e todos os demais restaurantes e pontos noturnos fecharam. Indignidade das indignidades, até a rodoviária mudou de lugar.

Younkers, o grande transatlântico das lojas de departamentos, se tornou praticamente a última relíquia sobrevivente dos dias de glória de minha infância. Por anos se manteve heroicamente em seu velho prédio de tijolos no centro, embora tenha fechado andares inteiros e se recolhido a espaços cada vez menores do prédio para sobreviver. No fim, tinha apenas sessenta empregados, comparados com mais de mil no auge. No verão de 2005, depois de 131 anos no ramo, baixou as portas pela última vez.

Quando eu era garoto, o *Register* e o *Tribune* tinham uma enorme biblioteca de fotos, numa sala de, talvez, 25 metros por vinte, onde eu passava uma agradável meia hora se tivesse que esperar por minha mãe. Devia haver meio milhão de fotos ali, talvez mais. Você podia olhar em qualquer gaveta de qualquer arquivo e encontrar coisa realmente interessante e empolgante sobre o passado da cidade — incêndios de escala máxima, descarrilamentos de trem, uma moça balançando copos de cerveja no peito, pais em escadas nas janelas de hospitais falando com os filhos acometidos pela pólio. A biblioteca era a história visual completa de Des Moines no século XX.

Voltei recentemente ao R&T procurando ilustrações para este livro, e descobri, para meu espanto, que a biblioteca de fotos hoje ocupa um quartinho nos fundos do prédio, e que quase todas as fotos antigas foram jogadas fora há alguns anos.

"Precisavam do espaço", Jo Ann Donaldson, a bibliotecária presente, me disse com um olhar levemente constrangido.

Achei essa meio difícil de aceitar. "Não as deram para o museu da Sociedade Histórica estadual?", perguntei.

Ela meneou a cabeça.

"Ou para a biblioteca municipal? Ou para uma universidade?"

Meneou a cabeça mais duas vezes. "Foram recicladas para tirar a prata do papel", me disse ela.

Portanto, agora não apenas a maioria dos lugares já era, como deles também não há mais o registro.

A vida seguiu adiante também para as pessoas — ou, em alguns casos infelizes, parou por completo. Meu pai passou tranqüilamente para a última categoria em 1986, quando certa noite foi dormir e não acordou, o que é um jeito bem bom de partir, se é preciso partir. Estava na bica de completar seu 71º aniversário quando morreu. Tivesse trabalhado para um jornal maior, não tenho dúvida de que meu pai teria sido um dos grandes escritores de beisebol de seu tempo. Como ficamos, o mundo nunca teve a chance de ver o que ele podia fazer. Nem, é claro, ele pôde. Em ambos os casos, sinto que não sabiam o que perderam.

Minha mãe continuou na casa da família enquanto deu conta, mas no fim a vendeu e se mudou para um bonito apartamento antigo na Grand. Agora na casa dos noventa, permanece gloriosamente alegre, saudável e jovial, ávida como sempre por tomar a dianteira e preparar um sanduíche com alguma recordação mantida em tupperware nos fundos da geladeira. Ainda guarda um enorme estoque de potes embaixo da pia (embora nenhum jamais tenha experimentado um pingo de peniquinho, me assegura ela) e preserva uma das mais excepcionais coleções de pacotinhos de açúcar, biscoitos salgados e geléias de vários gostos do Meio-

Oeste. Ela gostaria de deixar registrado, aliás, que não é nem um pouco a má cozinheira que seu filho imprestável persiste em retratar nos seus livros, e fico feliz em asseverar aqui que ela está absolutamente certa.

Quanto aos demais que passaram pela minha vida primeira e pelas páginas deste livro, é difícil dizer muito sem comprometer seu anonimato.

Doug Willoughby teve o que se poderia chamar de quatro anos animados na faculdade — era uma época de excessos; mais não digo —, mas depois sossegou. Vive agora tranqüilo e respeitável numa cidadezinha do Meio-Oeste, onde é um pai e marido bom e carinhoso, vizinho prestativo e ser humano ótimo. Já faz muitos anos que não explode nada.

Stephen Katz saiu do ginásio e mergulhou de cabeça num mundo de drogas e álcool. Passou um ou dois anos na Universidade de Iowa, depois voltou a Des Moines, onde morou perto do Timber Tap, um bar da avenida Forest que tinha a distinção de abrir às seis da matina todo dia. Katz era freqüentemente visto nessa hora entrando de chinelos de feltro e roupão para seu traguinho matutino. Por uns 25 anos, botou para dentro do corpo quase todos os provimentos alteradores de consciência disponíveis no mercado. Durante um tempo, foi um dos dois únicos viciados em ópio em Iowa (o outro era o seu fornecedor) e famoso entre os amigos por uma admirável habilidade em arrebentar carros de maneira espetacular e sair dos destroços dando sorrisinhos e incólume. Depois de fazer um papel central em uma história de viagens aventurosas chamada *Um passeio no bosque* (que ele descreve como "ficção, na maior parte"), tornou-se membro respeitoso e em geral obediente dos Alcoólicos Anônimos, descolou um emprego numa gráfica e encontrou uma santa duma companheira chamada Mary. Na época em que eu estava escrevendo este livro, tinha acabado de passar o terceiro aniversário de sobriedade completa — um feito de dar orgulho.

Jed Mattes, meu amigo gay, se mudou com a família para Dubuque logo depois que me deliciou com a barraca das strippers na Feira Estadual, e eu perdi todo contato com ele. Uns vinte anos depois, quando procurava um agente literário, pedi uma recomendação a um amigo de uma editora. Ele mencionou um jovem brilhante que acabara de largar a agência literária ICM para montar a própria. "Seu nome é Jed Mattes", disse. "Sabe, acho que é capaz de ele ser da sua cidade."

Então Jed se tornou meu agente e amigo íntimo renovado pela década e meia seguinte. Em 2003, depois de uma longa batalha com o câncer, morreu. Sinto muita saudade dele. Jed Mattes é, aliás, seu nome real — o único dos meus contemporâneos, creio, a quem não dei um pseudônimo.

Buddy Doberman sumiu sem deixar rastro na metade da faculdade. Foi para a Califórnia atrás de uma garota e nunca mais foi visto. O mesmo destino desconhecido tiveram os irmãos Kowalski, Lanny e Montinho. Arthur Bergen virou um advogado tremendamente rico em Washington, DC. O clã dos Butter foi embora numa primavera e nunca voltou. Milton Milton foi para as Forças Armadas, virou algo bem patenteado e morreu num acidente de helicóptero durante os preparativos para a primeira Guerra do Golfo.

Graças ao que faço, às vezes renovo inesperadamente contato com as pessoas. Uma mulher certa vez veio até mim depois de uma leitura em Denver e se apresentou como a antiga Mary O'Leary. Tinha óculos grandalhões colocados em volta do pescoço numa corrente, e parecia alegre, feliz e cheinha de se ficar boquiaberto. Por outro lado, uma pessoa que eu imaginara tímida e silenciosa veio até mim após outra leitura e parecia uma estrela de cinema. Acho que a vida é bem esplêndida assim.

Kid Trovão cresceu e mudou. Até há bem pouco tempo ainda pulverizava gente vez por outra, geralmente logo depois que passavam sem dizer obrigado por uma porta que ele segurava, mas, no fim das contas, parou de eliminar as pessoas quando percebeu que não podia saber quais compravam livros.

O Sagrado Suéter de Zás, puído e esburacado, foi jogado fora por seus pais por volta de 1978 durante um exercício de limpeza doméstica tragicamente mal conduzido, junto com suas figurinhas de beisebol, gibis, revistas *Boys's Life*, chicote e espada do Zorro, lenço e anel de lenço do Sky King, chapéu de guaxinim, traje decorativo de caubói do Roy Rogers e botas incrustadas com esporas de lata tilintantes, Kit Vitt-L oficial de escoteiro, carteirinha do fã-clube oficial do Sky King e outras credenciais correlatas, lanterna do Batman com anexo sinalizador, jogo de futebol elétrico, capacete aprovado pelo Johnny Unitas, livros dos Hardy Boys e inigualável conjunto de pôsteres de filmes, muitos em estado de novo.

É assim que o mundo gira, claro. Os bens pessoais são descartados. A vida segue em frente. Mas com freqüência penso em como é vergonhoso que não guardemos as coisas que nos tornavam diferentes e especiais nos anos 1950. Imagine aqueles cinemões palacianos do centro, com suas vastas telas e decoração egípcia, mas renovados de modo sensacional com som Dolby e esperta animação computadorizada. Isso é que *seria* magia. Imagine ter toda a vida pública — escritórios, lojas, restaurantes, lazer — convenientemente agrupada no coração da cidade, e poder fruir do ar fresco e da luz do dia a cada vez que fosse de um para o outro. Imagine ter uma cafeteria com banheiros atômicos, um célebre salão de chá que distribui presentes a jovens fregueses, uma loja de roupas com escadaria grandiosa e mezanino, um Curral da Meninada onde se podem ler gibis a se fartar. Imagine ter uma cidade cheia de coisas que nenhuma outra tem.

Que mundo maravilhoso seria. Que mundo maravilhoso era. Não veremos similar de novo, temo.

Bibliografia

Os seguintes livros são mencionados ou citados no texto:

Castelman, Harry e Podrazik, Walter J. *Watching TV: six decades of American television*. Syracuse, Syracuse University Press, 2003.
De Groot, Gerard. J. *The bomb: a life*. Cambridge, Harvard University Press, 2005.
Denton, Sally e Morris, Roger. *The money and the power: the making of Las Vegas and its hold on America, 1947-2000*. London, Pimlico, 2002.
Diggins, John Patrick. *The proud decades: America in war and peace, 1941-1960*. New York, W. W. Norton, 1988.
Goodchild, Peter. *Edward Teller: The real Dr. Strangelove*. London, Weidenfeld and Nicolson, 2004.
Halberstam, David. *The fifties*. New York, Fawcett Columbine, 1993.
Heimann, Jim (ed.). *The golden age of advertising — the 50s*. Cologne, Taschen, 2002.
Henriksen, Margot A. *Dr. Strangelove's America: society and culture in the atomic age*. Berkeley, University of California Press, 1997.
Kismaric, Carole e Heiferman, Marvin. *Growing up with Dick and Jane: learning and living the American dream*. San Francisco, Lookout/HarperCollins, 1996.
Lewis, Peter. *The fifties*. London, Heinemann, 1978.
Light, Michael, *100 suns: 1945-1962*. London, Jonathan Cape, 2003.

Lingeman, Richard R. *Don't you know there's a war on? The American home front 1941-1945.* New York, G. P. Putnam's Sons, 1970.

McCurdy, Howard E. *Space and the American imagination.* Washington, Smithsonian Institution Press, 1997.

Mills, George. *Looking in windows: surprising stories of old Des Moines.* Ames, Iowa State University Press, 1991.

Oakley, J. Ronald. *God's country: America in the fifties.* New York, Dembner Books, 1986.

O' Reilly, Kenneth. *Hoover and the Un-Americans.* Philadelphia, Temple University Press, 1983.

Patterson, James T. *Grand expectations: the United States, 1945-1974.* New York, Oxford University Press, 1996.

Savage Jr., William W. *Comic books and America, 1945-1954.* Norman, University of Oklahoma Press, 1990.

Créditos das imagens

As fotos da família Bryson nas pp. 2, 6, 8, 40, 108, 202, 304 e 317 são da coleção do autor.

p. 10: Rua Locust, Des Moines, 16 de fevereiro de 1953. O cinema exibe *Dope Inferno*. Sociedade Histórica do Estado de Iowa.

p. 14: uma família americana média e toda a comida consumida em 1951. Museu e Biblioteca Hagley, Wilmington, Delaware.

p. 62: O cinema Paramount, Des Moines, anos 1950. *The Florodora girl* em exibição, com Al Morey e Marion Davies. Sociedade Histórica do Estado de Iowa.

p. 84: Anúncio dos cigarros Camel, com aval médico. Cortesia dos Advertising Archives, Londres.

p. 130: "Sonhei que fui ao escritório com meu sutiã Maidenform". Cortesia dos Advertising Archives, Londres.

p. 146: Observadores navais assistindo a uma explosão nuclear no Pacífico nos anos 1950. © CORBIS.

p. 164: Escolares praticando treinamento de agachamento em caso de ataque nuclear, fevereiro de 1951. © Bettmann/CORBIS.

p. 184: Mary McGuire, rainha da volta ao lar, no anuário da Drake University para 1938. Coleção especial da Biblioteca Cowles, Universidade Drake, Des Moines.

p. 224: A visão de Chesley Bonestell para Manhattan sob ataque nuclear. *Collier's*, 5 de agosto de 1950. Cortesia de Bonestell Space Art.

p. 244: Espectadores na mostra de bolos da feira estadual de Iowa, Des Moines, 1955. John Dominis/Timepix.

p. 274: Charles Van Doren em *Twenty-One*, o programa de perguntas e respostas da tevê, 11 de março de 1957. Depois se descobriu que o programa fora fraudado. © Bettmann/CORBIS.

ESTA OBRA FOI COMPOSTA PELO ACQUA ESTÚDIO EM MINION E FOI IMPRESSA
PELA GEOGRÁFICA EM OFSETE SOBRE PAPEL PÓLEN SOFT DA SUZANO PAPEL
E CELULOSE PARA A EDITORA SCHWARCZ EM JULHO DE 2007